우리는 신앙 생활의 연륜만큼 하나님의 뜻을 깊이 이해하기도 하지만, 너무 일찍 타성에 젖어 신앙의 본질에 이르지 못하기도 한다. 성경은 우리에게 영적 성숙에 이르는 다양한 길을 보여 주지만, 현실의 수많은 그리스도인은 '믿으면 복을 받는다'는 범주를 넘어서지 못한다. 이런 믿음이 신앙의 다양성을 포괄하고 '하나님의 길을 이해할' 수 있을까? 래리 크랩은 이런 생각을 바탕으로 그리스도인이 하나님이 주신 약속 외의 것을 요구하는 '가짜 기독교'를 신봉하고 있지 않은지를 질문한다. 그리고 진실로 하나님의 길을 이해하려면 항상 하나님 앞에서 '전율하고 신뢰하라'고 권고한다.

이만열 전 국사편찬위원장, 숙명여대 명예 교수

래리 크랩은 절반은 성서학자이고 절반은 전문 상담가다. 덕분에 그는 이 주제를 다루기에 안성맞춤인 인물이다. 또한 전 세계적 테러리즘과 핵 공포, 정치 분열, 참담한 자연재해의 시대에 우리는 하나님의 길을 모색하기 위해 믿음직한 인도자가 필요하다.

필립 얀시 『놀라운 하나님의 은혜』와 『하나님 당신께 실망했습니다』 등 베스트셀러 저자

당신이 누구든 상관없다. 어느 시점엔가 당신은 하나님의 계획이 도무지 말이 되지 않는 것 같은 상황에 맞닥뜨릴 것이다. 이렇게 힘든 때는 당신의 믿음을 정말로 시험할 수 있다. 중요한 것은 당신이 어떻게 반응하느냐다. 래리 크랩은 이런 사정을 이해한다. 그리고 앞으로 나아갈 길을 파악하고 선택하는 데 도움이 되는 실제적 통찰력을 제시한다.

짐 달리 포커스 온 패밀리 대표

유한성의 그늘 속에서 살아온 명망 있는 그리스도인 멘토의 책이다. 그는 어려움을 겪는 많은 영혼을 위해 깊이 동정하는 자전적인 글을 쓴다. 경이롭고 열정적인 책이다!

제임스 휴스턴 캐나다 밴쿠버 리젠트 칼리지 영성 신학 이사회 교수, 『즐거운 망명자』의 저자

래리 크랩의 새로운 저서가 나온다니 기쁘다. 내 삶에 깊은 영향을 남길 내용을 읽게 될 것이라고 생각한다. 『하나님을 신뢰한다는 것』은 엄청난 책이다. 솔직히 나는 하나님을, 그분의 길을, 또는 왜 그분이 내 삶과 내가 사랑하는 이들의 삶에서 그런 일을 하고 계신지를 이해하지 못한다. '신뢰와 전율'은 하나님의 길에 대한 나의 일상적 반응이 아니다. 가끔 내 반응은 '욕설과 악담'에 더 가깝다. 이 책은 심오하고 신선하고 실제적이고 삶의 변화를 가져다준다. 이 책 덕분에 나는 달라지고 더 나아질 것이다. 당신도 그럴 것이다!

스티브 브라운 작가, 방송인, 신학 교수

나는 항상 래리 크랩을 존경해 왔다. 인생의 도전을 다루는 정직한 태도와 하나님의 성품에 대한 한결같은 신뢰가 균형을 이루고 있기 때문이다. 『하나님을 신뢰한다는 것』에서 그는 다시 한번 이 줄타기를 멋지게 해낸다.

마크 맥민 *The Science of Virtue: Why Positive Psychology Matters to the Church*의 저자

래리 크랩 박사의 최신 저서는, 우리를 몹시 사랑하실 뿐만 아니라 전능하신 하나님이 우리가 이해할 수 없는 일들을 허용하신다는 사실에 당혹감을 감추지 못하는 그리스도인들에게 격려가 될 것이다. 크랩 박사는 하나님의 길이 우리의 길보다 한층 높고 그분의 생각이 우리의 생각보다 한층 높음을 보여 준다. 예언자 하박국도 똑같은 당혹감을 느꼈고 하나님 앞에서 불평을 쏟아냈다! 앞으로 깨닫게 되듯이, 당신은 하나님의 길을 이해하지 못한 최초의 인물이 아니다. 하박국은 감당해 냈고 당신도 그럴 것이다. 특히 당신이 이 책을 읽은 뒤라면.

R. T. 켄달 목회자, 작가, 국제적 강사

크랩 박사는 하나님의 길이 종종 이해되지 않는 힘겹고 혼란스러운 시기를 어떻게든 이해하고자 애쓰는 예수님의 제자 모두를 위한 필독 지침서를 저술했다.

제이미 스웜 박사, LargerStory.com의 공동 설립자

끄집어내고 싶지 않지만 그래야만 하는 문제가 있다. 우리가 내린 결론이 우리가 하나님께 또 서로에게 관계하는 방식에 깊은 영향을 미치기 때문이다. 내가 지적하는 문제는 응답되지 않은 기도에 관한 것이다. 래리 크랩은 고통이 우리를 갈림길로 인도한다고 적는다. 우리는 하나님의 선하심을 신뢰하기로 선택할 것인가? 아니면 거부하고 달아날 것인가? 비극적 상황 앞에서, 하나님의 선하심을 신뢰하기로 선택할 것인가? 아니면 우리의 입맛에 훨씬 잘 맞는 것을 취하고 하나님의 계획을 거부할 것인가? 크랩 박사는 이렇게 도전한다. 신비 안에서 안식하는 것이 무엇인지 파고들고, 특히 하나님의 길을 이해할 수 없을 때에도 신뢰하고 인내하라는 은혜 충만한 하나님의 초대를 받아들이고, 하나님이 우리의 삶을 통해 아름다운 이야기를 쓰고 계신다는 확신을 품고 살아가라. 이 책은 솔직하고, 중요하고, 바로 이런 때를 위해 필요한 책이다. 당신에게 권하노니, 펴서 읽으라.

미리암(미미) 딕슨 박사, 미국 콜로라도주 골든 제일장로교회 담임 목사

지혜로운 인도자는 현상(現狀)에 머무는 삶이 거의 변화를 이끌어 내지 못한다는 점을 인정한다. 이런 인도자는 다른 사람들이 불편함을 느끼도록 도움으로써 사람들 안에서 성장을 북돋아 주는 특별한 능력을 지니고 있다. 크랩 박사의 성장 지혜는 많은 사람에게 유익을 주었다. 그는 대다수가 외면하려고 하는 영역으로 기꺼이 들어간다. 그는 흐릿한 어둠을 헤치고 나가면서 자신이 발견한 바를 우리에게 말해 준다. 밤중에 그를 전율하게 만드는 일들과 더불어, 하나님의 아름다움과 선하심을 드러내는 일들에 대해서 말이다. 그는 우리를 불편함의 경계로 데려가고, 가끔 거기를 지나, 영적 형성의 실재를 더 깊이 알 수 있게 해 준다.

제이슨 칸츠 박사, 목사, 공인 임상 신경심리학자, *Soil of the Divine*의 저자

그리스도인의 경험에서 인생과 하나님을 이해할 수 없을 때보다 더 힘든 장애물은 없을 것이다. 정직한 순례자라면 누구나 이런 현실에 직면한다. 이제 어떻게 할까? 처음에는 매력적으로 보이는 다른 대안이 있지만, 크랩 박사가 밝혀내듯이, 단 하나만이 우리의 마음 중심과 공명한다. 다시 한번, 래리는 소수의 사람들이 걷는 낯선 길에 대해 깊이 생각해 보라고 우리를 초대한다. 처음에는 우리가 엉뚱한 방향을 택한 것처럼 보이겠지만, 결국 이 길을 더 걸어 내려가면 어스름한 예언자의 길이 생명을 준다는 사실을 발견하게 될 것이다.

켄트 덴링거 박사, 미국 인디애나주 워소의 밸리 스프링스 펠로우십 목사

정직한 그리스도인은 하나님의 길이 종종 이해되지 않는 현실을 있는 그대로 직시할 것이다. 책을 통해서든 함께 커피를 마실 때든, 래리 크랩의 음성은 시종일관 나에게 그리스도인으로서 살아가는 삶의 신비와 씨름하라고 촉구했다. 이 책은 하나님과 씨름하지만 (그분을 이해하는 데 머물지 않고) 그분을 신뢰하기를 갈구하는 모든 사람을 위한 필독서다. 래리는 이 여정에 함께 오른 친구요 멘토요 전우다.

짐 칼람 샬럿 교회, *Risking Church*의 저자

크랩 박사는 우리의 이해력을 넘어 훨씬 더 깊은 곳으로 흘러가는 하나님의 사랑의 정수를 포착했다. 이 책 곳곳에서 래리의 음성은 격려하는 동시에 도전한다. 책을 읽는 동안, 우리는 우리 안에 있음을 인식하지 못했거나 큰 소리로 묻지 못한 힘겨운 질문들에 대해 숙고했다. 하나님의 선한 마음에 닻을 내리고 살기를 열망하는 당신이 읽어야 할 필독서다.

아를리타와 부치 이바호 레드닷 커피 컴퍼니 소유주

하나님을 신뢰한다는 것

IVP(InterVarsity Press)는
캠퍼스와 세상 속의 하나님 나라 운동을 지향하는
IVF(InterVarsity Christian Fellowship)의 출판부로
생각하는 그리스도인을 위한 문서 운동을 실천합니다.

Copyright © 2018 by Larry Crabb
Originally published in English under the title
When God's Ways Make No Sense by Baker Books,
A division of Baker Publishing Group
P. O. Box 6287, Grand Rapids, MI 49516, U.S.A.
All rights reserved.

Used and translated by the permission of Baker Publishing Group
through rMaeng2, Seoul, Republic of Korea.

This Korean edition copyright © 2020 by Korea InterVarsity Press
156-10 Donggyo-ro, Mapo-Gu, Seoul 04031, Republic of Korea.

이 한국어판의 저작권은 알맹2 에이전시를 통하여
Baker Books와 독점 계약한 IVP에 있습니다.
신 저작권법에 의하여 한국 내에서 보호받는 저작물이므로
무단 전재와 무단 복제를 금합니다.

하나님을 When God's Ways Make No Sense 신뢰한다는 것

불확실한 삶에서
하나님을 붙들고 씨름하다

래리 크랩
이철민 옮김

Ivp

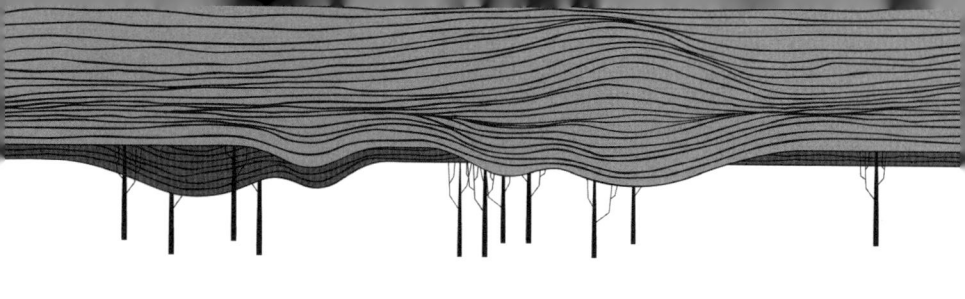

함께 나이들어 갈수록
아내의 사랑이 한결 더 소중하게 다가온다.
어느 누구보다 값진 희생을 치르는 아내 덕분에
제 역할을 할 수 있다.
반백 년 이상 함께 살아온 반려자 레이첼에게
이 최근의 수고를 바친다.

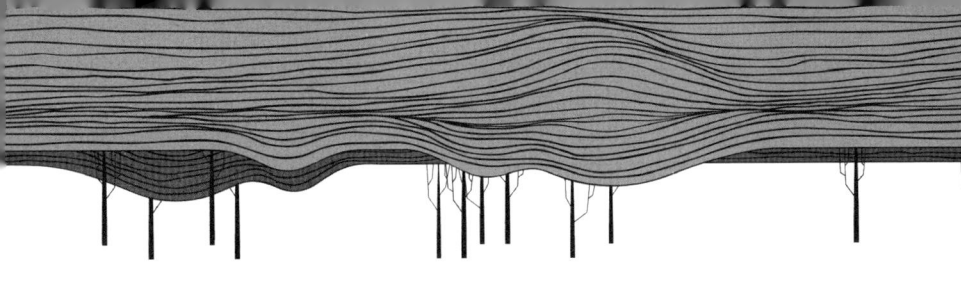

요나는 하나님이 하신 말씀을 이해할 수 없었다.
그래서 요나는 거부하고 달아났다.

(바울이 되기 전) 사울은 하나님이 하신 말씀을 이해할 수 없었다.
그래서 사울은 왜곡하고 부정했다.

하박국은 하나님이 하신 말씀을 이해할 수 없었다.
하지만 하박국은 전율하고 신뢰했다.

차례

감사의 글 13
서문 15
서론 19

1부　하나님의 길을 이해할 수 없을 때, 그다음은? 35
　　　세 가지 이야기, 세 가지 반응

　　　1장　이해할 수 없는 하나님에 대한 그리스도인의 반응 41
　　　　　세 가지 선택지

　　　2장　거부하고 달아나라(불순종이 옳다고 느껴질 때) 49
　　　　　요나의 이야기

　　　3장　왜곡하고 부정하라(가짜 복음) 67
　　　　　나중과 지금—사울의 이야기

　　　4장　전율하고 신뢰하라(사려 깊은 영혼의 반응) 81
　　　　　하박국의 이야기

2부　하나님의 길을 이해할 수 없을 때, 전율하라! 105
　　　왜? 무엇을? 어떻게?

　　　5장　왜 우리는 신뢰하기 위해 전율해야 하는가? 107

　　　6장　전율 115
　　　　　신뢰로 가는 입구

7장	방임하시는 하나님?	127
8장	방임하지만 임재하시는, 또한 여전히 다스리시는 하나님?	141
9장	그리스도인을 위한 가짜 기독교	153
	하나님이 약속하지 않으신 것 요구하기	
10장	도달하기 힘든 목적지를 향한 긴 여정	167

3부 하나님의 길을 이해할 수 없을 때   181
하나님의 꺾이지 않는 주권을 신뢰하라

11장	신뢰하라는 숭고한 부르심	185
	너무 숭고한가?	
12장	우리는 하나님을 신뢰한다	197
	하나님이 주시는 선에 대해?	
	아니면 우리가 원하는 선에 대해?	
13장	해소할 수 있는 갈망	213
	모든 그리스도인이 가장 원하는 선한 삶을 위한	
	하나님의 방침	
14장	우리는 하늘에 계신 할아버지를 더 신뢰하고 싶어 하는가?	229
	우리는 그렇게 하고 있는가?	
15장	주권적인 하나님을 누리라	245
	"전체 역사는 다름 아닌 하나님의 활동 이야기다"	

| 16장 | 하나님이 주권적이시라는 말은 어떤 의미인가? | 257 |

세 가지 견해(주권적인 하나님을 누릴 자유를 가장
많이 주는 것은 어떤 견해인가?)

4부 하나님의 길을 이해할 수 없을 때 277

세 가지 예화

| 17장 | 현대판 요나 | 279 |

"내가 더 잘 알아"

| 18장 | 현대판 사울 | 287 |

"내가 더 잘할 수 있어"

| 19장 | 현대판 하박국 | 295 |

"이보다 더 좋은 것은 없다"

마지막 진술 303
주 307

감사의 글

오롯이 저자의 노력으로만 이루어지는 책은 없다.

베이커북스(Baker Books) 팀은 이 책을 최대한 훌륭하게 만드는 과정에서 엄청난 도움을 주었다. 나의 개인 문제 해결사 채드 앨런(Chad Allen)에게 특히 감사한다.

톰(Tom)과 제니(Jenny)와 밥(Bob)과 클라우디아(Claudia)는 원고를 읽고 격려가 담긴 알찬 피드백을 전해 주었다. 지금 레이첼과 나는 덴버를 떠나 샬럿에 있고, 우리 부부는 여러분 모두가 무척 보고 싶다!

트립 무어(Trip Moore), 짐 칼람(Jim Kallam), 스티브 쇼어즈(Steve Shores). 여러 사람 가운데 이 세 친구는 혼란이 가시고 나아갈 길이 분명해질 때까지 계속 생각하게 만들어 준다.

10년 동안 우리 골든 장로교회(Golden Presbyterian Church) 가족들이 보여 준 사랑과 지원과 격려에 대해, 또한 목사요 자매이자 친구인 미미 딕슨(Mimi Dixon)에게 감사한다. 우리가 함께 나누던 아침 식사가 그립다.

가까이 머물면서 지원과 실제적 도움, 의미 있는 격려를 보내 주는 나의 '작은 팀' 앤디(Andi)와 켑(Kep). 그들에게 심심한 감사의 마음을 전한다.

그리고 뉴웨이 미니스트리(NewWay Ministries) '작은 팀'의 진짜 중심, 레이첼(Rachael). 그녀는 나의 최측근이다.

서문

나는 2003년 봄에 래리 크랩 박사를 처음 만났다. 그의 혁신적 저서 『영적 가면을 벗어라』(*Inside Out*, 복있는사람 역간)는 1980년대 후반 신학교에 있던 내게 엄청난 영향을 주었다. 저술을 통해 오랜 세월 여러 번의 힘든 시기를 이겨 내도록 도와준 장본인과 얼른 만나고 싶었다. 당시 내가 목회하던 교회에 래리의 아들이 출석하고 있었기에, 그의 주선으로 우리는 골프 한 라운드를 같이 칠 수 있었다. 뿐만 아니라 높이 존경받는 '크랩 박사님'과 같은 카트를 탈 수 있도록 짝을 맺어 주기까지 했다. 나는 두 가지 면에서 초조했다. 우선 래리와 대화를 나누며 네 시간 반을 보내야 한다는 예상 때문에 초조했다. 나는 래리 앞에서 너무 부족해 보이고 싶지 않았다. (내가 대부분 읽은) 그의 책들은 전부 성경적으로 알차고, 생각을 자극하고, 많은 사람이 불편함을 느낄 만큼 마음을 파헤친다. 나는 고등학교 신입생이 대학생 훈련에 참가하도록 초청받았다가 최고의 운동선수와 짝이 되고 만 것

같은 기분이 들었다. 흥분과 불안이 동시에 느껴졌다. 이것은 두 번째 초조함으로 이어졌다. 나는 그날 멋진 골프 경기를 하고 싶었다. 남자들은 대개 공통의 취미와 관심사를 통해 서로 호감을 갖게 된다. 자동차, 운동, 수제 맥주 제조기, 액션 영화, 심지어 골프까지. 나는 래리가 골프를 좋아한다는 것을 알았고, 좋은 첫인상을 남기고 싶었다.

1번 홀. 첫 번째 티박스. 내가 마지막 순번이었다. 나는 볼을 올려놓으며 늘 하던 대로 혼자서 되뇌었다. '머리는 숙이고, 왼쪽 팔은 펴고, 가볍고 깔끔하게 스윙.' 무슨 일이 있었는지 지금까지도 기억나지 않는다. 볼은 1미터 이상 날아가지 못했다. 그때까지 내가 쳤던 최악의 퍼스트샷 가운데 하나였다. 나는 래리와 다른 두 사람을 보며 말했다. "이런 일이 생기지 않게 해 달라고 오늘 아침에 주님께 기도까지 드렸는데, 소용이 없네요!" 그들은 (어색한 것까지는 아니지만) 측은한 웃음으로 반응했다. 나는 래리와 함께 카트에 오르며 생각했다. '첫인상은 물 건너갔군.'

몇 년 후 래리는 그 첫 번째 티에서 일어난 일이 마음에 들었다고 말해 주었다. 그는 실패를 좋아했다. 그는 응답되지 않은 기도에 대해 설명하기를 좋아했다. 그는 나의 욕망과 두려움을 실토하는 진실한 고백을 좋아했다. 그는 내가 친 볼이 겨우 1미터밖에 날아가지 못한 그 순간 내가 느꼈던 약간의 굴욕감까지 좋아했다. 래리는 이런 일들을 좋아한다. 그 이유는 그가 다른 사람의 곤경을 보고 기쁨을 맛보기 때문이 아니라, 다른 사람의 상심에서 하나님을 가장 또렷하게 볼 수 있기 때문이다. 그는 자신의 상심 속에서 하나님을 가장 예리하게 경험한다.

이 책은 상심 한가운데서─하나님을 이해할 수 없을 때─당신이나 내가 하나님과 어떤 일을 하는지를 다룬다. 우리는 하나님을 어떻게 이해해야 할까? 우리는 그분께 어떻게 다가가야 할까? 우리 앞에는 몇 가지 선택지가 있다. 우리는 영적인 자동 조종 장치를 켜고, 한동안 관성을 따라 움직이면서, 사실상 하나님을 뒤로 제쳐둘 수 있다. 선의를 품은 많은 사람이 오늘날 이렇게 한다. 또 하나의 선택지는 뒤죽박죽인 우리의 삶에 더 잘 들어맞도록 하나님에 관한 우리의 관점을 바꾸는 것이다. 우리는 우리의 고통을 납득하도록 도와주는 패러다임에 하나님을 억지로 끼워 맞추려고 할 수도 있다. 이것도 하나님을 따르는 선량한 제자들 다수가 일반적으로 선택하는 길이다. 우리가 씨름해야 할 중요한 질문이 있다. 하나님을 이해할 수 없을 때 우리는 하나님과 함께 무엇을 해야 할까?

래리는 답을 가지고 있다. 전율하고 신뢰하라. 내가 이 두 단어를 함께 연결 짓는 경우는 드물다. 내 경험을 돌아볼 때 나는 전율하거나 **아니면** 신뢰한다. 나는 두려움을 가지거나 믿음을 가진다. 나는 인생의 역경 속에 가라앉거나 솟아올라 믿음을 가진다. 전율하는 **동시에** 신뢰하는 경우는 없다. 그런데 이것이 바로 래리가 주장하는 바다. 우리가 염원하는 대로 하나님을 경험하고자 한다면, 우리는 겸손한 영혼의 전율에다 마음을 다하는 믿음을 적용하는 법을 배워야 한다.

이 책이 우리를 데려갈 길은 수월한 길이 아니다. (우리 중 대다수가 기피하는) 하나님에 관한 까다롭고 위험한 질문을 던지고, 그와 동시에 성경의 깊은 진리를 파고들어 색다르고 새로운 관점에서 하나님을 보라고 우리에게 도전할 이 여행은 심약한 사람을 위한 길이 아니다.

이것은 "저기 저 산에 금이 있다!"라고 외치던 1800년대 최초의 채금 광부들의 대열에 동참하는 사람들을 위한 길이다. 광부들은 산으로 달려가면서 이 여정이 수월하지 않을 것임을 알았다. 하지만 그들은 금을 발견할 가능성을 좇아 달려갔다. 이 책은 좇아갈 만한 값어치를 지닌 저 산의 금이다.

나는 개인적으로 래리에게서 배운 교훈 덕분에 심오한 삶의 변화를 경험했다. 나는 상심 한가운데서 하나님을 경험할 수 있었다. 나는 지금도 아주 형편없는 골퍼지만, 그보다 더 훌륭한 하나님의 사람이요 남편, 아버지, 친구, 목회자다.

미국 애리조나주 스코츠데일

제이미 라스무센(Jamie Rasmussen)

서론

**하나님의 사고방식은
우리의 생각에 쉽게 들어맞지 않는다**

복음은 모든 것을 변화시킨다. 하지만 우리 대부분은 아직 이런 사실을 제대로 믿지 않는다. 너무 급진적이기 때문이다. 어떤 사람들은 복음이 너무 급진적이어서 사실일 것이라고 생각조차 하지 못한다. 다른 사람들은 복음이 모든 사람의 마음속 깊숙이 자리잡은 자부심에 상처를 내기 때문에 받아들이기 어렵다고 느낀다.

하지만 우리는 복음의 아름다움, 하나님 안에서만 완전하게 드러나는 순수한 사랑의 아름다움을 제대로 보아야 한다. 자기 중심적이고 혼란스러운 우리 마음이 충분히 겸손해지고 열려서 하나님처럼 생각하고 그분의 길을 신뢰하기 전까지, 우리는 이 아름다움을 깨달을 수도 없고 적절하게 평가할 수도 없다.

인생은 계획한 대로 흘러가지 않는다. 우리의 이야기는 대본에서 이

탈한다. 예상에 없던 영수증 더미, 새로운 건강 문제, 매물로 내놓았으나 팔리지 않는 주택, 부부간의 고통스러운 갈등, 은밀한 수치심을 낳는 걷잡을 수 없는 성적 충동, 거의 절망적인 수준에 다다른 무기력감. 무슨 일이 늘 벌어진다. 정확히 우리가 바라는 대로 일어나는 일은 하나도 없다. 적어도 단기간에는.

상담 칼럼니스트는 가능한 대로 책임감 있게 이런 문제를 해결하면서 인생을 살아가라고 조언한다. 되도록이면 상담가나 인생 코치와 만나는 시간을 잡으라. 잘못된 일에 집중하지 말라. 무엇이든 잘된 일에 감사하라. 자기 자신에게 잠깐의 쉼을 선물하라. 당신이 즐거워하는 일을 하라. 기분이 한결 좋아질 것이다.

우리 그리스도인들은 필요한 도움을 얻어 우리에게 닥친 일을 최선을 다해 감당해야 한다고 생각한다. 하지만 우리는 선하고 능력 많으신 사랑의 하나님을 믿는다. 그래서 우리는 그분께 시선을 돌린다. 우리를 고통스럽게 하는 문제를 놓고 기도한다. 걱정거리 탓에 깊은 불안을 느낄 때 우리는 진지하게 기도한다. 우리는 무릎을 꿇고 뜨겁고 성실하게 기도하고, 친구들에게 기도 제목을 알려 주고, 때때로 기도 모임을 통해 친구들과 소통한다.

하지만 아무 일도 일어나지 않는다. 아무것도 변하지 않는다. 우리는 하나님의 분명한 말씀을 듣지 못한다. 우리는 하나님이 우리를 위해 개입하시는 증거를 보지 못한다. 예전에는 가끔 기도가 응답되었다. 그런데 왜 지금은 아닐까?

우리는 이신론자가 아니다. 우리는 임재하시고 보살펴 주시는 하나님을 믿는다. 하지만 의문이 든다. 하나님이 듣고 계실까? 우리가 하나님의 기분을 상하게 했을까? 하나님이 응답하시기 전에 우리의 삶을 깨끗이 청소해야 할까? 하지만 하나님은 자비하시다. 그분은 인내하는 용서의 하나님이시다. 하나님이 무언가 하셔야 하지 않을까? 사랑이란 그런 일을 하는 것이 아닐까?

어려움이 계속된다. 새로운 어려움이 덧붙는다. 나는 방금 친구가 보낸 이메일을 받았다. 유방암이라고 한다. 커다란 문제, 사소한 문제. 항상 문제가 있다. 우리는 그리스도인, 하나님의 사랑받는 자녀. 우리는 그분을 신뢰할 수 있다. 그런데 그분이 **무엇을 하실 것이라고** 신뢰할 수 있을까?

실제로 사람들이 자신에게 하는 이런 짧은 독백을 생각해 보자.

하나님은 내가 남편을 참고 견디기를 바라지 않으실 것이다. 그 사람은 내가 있다는 사실조차 모른다. 마치 투명인간 같은 느낌이다. 하나님은 나를 몹시 사랑하시기 때문에 내가 이렇게 상처받기를 바라지 않으실 것이다. 그러니 내 자존감을 높일 수 있는 일은 무엇이든 하고, 지금 매여 있는 이 사람이 아닌 다른 사람과 만족스러운 관계를 맺어야겠다. 그렇게 하는 중에도 하나님은 내게 은총을 베푸실 것이다.

탈진한 선교사들이 잠시 쉬었다 갈 수 있도록, 허물어져 가는 시설을 수리할 자금이 우리 선교 사역에 절실하게 필요하다. 필요한 자금을 얻지 못한다면 사역을 중단할 수밖에 없다. 우리가 생각하기에 우리는 하나님의 일을 하고 있다. 그분이 우리에게 맡기신 일을 하고 있다. 분명 하나님은 필요한 돈을 마련해 주실 것이다.

나는 벌써 수십 년간 독신으로 살아왔다. 나를 따라온 남자가 하나도 없다는 사실이 정말 가슴 아프다. 하지만 내가 잘 지내도록 하나님이 도와주실 것이라고 믿는다. 나는 여전히 혼자이고 결혼할 가능성이 보이지 않지만, 예수님이 나를 언제 어디로 어떻게 이끄시든 그분을 따르기로 다시 다짐했다. 그런데 방금 내 가슴에서 멍울 하나가 만져졌다. 사랑의 하나님은 틀림없이 내 기도에 응답하셔서, 이 멍울이 양성으로 밝혀지고 내가 계속 하나님을 따라 이 새로운 길을 갈 수 있도록 해 주실 것이다.

그동안 내가 두드렸던 사역의 문은 하나도 열리지 않았다. 나는 신학교를 마쳤다. 3학년 때는 설교 대회에서 입상도 했다. 그리고 담당 교수님은 내게 목회자의 심장이 있다는 말씀도 하셨다. 지도 목사나 협력 목사를 구하는 10여 개 교회에 지원했지만 문은 하나도 열리지 않았다. 실망스럽다. 하지만 나는 하나님이 나를 사랑하신다는 것을 안다. 교회에서 목양하고 설교할 기회가 생길 것이라고 확신한다. 설마 사랑의 하나님이 그것도 못 해 주실까?

예언자 이사야가 하나님을 대변하여 이런 글을 남겼을 때 그는 우리에게 무슨 말을 하려고 했을까? "이는 내 생각이 너희의 생각과 다르며 내 길은 너희의 길과 다름이니라. 여호와의 말씀이니라"(사 55:8). 그런 다음 이사야는 자신이 강조하는 핵심을 놓치지 않도록 이렇게 덧붙인다. "이는 하늘이 땅보다 높음같이 내 길은 너희의 길보다 높으며 내 생각은 너희의 생각보다 높음이니라"(9절).

이사야의 논점은 이렇다. 예수님의 제자들의 삶이 어떻게 전개되어야 하는지에 관한 우리의 생각과 길은, 지혜 면에서 하나님의 생각과 길에 훨씬 못 미친다. 그래서 우리는 가끔 하나님이 자신의 사랑 이야기를 전하시는 방식을 이해하지 못한다. 우리네 인생의 많은 부분에서 아주 많은 일이 틀어지고, 이 모든 일이 하나님이 지켜보시는 가운데 벌어진다. 오늘날 대다수 그리스도인들의 마음 자세가 어떤지 귀 기울여 보자.

어려움이 접근하지 못하게 막고 좋은 일을 가까이 두기 위해 나는 최선을 다해 하나님의 생활 원리를 따른다. 하지만 이런 일은 일어나지 않는다. 이사야의 생각처럼 하나님이 일하시는 방식에 대한 나의 이해가 정말 완전히 잘못되었을까?

바울은 이사야에게 공감하며 이렇게 말한다. "그의 판단은 헤아리지 못할 것이며 그의 길은 찾지 못할 것이로다. 누가 주의 마음을 알았느냐?"(롬 11:33-34)

우리가 쉽게 대답할 수 없는 질문들이 있다.

왜 하나님은 언제나 학대당한 아내의 기도에 부응하여 남편 문제를 해결해 주지 않으실까?

왜 하나님은 훌륭한 사역을 계속 진행하기 위해 필요한 헌금을 든든하게 마련해 주지 않으실까?

왜 하나님은 결혼하기 원하는 모든 독신 여성에게 그녀를 원하는 훌륭한 남성을 소개해 주지 않으실까? 그 정도는 아니더라도, 적어도 만족스러운 삶을 선택할 기회와 그런 기회를 붙잡기 위해 필요한 건강의 복을 모든 여성에게 주지 않으실까?

왜 하나님은 경건하고 유능한 예비 목회자를 목사로 둘 교회를 예비하셔서, 그를 통해 하나님 나라의 목적을 성취하지 않으실까? 하나님은 수많은 신학교와 성경 대학 졸업생들에게 목사가 될 수 있는 문을 열어 주신다. 그런데 왜 사역으로 부름받았다고 확신하고 필요한 자격까지 갖춘 졸업생 모두에게 그 문을 열지 않으실까?

이사야는 다시 말한다. "하나님께 그분이 하실 일을 일러 드리거나 일을 가르쳐 드린 사람이 있겠느냐?"(사 40:12, 『메시지』, 복있는사람 역간) 하나님의 생각과 길을 이해할 수 없을 때 우리 그리스도인들은 세 가지 선택지에 맞닥뜨린다.

선택 1. 거부하고 달아나라. 하나님이 이끄시는 방향이 우리 마음에 든다면 그분을 따르기로 결심하라. 하지만 그 방향이 우리 마음에 들지 않을 때, 그분의 생각과 길이 우리가 원하는 삶에서 우리를 멀어지게 만드는 것 같을 때 우리는 무엇이든 훌륭한 생활 방식에 더 잘 어울린다고 생각되는 일을 하기 위해 그분의 개입을 거부하고 달아나는 것도 정당하다고 느낀다. **요나처럼.** 이 선택지는 하나님의 계획에 격분한 한 예언자의 삶에서 예시된다.

선택 2. 왜곡하고 부정하라. 하나님이 우리의 삶에 대해 생각하시고 사랑 가운데 우리의 삶에 개입하시는 방식을, 사랑의 하나님이라면 이렇게 생각하고 행동하셔야 한다는 우리의 인식에 맞게 조정하라. 우리가 믿고 싶은 하나님과 상충하는 성경 구절이 있거든 부정하라. 하나님의 좋은 소식을 다루는 우리의 신학을 개정하여, 하나님께 순종하는 일을 편안하게 만들어 주는 삶의 원리에 맞추라(편안한 순종은 우리의 삶에 만족스러운 복을 가져다줄 것이다). **사울처럼.** 바울이 되기 전, 사울은 구약성경의 메시지를 왜곡하여 자기가 바라는 대로 말하게 했고, 이러한 왜곡과 상충되는 본문의 가치를 부정했다.

선택 3. 전율하고 신뢰하라. 성경 아래에 앉으라. 하나님이 무엇을 말씀하시든 들으라. 하나님이 세계를 운영하시고 우리의 삶을 인도하시는 길을 이해할 수 없을 때 **전율하라.** 무엇이 정말 훌륭한 삶이고 어떻게 그런 삶을 살지에 대한 우리의 생각이나 길을 훨씬 넘어서는 생각과 길을 가지고 계신 하나님 앞에서 떨림을 경험하라. 자신의 혼돈을 느껴 보라. 자신의 의문을 인정하라. 자신의 두려움을 받아들이라. 자신의 실망을 직시하라. 자신의 고뇌를 경험하라.

그런 다음 **신뢰하라.** 옳은 일을 행하시고 (앞으로 우리가 기쁘게 동의할) 선한 목적을 항상 성취하시는 온 땅의 재판관을 신뢰하라. 누구도 기도의 신비를 온전히 밝혀낼 수 없다는 점을 받아들이라. 하나님이 선하시다고 믿는 믿음을 따라 살고, 우리의 침침한 눈으로 볼 수 있는 것에만 매이지 않기로 결심하라. 육신의 눈으로는 사랑의 이야기라고 인식하지 못할, 하나님이 전개하시는 이야기를 믿음의 눈으로 주목하라. 겸손하라. 우리의 교만을 고백하라. 우리는 실제로 자신이 알고 있는 것보다 더 많이 안다고 착각한다.

이해할 수 없는 하나님 앞에서 전율하고 그분의 선하심을 신뢰하라. 하나님의 사랑은 우리가 지금 누릴 수 있는 가장 깊고 행복한 안녕을 더 많이 인식하는 데 헌신되어 있음을 신뢰하라. 또한 그분의 사랑이 우리를 영원으로 인도하여 우리가 거기서 우리를 위해 예비된 온갖 기쁨을 알게 될 것임을 신뢰하라. 십자가를 주목하라. 그리스도의 죽음을 기억하라. 이해할 수 없는 하나님의 사랑이 더 온전하고 선명하게 나타난 곳은 어디에도 없다.

하지만 항상 기억하라. 지금은 맛보기일 뿐이고 성대한 잔치는 나중에 펼쳐질 것이다. 지금 우리 눈으로 보고 가슴으로 느끼는 것 앞에서 전율하라. 우리의 신앙이 믿는 바 곧 우리가 그토록 갈망하던 대로 가장 깊은 갈증이 해소될 날이 올 것임을 신뢰하라. **하박국처럼**. 하박국의 이야기는 하나님의 길을 이해할 수 없을 때 올바르게 반응하는 모습을 보여 준다.

우리가 알다시피 요나는 틀렸다. 아무리 어린 그리스도인이라도 하나님을 거부하는 것은 결코 옳지 않다는 사실을 직감적으로 안다. 무엇이 선한 삶인가에 대한 그분의 생각과 선한 삶을 위한 그분의 섭리 방식을 이해할 수 없더라도 말이다. 요나의 거부는 노골적이었다. 요나는 하나님의 지시에 격분했을 때 그분께 말조차 하지 않으려고 했다. 그는 자신의 인생을 위한 하나님의 계획을 거부하기로 했다.

우리의 거부 방식은 약간 더 미묘한 경향이 있다. 응답되지 않은 뜨거운 기도는 당연하게 느껴지는 울분을 정당화하는 듯이 보인다.

"나는 아내의 암이 낫게 해 달라고 기도했다. 그러나 아내는 숨을 거두었다."

하지만 아마 오늘날 그리스도인 사이에서 볼 수 있는 가장 간교한 형태의 거부는, 하나님이 생각하고 일하시는 방식에 대해 안일하고 편리한 이해를 받아들이기 위해 성경의 데이터를 선별적으로 무시하는 행동일 것이다. 유명한 기독교 지도자에게 자녀 양육 비법을 알려 달라고 부탁한 적이 있었다. 당시 성인이 된 세 자녀는 모두 모범적으로 살고 있었다. 성공적이고 도덕적이고 경건했다. "임신 사실을 알았던 날부터 아내와 저는 매일 밤 무릎을 꿇고 손을 붙잡고 하나님이 아이에게 복을 주시기를 기도했습니다." 그가 말했다.

한 착한 친구와 아내는 네 자녀를 위해 쉬지 않고 뜨겁게 기도했다. 하나는 그리스도인이고 셋은 아니다. 둘은 교도소에서 시간을 허비했다. 혹시 그들이 함께 무릎을 꿇고 기도하지 않았기 때문일까? 이런 것이 응답받는 기도의 공식일까? 하나님을 우리가 바라는 모습대로 끼워 맞추고 그분은 사랑의 하나님이시기에 그분의 신적 능력을 우리 마음대로 관리할 수 있다고 믿는 것은, 주권적이고 거룩한 사랑의 하나님, 그 생각과 길이 우리의 통제 너머에 있는 하나님을 거부하는 흔한 방식이다.

어떤 형태든 하나님에 대한 거부는 흔히 그분에게서 달아나는 도피로 이어진다. 물론 항상 그런 것은 아니다. 모세는 이집트로 돌아가 자기 백성을 종살이에서 벗어나게 하라는 하나님의 부르심에 흥분하지 않았다. 예레미야는 유다를 향해 힘든 메시지를 전하라는 하나님의 소환 명령에서 뒤로 물러섰다. 하지만 그들의 거부는 오만한 반항

이 아니라 두려움에 찬 망설임과 더 깊이 관련되어 있었다. 둘 다 하나님에게서 달아나지 않았다. 그런데 요나는 달아났다. 저 멀리, 배가 그를 데려갈 수 있는 곳까지.

∽

동기가 무엇이든 하나님에게서 달아나기 위해 우리가 채택하는 전략은 우리가 여전히 그분과 동행하고 있다고 믿게 만드는 경우가 매우 많다. 우리는 예수님께 충성한다고 딱 부러지게 말하는 동시에 우리를 다스리는 그분의 권위를 배신하고, 우리를 인도하는 하나님의 길을 우리가 쉽게 따를 수 있는 방향으로 다시 만들어 낸다. 나중에 사도 바울이 된 사울은 이런 유형을 예시한다. 우리는 3장에서 이 유형을 볼 것이다. 우리 육신에 부합하는 즐거운 생각과 길을 지닌 신으로 하나님을 축소시키는 금송아지 신드롬은 오늘도 여전히 우리 곁에 있다.

모세가 시내산에 너무 오래 머물러서 이스라엘 백성이 인내심을 잃었을 때 아론은 그들의 불평에 무릎을 꿇고 금을 끌어모아 "금송아지"를 만들었다(출 32:4). 모세의 하나님이 백성들의 기대에 부응하지 않으셨을 때 그들은 훨씬 협조적인 신을 만들어서 섬겼다.

우리 가운데 금송아지 곧 우리가 설정한 신을 숭배하는 일에서 안전한 사람은 아무도 없다. 우리도 입으로는 하나님이 원하시는 길이 우리를 힘겨운 시절로 인도하는 것 같을 때 그분에게서 달아나는 것은 잘못이라고 고백한다. 하지만 혹시 우리가 그분의 지시를 오해했을 수도 있지 않을까? 우리가 도덕적 선택이라고 여길 수 있는 일련의 성경적 원리를 찾아내는 편이 훨씬 낫다. 그대로 따를 경우 하나님을 감동시켜서 우리가 원하는 바를 주시도록 할 수 있다고 생각되는 도덕적 선택 말이다. 그리고 우리는 우리가 원하는 바가 하나님도 원하시는 합당한 선이라고 넘겨짚는다. 화목한 가족과 좋은 친구, 번듯한 직업, 높은 수입, 효과적 사역, 튼튼한 건강. 하나님이 이런 복을 허락하실 때―하나님은 가끔 그렇게 해 주신다―당연히 우리는 감사한 마음으로 그 복을 누려야 한다. 그러지 않는 것은 잘못이다.

하지만 문제점이 있음을 인정하자. 우리는 하나님의 이야기를 우리에게 만족스러운 하나의 체계, 하나의 공식으로 왜곡했다. 무엇이 하나님을 영화롭게 하는지, 그분의 고난받는 사랑의 본성을 다른 사람에게 보여 줄 수 있도록 우리가 어떻게 사랑하고 관계할 수 있는지 거의 생각하지 않은 채 말이다. G. K. 체스터턴(Chesterton)의 표현대로 우리는 시인이 아니라 장기꾼이 되었다.[1] 우리는 인생의 장기판 위에서 정확한 수를 둔다. 그러면 하나님이 그에 응답하셔서 우리가 장기 시합에서 이기게 해 주신다. 매일 무릎을 꿇고 기도하라. 그러면 하나님이 (주권적으로?) 일하셔서 우리가 원하는 대로 아이들을 보살피실 것이다. 올바르게 행동하라. 그러면 인생이 형통할 것이다. 이것이 지금 현세를 위한 오늘날의 복음이다. 그리고 우리가 죽을 때는 영원한 천국이 있다. 과연 이보다 더 좋은 소식이 있을까?

거짓 복음을 선포하여 교회를 세울 수 있다. 거짓 복음에 관한 글을 써서 책을 팔 수 있다. 하지만 이런 메시지는 바울이 우리에게 경고했던 "다른" 복음의 현대판 변형이다.

그리스도의 은혜로 너희를 부르신 이를 이같이 속히 떠나 다른 복음을 따르는 것을 내가 이상하게 여기노라. 다른 복음은 없나니 다만 어떤 사람들이 너희를 교란하여 그리스도의 복음을 변하게 하려 함이라. (갈 1:6-7)

뒤틀린 거짓 복음의 현대판 변형은 하나님이 사랑이시라는 진리를 하나님이 협조적이시라는 거짓말로 왜곡한다. 나는 궁금하다. 우리가 진지하게 다윗의 기도―"하나님이여, 나를 살피사 내 마음을 아시며…내게 무슨 악한 행위가 있나 보[소서]"(시 139:23-24)―를 드린다면, 우리가 실제로 이런 거짓말에 동조했음을 더 깊이 깨닫게 될까? 하나님은 사랑 때문에 그분 앞에 놓인 계획에 협조하실 수밖에 없다. 우리 생각에, 그 계획은 분명하고 단순하고 공정하다. **내가 올바르게 행동하면 하나님은 반드시 내 인생을 형통하게 하실 것이다.** 하지만 이것은 거짓말이다. 하나님의 계획이 아니다. 우리가 이렇게 믿고 인생이 형통할 때, 우리는 자신의 선행에 합당하게 공정한 보상을 받았다고 자만심을 느낄 수 있다. 인생이 형통하지 않을 경우, 우리가 올바르게 살아왔다고 하더라도 하나님께 환멸을 느껴 실망한다.

  1940년대 말과 1950년대에 기독교 가정에서 성장하면서, 나는 교회와 청소년 수련회에서 거짓 복음을 수용하도록 부추기는 찬송과 합창곡을 불렀다. 여기 한 가지 예가 있다. "내려 주신 주의 복을 세어라. 주의 크신 복을 네가 알리라."[2] 누구도 하나님이 주시지 않은 복을 헤아릴 수는 없다. 그래서 어린아이였을 때 나는 사랑하는 하나님이 내가 신나게 헤아릴 복을 부어 주실 것이라고 상상했다. 이것을 스크루지 맥덕 신드롬(Scrooge McDuck Syndrome)이라고 부르자. 금고에 앉아서 자기가 가진 돈을 전부 헤아리고 또 헤아리는 카툰 캐릭터를 기억하는가?(스크루지 맥덕은 디즈니 만화에 나오는 도널드 덕의 삼촌으로 부자이며 구두쇠다－역주) 이 찬송가를 쓴 사람은 **천상**의 장소에 쌓여 있는 **영적** 복을 헤아려야 한다고 생각했을 것이다. 하지만 매번 이 가사를 부를 때마다 하나님이 **지상**의 더 많은 다채로운 복으로 나를 놀라게 하실 것임을 믿는 일이 감사하게도 당연하다고 느꼈다.

익숙한 옛 찬송이 하나 더 떠오른다. "감미로워라, 예수를 믿는 것, 또 그분의 말씀을 그대로 받아들이는 것"('Tis so sweet to trust in Jesus, and to take him at his word, 찬송가 542장 "구주 예수 의지함이"에서는 "예수 예수 믿는 것은 받은 증거 많도다"로 번역되었다－역주).[3] '감미롭다'라는 말은 10대 청소년의 최신 어휘에서 흔히 사용되는 단어는 아니었지만, 나는 그 말이 무슨 뜻인지 알았다. 내 생각에, 이 찬송은 예수님이 나를 행복하게 할 복을 주신다고 믿도록 부추겼다. 그리고 그분의 말씀을 있는 그대로 받아들인다면, 나는 당연히 예수님이 내 인생을 근사한 모험－어려움은 최소, 복은 최대－으로 만들어 주겠노라고 약속하셨다고 상상할 수 있었다. 내가 생각했던 하나님의 약속은 자격 없는 자에게 보장된 특권, 하나님과 **관계를 맺는** 행복한 특권과는 별로 관련이 없었다. 내 머릿속에서 이것은 처음부터 끝까지 자격을 갖춘 자에게 보장된 권리, 하나님을 **이용할** 수 있는 마땅한 권리와 관련이 있었다. 곧 내가 간절히 원했던 인생의 좋은 일들, 사랑의 하나님이 너그럽게 해 주실 일들을 기대하는 권리다. 왜 하나님이 그렇게 해 주시지 않겠는가?

(다른 곡도 많지만) 찬송가 하나 더. "예수님과 동행하는 하루하루가 이전보다 더 감미로워"(Every day with Jesus is sweeter than the day before).⁴ 거짓 복음을 믿으라. 그러면 머지않아 당신에게 즐거운 날이 찾아올 것이다. 하지만 어떤 사람들이 보기에, 인생은 머지않아 당신에게 이렇게 노래하라고 가르칠 것이다. "예수님과 동행하는 하루하루가 이전보다 더 고달파." 성장기에 이 찬송가에 담긴 '메시지'는—설마 교회 지도자들이 우리에게 거짓 찬송을 부르게 하지는 않았겠지?—오늘 삶이 형통하게 흘러간다면 당연히 내일도 좋은 일이 일어날 것이라는 생각을 부추겼다. 그리고 나의 기대와 달리 궂은 날이 어느 정도 지장을 주더라도, 나는 예수님이 내일 더 나은 날을 주실 것이라고 신뢰할 수 있었다.

이런 노래가 어떤 결론에 도달하는지는 누구나 알 수 있다. 곧 사랑의 하나님이 정말 살아 계신다면, 그분이 우리처럼 좋은 사람들에게 좋은 일을 주실 것이라고 믿을 수 있다는 생각이다.

우리가 지어낸 하나님의 생각과 행동에 대한 이해는, 사랑의 하나님이라면 이렇게 생각하고 행동하셔야 한다는 우리의 이해와 편리하게 들어맞는다.

༄

의도한 것은 아니지만, 나이가 들수록 내 책은 점점 더 자서전이 되는 것 같다. 이제 70대에 이른 나는 이해할 수 없는 하나님 앞에서 어느 때보다 더 많이 떨림을 경험한다. 나는 명쾌하게 설명되지 않는 새로운 차원의 혼돈, 내가 통제할 수 없는 거듭되는 실패, 겨우 한 모금씩 얻을 수 있는 생명수를 벌컥벌컥 들이키고 싶은 더 강렬한 갈증을 인식한다.

나는 며칠이 지나기도 전에 다시 익숙한 갈림길에 서곤 한다. 세 가지 길 가운데 하나를 선택해야 한다. 하나, 하나님을 거부하고, 그분을 따를 경우 내가 누릴 수 없게 되는 만족을 제공한다고 판단되는 길을 선택한다. 둘, 하나님이 들려주시는 말씀을 왜곡하여, 행복한 삶을 만드는 요소에 대한 나의 생각에, 또 내가 바라는 행복한 삶을 마련하는 방법에 끼워 맞춘다. 오만하게도, 나는 이러한 왜곡이 하나님을 존중하는 성경 해석이라고 여기면서, 하나님의 사랑은 강요보다는 방임에 더 가깝다는 생각을 앞세워 이를 정당화한다. 셋, 신비의 현존 앞에서 전율하고, 하나님이 상상할 수 없이 선한 사랑 이야기의 플롯을 성취하고 계신다고 신뢰한다.

매일의 선택은 나의 몫이다. 이 책에서 내가 해야 할 말이 독자와 저자 모두가 올바른 선택, 곧 모든 사람의 영혼이 가장 원하는 기쁨으로 이끄는 유일한 선택이란 전율하고 신뢰하는 것임을 깨닫도록 다독이기를 소망한다. 그때 우리는 하나님이 규정하시는 대로 우리를 생명으로 인도하는 복을 함께 헤아릴 수 있을 것이다. 우리는 예수님을 따라가는 것이 사실 감미롭고, 또한 매일 그분과 더 친밀한 관계로 우리를 이끌고, 그분과 더 비슷하게 관계를 맺도록 우리를 빚어 갈 수 있음을 알게 될 것이다. 그때 우리는 모든 관계에서 하나님의 사랑을 점차 드러낼 것이다. 그리고 그렇게 할 때 우리는 기쁨으로 인해—세속적 복이 결코 줄 수 없는, 더 좋은 다른 종류의 행복으로 인해—놀랄 것이다.

1부

하나님의 길을 이해할 수 없을 때,
그다음은?

세 가지 이야기, 세 가지 반응

요즘 나는 그리스도인으로 살아온 인생에서 이전보다 더 자주 상당히 비중 있는 질문 세 가지를 던지고 있다. 50년의 상담 경험을 통해서 볼 때 다른 사람들도 아마 큰 소리로 말하지는 않지만 분명 이 질문을 던지고 있을 것이다. 이 질문들은 믿음이 작은 증거라고 여겨질 수도 있고, 예수님이 자신들의 삶을 끝까지 인도하신다고 믿는 그리스도인들이라면 정말 던져서는 안 될 질문이라고 여겨질 수도 있다.

하지만 어느 시점엔가 인생은 모든 정직한 그리스도인을 몰아가서 이 세 가지 질문을 던지게 할 것이다.

질문 1. 왜 고난은 그리스도인의 삶에서 그렇게 중요한 역할을 해야 하는가?

사랑의 하나님은 우리를 지금보다 더 많이 보호해 주셔야 하지 않을까? 왜 하나님은 아주 중요한 기도 제목 여러 가지에 대해 아무 일도 하지 않으셔서 우리를 이렇게 자주 실망시키실까? 삶은 상처를 남기고, 하나님은 우리가 겪는 고통의 근원이 계속 존재하도록 묵인하신다. 왜 그럴까? 우리는 고난에 선한 목적이 있음을 안다. 고난만큼 효과적으로 우리의 과도한 요구("나는 당연히 더 나은 대접을 받아야 해")를 폭로하고 아주 절박하게 회개하도록 자극하는 것은 없다. 그리고 건강 문제와 재정적 어려움으로 인한 불확실성이 장기화되는 고통은 미래를 통제하시는 하나님을 더 깊이 의지하도록 이끈다.

하지만 진지한 그리스도인은 형통한 시절에도 성숙할 수 있지 않을까? 우리의 영적 형성을 위해 필요할 수도 있는 모든 고난이 더 가뿐하고 신속하게 끝날 수는 없을까? 그렇게 많은 사람이 그렇게 많은 고난을 겪어야만 할까? **이해가 가지 않는다.**

질문 2. 왜 실패는 그리스도인의 삶에 계속 존재해야 하는가?

바울은 기적적으로 회심한 후에(그 전이 아니라) 즉 그가 비범하게 성숙하고 숙련된 예수님의 제자였을 때 자신이 곤고한 사람이라고 여겼다. 로마서 7:24에서 "곤고한"으로 번역된 이 헬라어 단어는 이 위대한 사도가 인간적 연약함이 가하는 끈질긴 비극의 짐을 계속 지고 있었음을 분명히 암시한다. 그의 말에 의하면, "원함은 내게 있으나 선을 행하는 것은 없[다]"(18절). 변화된 삶에 대한 사탕발림 같은 이해는 이제 그만 접어 두자. 바울은 결코 죄에서 자유롭지 못했다. 형벌로부터는 자유로웠지만, 죄를 짓는 행위 자체로부터 자유로운 것은 아니었다. 오늘의 모든 그리스도인처럼 바울은 죄의 종이 아니었다. 더 이상 죄의 본성은 그리스도인들이 강제로 순종하는 주인이 아니다. 물론 천국에 이를 때까지 그리스도인들은 죄의 마력과 씨름하다가 매우 자주 굴복할 테지만 말이다.

앞서 같은 장에서 바울은 복음으로 인해 이제 우리가 "성령 안에서 새로운 삶의 방식"을 따라 살 수 있다고 말했다(6절, New Living Translation, NLT). 이 말은 그리스도인이 성령의 능력을 힘입어 반복되는 죄가 더 이상 삶의 문제가 되지 않는 일이 가능하다는 뜻일까? 노년에 이른 사도 요한은 자신의 삶을 돌아보면서 모든 사람에게 이렇게 경고했다. "만일 우리가 죄가 없다고 말하면 스스로 속이고 또 진리가 우리 속에 있지 아니할 것이요"(요일 1:8). 하나님은 우리가 계속되는 실패를 **빨리 넘어가는** 데 필요한 일을 하시기보다 실패를 **거쳐** 성숙으로 가도록 우리를 인도하시는 것 같다. 그리스도인의 삶에서 복음의 능력은 어떤 의미를 가지는가? 복음의 능력이란, 우리가 올바르게 행동하고 싶을 때 어김없이 그럴 수 있다는 의미가 아닌가? 결코 아니다! 왜 아닌가? **이해가 가지 않는다.**

이 두 질문에는 세 번째 질문이 필요하다.

질문 3. 분명한 목적 없이 우연히 일어나는 고난에, 그리고 우리가 거부하려고 힘껏 노력하지만 가끔 그럴 수 없어서 반복되는 실패에 우리는 어떻게 반응해야 하는가?

나는 처음 두 질문에 수월하게 따를 수 있는 조언으로 대답하는 쪽을 택할 수도 있었다. 하나님의 임재를 강하게 경험할 때 그리스도인들에게 고난이란 행복하고 복되었을 인생에서 겪는 단기간의 이례적 상황으로 그 의미가 축소된다고 주장하는 책을 쓸 수도 있었다. 아마 그리스도인의 여정에서 중요한 요소 두 가지 곧 영적 훈련과 묵상 기도의 성실한 실천은 우리의 삶에 고통을 덮어 주는 기쁨을 가져다줄 것이다. 하지만 그리스도인의 여정이란 그리스도, **고통 한가운데서** 기쁨을 아셨던 슬픔의 사람을 뒤따라가는 것이다.

혹은 나는 그리스도의 명령에 순종하는 선결 조건을 강조하면서, 성령의 능력이 우리를 치명적 실패 없이 살 수 있게 해 준다고 말할 수도 있었다. 하지만 성경이 주장하고 경험이 확증하는 바에 의하면 우리는 고난을 겪고 죄를 범할 것이다. 역경과 실패(후자는 더 쉽게 부정된다)는 모든 그리스도인의 삶의 일부다. '스스로 속인다'고 말하는 사도 요한의 가르침과 자신의 경험에 의거해, 마르틴 루터(Martin Luther)는 첫 번째 논문에서 이렇게 적었다. "우리 주님이시요 구세주이신 예수 그리스도께서 '회개하라'고 말씀하셨을 때, 그분의 의도는 신자들의 삶 전체가 회개해야 한다는 뜻이었다."

이 세 번째 질문은 처음 두 질문을 붙들고 씨름하는 모든 그리스도인이 던져야 할 질문이고, 당연히 사려 깊은 성경적 대답이 필요하다. 그 필요성이 나를 몰아붙여 이 책을 쓰게 되었다.

1장

이해할 수 없는 하나님에 대한 그리스도인의 반응

세 가지 선택지

나는 주님을 따르고 있는가? 아니면 주님께 나를 따라오시라고 요구하고 있는가? 어쩌면 나는 현대판 요나가 되는 위험에 처해 있는지도 모른다. 곧 내 삶을 이끄는 하나님의 길에 너무 실망하고 분노한 나머지, 하나님을 따르는 자가 되기를 그만두는 것이다.

50년 전 나는 임상 심리학 분야에서 박사 과정을 시작했다. 일리노이 대학교 캠퍼스에 가기 전 나는 개인적으로 기독교 신앙을 버리기로 작정했다. 내 안에서 이루어져야 한다고 생각하던 일을 하나님이 하시지 않았다. 10대 시절, 나는 10여 차례 내 삶을 그리스도께 헌신했고, 누그러지지 않는 탐욕과 불안, 질투, 또한 하나님의 계획이 아니라 내 꿈이 더 많이 반영된 개인적 야망으로 계속 고뇌했다. 정통 복음주의자로서 내가 알던 기독교가 나를 망쳐 놓았다. 나는 무엇이 잘못인지 찾아내고 나를 변화시키도록 도와줄 기회를 심리학에게 주기로 결심했다.

이 모험은 별 성과가 없었다. 5년 후 나는, 여전히 탐욕스럽고 불안하고 질투하고 개인적 야망으로 불타는 젊은이를 감추어 주는 박사 가운을 입었다. 나는 다시 기독교로 돌아왔고, 다른 곳에 없는 희망이 거기 있다고 확신했다. 50년이 지난 지금 나는 여전히 궁금하다. 왜 하나님은 사람들의 삶에 힘든 싸움을 그토록 많이 허락하시고, 왜 자기를 따르는 이들의 삶에서 실패가 아련한 추억이 되도록 조처하지 않으실까?

저버리기 힘든 생각이 있다. 나의 노년기가 힘든 싸움은 적고 승리는 더 많은 황금기가 되도록 준비하는 길이 틀림없이 있을 것이다. 더 뜨거운 기도? 더 강렬한 사역의 열정? 영적 훈련의 성실한 실천? 나는 사랑의 하나님이 지금까지 60년 이상 그분을 따른 제자에게 응당 주셔야 할 복을 주시도록 하려고 애쓰고 있는 걸까? 황금기를 준비하려는 나의 '기독교적' 노력은 금송아지를 숭배하는 행동은 아닐까?

이 문제에 대해 하나님은 어떻게 생각하실까? 하나님은 상황을 다르게 파악하실까? 하나님이 나를 사랑하시는 방법 중에 내가 의지할 수 있는 것은 무엇일까? 나는 하나님의 생각과 길이 실제로 어떤 것인지 말해 주는 그분의 말씀을 열린 마음으로 듣고 있는가? 그리고 중요한 질문. **만약 하나님의 음성을 듣는다면 나는 어떻게 반응할 것인가?** 나는 사울처럼 반응할 위험에 처해 있지 않은가?

하나님의 음성을 들었을 때 요나는 거부하고 달아났다. (요나의 이야기는 2장에서 들려주겠다.) 바울이 되기 전, 사울은 구약성경을 진지하게 연구하여 하나님의 말씀을 들었다. 하지만 그는 자신의 종교 이해와 더 잘 부합하는 내용에 맞추어 자기가 들은 말씀을 왜곡했다. 그리고 자신을 다른 생각으로 인도하는 모든 본문의 의미를 부정했다. 메시아가 죽임당한 어린양이라고? 유대인과 이방인이 하나님의 한 가족이 된다고? 얼토당토않아! (3장에서 사울의 이야기를 살펴볼 것이다.)

하박국을 기억하는가? (그의 이야기는 4장에서 살펴보겠다.) 그는 정말 마음에 들지 않는 말을 하나님에게서 들었다. 악한 바빌론이 자기보다 덜 악한 유다를 심판할 것이라고? 도저히 이해할 수 없었다. 하지만 하박국은 거부하고 달아나지 않았다. 그는 자기가 들은 하나님의 말씀을 더 기분 좋은 메시지로 왜곡하지 않았다. 그는 하나님이 말씀하신 불편한 진리를 부정하지 않았다. 대신 그는 혼동과 두려움 가운데 전율했고, 그런 다음 언제나 선한 이야기를 전하시는 하나님을 신뢰했다. 이야기가 정말 힘든 국면으로 흘러갈 때에도 말이다. 하박국은 오늘의 그리스도인을 위한 모델이다.

내가 서른 살이었을 때, 여든 살의 저명한 신약학자 윌리엄 헨드릭슨(William Hendriksen) 박사와 오찬을 즐기던 때를 기억한다. 나는 바로 전에 그의 갈라디아서 주석을 읽었고, 바울이 우리에게 거부하라고 경고하는 "다른" 복음에 대한 그의 견해를 듣고 싶은 마음이 간절했다. 이 명석한 교수에게는 더없이 단순했을 질문의 답을 귀 기울여 듣는 동안, 1시간 남짓 되는 시간이 마치 20분처럼 느껴졌다.

그런데 그때 헨드릭슨 박사는 나를 깜짝 놀라게 했다. 함께 보낸 시간이 마무리될 즈음, 헨드릭슨 교수는 검버섯이 핀 손을 식탁 너머로 뻗어 내 팔 위에 얹고 눈물을 글썽이며 이렇게 말했다. "래리 형제, 나는 이제야 복음을 이해하기 시작했어요."

내가 속한 진영에서 벗어났다는 오해를 살 수도 있는 아주 실제적인 위험을 감수하고 말하건대, 나는 70대 초반에 이르러서야 복음을 이해하기 시작하는 것은 아닐까 생각하고 있다. 복음은 죄 용서, 하나님과의 관계 회복, 그리고 영원한 천국의 약속 그 이상이지 그 이하가 결코 아니다. 복음은 급진적 제자도, 예측할 수 없는 고난을 견뎌 내는 인내의 삶, 그리고 계속 실패해도 결코 정죄받지 않음을 아는 기쁨의 삶으로 우리를 부른다. 이것은 수월한 삶이 아니다. 결코 아니다. 이렇게 생각해 보자.

- 하나님의 음성을 들을 때 그분의 요구가 과도하다는 생각이 들면서 거부하고 달아나고 싶은 충동을 느끼지 못한다면, 나는 하나님의 음성을 들은 것이 아니다. 나는 복음을 피상적으로 이해하고 있다.
- 하나님의 음성을 들을 때 내가 들은 말을 안락한 삶을 위한 부름으로 왜곡하고 싶은 유혹을 받지 않는다면, 또한 안락한 삶과 거리가 먼 내용을 말하는 본문에 대한 모든 관심을 사실상 부정하고 싶어지지 않는다면, 나는 하나님의 음성을 들은 것이 아니다. 나는 다른 복음을 믿고 있다.
- 하나님의 음성을 들을 때, 어떠한 곤경이 오고 어떠한 죄가 계속 이어지든 하나님을 신뢰하기 위해 지불해야 할 대가를 보고 몸서리칠 이유를 찾지 못한다면, 나는 하나님의 음성을 들은 것이 아니다. 나는 값싼 복음을 들었다.

그리스도 안에 있는 구원 계획에 제대로 안착해 있더라도 그리스도인들은 자신들의 삶을 향한 하나님의 부르심을 들을 때 영혼 깊은 곳에서 무언가 혼란을 겪는다. 그리스도인들이 하나님의 부르심, (단순히 특정한 사역이나 윤리적 생활 방식 혹은 신학 수업으로의 부르심이 아니라) 천국 이편에서 누구도 완벽하게 도달할 수 없는 그런 사람이 되라는 부르심을 들을 때 전쟁은 시작된다. 이 여정은 좁은 길을 따라 이어진다.

그때 우리는 하나님이 최소한 두 가지 일을 하셔서 훨씬 수월한 여정이 되게 해 주시기를 조용히 기대한다. 하나, 우리에게 아주 좋은 일과 만족스러운 기회를 주셔서 이 여정을 매력적으로 만들어 주시는 것. 둘, 우리의 고질적 죄와 관계의 죄를 극복하고 성령의 힘으로 우리의 약점을 극복하는 데 필요한 능력을 주셔서, 참담한 실패가 그저 일시적인 우려가 되는 것.

예외도 있지만, 하나님은 둘 다 하지 않으신다. 왜 그러실까? 하나님은 우리를 사랑하신다. 그분은 선하시고 능력이 많으시다. 성부는 모든 일을 통치하신다. 성자는 신실한 대제사장으로 우리를 위해 기도하신다. 그리고 성령은 우리 영혼에 들어와, 이제 우리의 새 마음속에서 생동하는 신성한 에너지를 자극하신다. 고난은 줄어들어야 한다. 상황은 우리의 생각과 더 많이 부합해야 한다. 기도는 응답되어야 한다. 그리고 죄는 훨씬 사소한 문제, 단지 이따금 경험하는 일시적 실수여야 한다. 그리스도 안의 승리, 과거의 유혹에서 벗어나는 승리, 승리하는 그리스도인의 삶. 이 모두가 우리의 것이 되어 경축하고 기뻐해야 한다. 이것이 우리 대다수가 생각하는 방식이다.

어려움이 끼어들고 실패가 계속될 때, **우리는 이해할 수 없는 하나**

님을 만난다. 하나님은 누구신가? 그분은 무엇을 이루시는가? 우리는 우리의 삶을 위한 복음의 계획을 듣는다. 그 계획에는 고통과 힘든 시절, 실패, 계속되는 죄가 포함되어 있다. 이것은 우리가 염두에 두지 않았던 것이다. **이해되지 않는다.** 그럼 어떻게 해야 할까?

세 가지 선택지가 모습을 드러낸다. 나는 서론에서 세 가지 선택지를 나열했다. 더 간결한 형태로 다시 설명하겠다. 이 책을 읽는 동안 이 세 가지 선택지를 염두에 두면 도움이 될 것이다.

선택 1. 실패가 계속되는 힘겨운 삶으로 부르는 하나님의 부르심을 거부하고 그분에게서 달아나, 훨씬 나아 보이는 생활 방식으로 가라. 번영과 치유, 혹은 최소한 기분 전환을 추구하며 살라. 기분이 훨씬 좋아질 것이다.

선택 2. 하나님께 매달리되 그분의 메시지를 왜곡하여, 삶이 어떠해야 하는지에 대한 당신의 생각, 또 하나님이 당신을 어떻게 인도하셔야 하는지에 대한 당신의 이해와 더 긴밀하게 일치시키라. 그 과정에서 당신은 여전히 하나님을 따르고 있다고 스스로 확신하라.

선택 3. 고난과 실패를 거쳐 당신 자신이 아니라 오직 그리스도 안에서 소망을 갖도록 인도할 복음의 이야기를 들으라. 하나님의 생각과 길이 당신의 생각이나 길보다 훨씬 높아서 종종 이해할 수 없을 때 하나님 앞에서 전율하라. 하지만 영원한 심판을 마땅히 받아야 했을 그때 당신을 위해 돌아가신 하나님이 선한 것을 성취하고 계신다고 신뢰하라. 그분은 언제나 선한 이야기를 들려주신다. 하나님은 결코 그보다 못한 것을 이루지 않으신다.

요나의 이야기는 첫 번째 선택지를 예시한다. 2장에서 요나의 이야기를 살펴볼 때 우리는 우리 안에서 축소판 요나를 볼 수도 있다.

2장

거부하고 달아나라
(불순종이 옳다고 느껴질 때)

요나의 이야기

뜨거운 기도가 응답되지 않을 때, 불운이 연달아 일어날 때, 하나님이 사랑으로 우리 인생에 관여하신다는 느낌이 완전히 사라질 때, 그때 우리는 요나처럼 하나님을 거부하고 그분에게서 달아나, 최대한 독자적으로 인생을 꾸려 가고 싶은 유혹 앞에 선다.

나는 여러 해 동안 많은 시간을 들여 요나서를 연구했다. 요나의 이야기에 담겼다고 이해한 하나님의 메시지를 어느 정도 올바르게 가르친 적도 여러 차례 있었다. 하지만 겸손한 지혜를 조금이라도 지닌 모든 사람처럼, 내가 이 짧은 책이나 성경의 다른 모든 책에서 하나님이 들려주려고 하시는 메시지를 전부 들었다고 여긴 적은 한 번도 없었다. 항상 더 많은 것이 있었다.

사려 깊은 성경학도라면 학문적으로 훈련된 학자든 나처럼 독학하는 학도든 누구나 하나님의 서신에 담긴 66통의 연애편지가 전부 지혜에 한계가 없는 무한한 저자에 의해 쓰였다는 사실을 염두에 둔다. 하나님의 생각과 길은 항상 우리의 생각과 길보다 높다는 사실이 입증될 것이고, 제한되고 유한하고 여전히 타락한 우리의 사고로 그분의 생각과 길을 거의 혹은 전혀 이해하지 못할 때가 많을 것이다.

하지만 사실 이 초월적 하나님은 지혜의 편린을 끊임없이 우리와 더 많이 공유하기를 기뻐하신다. 따라서 성경을 읽을 때, 섭리 가운데 마련된 이런 순간을 간절히 기대하면서 연구에 임할 타당한 이유가 있다. 그때 성령께서는 우리가 걸어갈 것이라고 한 번도 생각해 보지 않은 방향으로 우리를 이끌어 가신다. 그런 순간을 경험하고 나면, 그 후 우리의 가르침은-말이든 글이든-새로운 열정을 품고 옛 입장을 넘어서거나 또는 옛 입장 위에 세워진 새로운 개념을 받아들일 것이다.

새로운 질문

이 장을 쓰기 위해 준비하면서 나는 요나의 이야기를 다시 읽고 다시 연구하고 다시 묵상했다. 다행히도 교훈을 깨달은 예언자 요나가 이 이야기를 직접 썼을 수도 있고, 나중에 요나에게서 그의 기이한 이야기를 들은 어떤 사람이 이 이야기를 썼을 수도 있다. 어쨌든 우리는 성령께서 저자를 품으셔서, 열린 귀를 가진 미래 세대의 사람들이 하나님의 말씀을 확실히 들을 수 있게 하셨다고 확신할 수 있다.

이번에 본문을 훑어보면서, 이전에는 생각조차 하지 않은 한 가지 질문이 떠올랐다. 나는 그 질문에 호기심을 느꼈다. 당신에게는 진부한 것일 수도 있겠지만, 내게는 새로운 질문이었다. 그리고 이렇게 질문함으로써 나는 요나의 이야기에서 전에는 초점을 맞추지 못했던 내용을 볼 수 있게 되었다. 이 독특한 이야기에서 하나님이 내게 들려주려고 하셨던 바를 이제야 이해하기 시작한 것일까?

그 질문은 이렇다. 사랑의 하나님은 니느웨의 회개를 준비하는 데 더 많이 몰두하셨을까? 아니면 요나의 영혼을 형성하는 데 더 많이 몰두하셨을까?

명백하게 옳은 분명한 대답은 **둘 다**가 맞다. 하나님의 선한 마음은 니느웨로 가라는 요나를 위한 부르심에서, 또 마지못해 순종한 예언자를 계속 다루시는 그분의 손길에서 드러났다. 하지만 다른 것, 명백하지만 그 중요성 면에서 쉽게 간과되는 내용에 주목하자. 니느웨를 향한 요나의 설교와 그 성읍의 회개는 모두 한 장에 걸쳐 기록된 데 반해, 요나의 영혼을 형성하기 위해 하나님이 어떻게 일하셨는지 보여 주는 데는 세 장이나 할애되었다. 바로 여기에 시사하는 바가 있다.

무엇을 시사하느냐고? 아마 이것일 것이다. 가장 중요한 문제가 무엇인가에 대한 하나님의 생각에서, 또 그분의 생각을 실행하는 방식에서 사역(일반적으로 우리가 다른 사람을 위해 무언가를 하는 것이라는 의미로 이 단어를 이해할 때)은 필수 요소다. 하지만 계속되는 형성에 헌신하지 않은 영혼에서 사역이 흘러나올 때 그 사역은 삶을 변화시키는 힘을 잃어버리고 만다. 개인의 인격 안에서 이루어지는 영혼의 형성은 타인을 위한 심오한 사역의 핵심이다. 이런 생각은 또 다른 생각을 낳는다. **선교 사역은 형성 사역이 넘쳐흘러서 나타나도록 의도되었다.** 성령이 우리 안에서 영혼 형성 사역을 수행하실 때, 타인을 위한 사역은 힘을 얻는다.

형성되고 있는 그리스도인이 더 훌륭한 하나님 나라 사역을 실천한다. 물론 가끔 개인의 영혼 사역에 특별한 관심을 두지 않은 그리스도인에 의해 사역이 어느 정도 성취되기도 한다. 우리의 감각적 문화에 깊은 인상을 남기는 훌륭한 일들이 선교 현장의 열정적 그리스도인을 통해, 또 설교단에 선 유능한 그리스도인을 통해 펼쳐진다. 그들은 느려 터진 형성 활동을 견디기에는 너무 분주하고, 겉으로 드러난 성공 탓에 영적 형성의 필요성을 느끼지 못한다.

하지만 그리스도께서 재림하여 사람과 문화, 지금은 잡초가 무성한 동산을 포함하여 만물을 새롭게 하실 때까지, 하나님은 지금 한 가지 핵심 프로젝트에 헌신하고 계신다. 바로 **그리스도의 제자를 예수님을 닮은 연인(戀人)으로 형성하는 것**이다. 갈라디아인들에게 말할 때, 바울의 가장 깊은 열망은 교회가 수적으로 늘어나는 모습을 보거나, 효과적인 수련회 사역을 장려하거나, 외국 선교 현장에 더 많은 선교사를 보내거나, 하나님을 경외하도록 문화를 변화시키는 것이 아니었다. 그의 가장 깊은 열망은 갈라디아인들의 삶에서 온전히 형성된 그리스도를 보는 것이었다. 물론 니느웨를 위한 요나의 사역은 하나님께 중요했다. 하지만 우리는 요나의 영혼 형성이 이 이야기의 초점이라는 인상을 받는다.

오늘날 기독교 문화는 대체로 이 우선순위가 뒤집혀 있다. 가령 청소년부 목사는 청소년들이 성령의 형성 사역에 영혼을 열도록 하는 일보다는 청소년부 규모를 배가시키는 데 더 큰 책임을 느끼는 경우가 많다. 형성되고 있는 목회자가 형성 사역을 실천하는 데 가장 잘 준비되어 있다는 사실을 망각한 걸까? 지도자와 평신도 모두 자신 안에서 일어나는 형성 사역보다는 사역 규모와 사역 지원, 눈에 띄는 사역의 결과물에 더 많은 자원을 쏟곤 한다. 규모 있고 재정적으로 탄탄하고 문화적으로 성공한 사역은 영혼을 점검하라고 사역자에게 요구하지 않는다는 점에 주목해야 한다. 눈에 보이는 사역의 성공에 중독된 기독교 문화에서는 사역의 동기가 하나님 나라의 진전을 통해 그분을 영화롭게 하는 것과 더 깊은 관련이 있는지, 아니면 일의 결과와 안정을 통한 자아 성취와 더 깊은 관련이 있는지 분별하는 데는 거의 혹은 전혀 노력을 기울이지 않는다.

우리 개인의 영혼에서 이루어지는 성령의 깊고 지속적인 사역을 요구하는 관계적 사랑의 공동체에서 함께 살고자 한다면, 우리는 사역 활동보다 영혼 형성에 우선순위를 두어야 할 뿐만 아니라, 영혼 형성이 관계적 형성이라는 점을 이해해야 한다. 또한 예수님처럼 사랑하는 법을 배우는 관계적 형성이 영혼과 영혼의 일대일 대화에서보다 더 명확하고 강력하게 나타나는 곳은 없다. 요나는 예언할 수 있었고 설교할 수 있었다. 하지만 그가 관계를 맺을 수 있었을까?

이런 질문을 던지는 이유가 무엇일까? **대화를 통해서 드러나지 않고 고백되지 않은 이기적 동기가 하나님의 사랑을 가장 심각하게 훼손하기 때문이다.** 요나가 자기 마음을 살펴보았더니 회개해야 할 동기가 있었다는 기록은 없다. 요나는 잘못되었다. 요나와 달리, 나는 내 마음을 살펴야 한다는 것을 깨닫는다.

사람들과 대화를 나눌 때 나는 나의 이익을 옹호하는가? 아니면 타인의 이익을 위해 봉사하는가? 나는 다른 사람에게서 무언가를 얻어내기 위해 관계를 맺는가? 아니면 다른 사람의 유익을 위해 내게 있는 것을 내어주는가? 나의 가치를 보여 주라고 몰아붙이는 부족함의 느낌이 무의식적 수준까지 나를 지배하는가? 아니면 내가 관계 맺는 방식을 통해 그리스도의 가치를 드러내도록 해 주는 성령의 충분함이 나를 지배하는가?

요나도, 오늘 우리 가운데 상당수도 깊이 알지 못하지만, 성령께서 이끄시는 자기 성찰은 마땅히 회개해야 할 추한 이기적 욕망과 더불어 회개할 때 베풀어 주시는 하나님의 아름다운 사랑을 보여 준다.

현대 기독교 문화에서 사역은 교회 성장과 구제 확대, 더 많은 사람이 출석하는 프로그램, 특별 선교 프로젝트 같은 외형상의 변화를 촉진하는 데 집중되기 일쑤다. 이런 사역이 형성보다 소중한 가치를 지니게 될 때, 관계적 죄의 회개를 낳는 자기 성찰의 가치는 무시된다. 외적인 것에 초점을 맞춘 사역에 앞서(또한 그런 사역과 동시에) 형성이 가치를 지닐 때 자기 성찰은 핵심적 사안으로 인정된다. 그리고 다른 사람의 영적 형성을 위해 자신을 쏟아붓는 것은 외형적 변화를 도모하는 것과 똑같이 중요한 사역으로 인정된다. 우리가 가진 요나와 하나님의 대화 기록을 볼 때, 더없이 명확한 사실이 있는 것 같다. 즉 요나는 영혼의 내적 세계에서 그를 겸손한 상심으로 이끌어 가는 바를 인식하지 못했고, 그의 생각과 동기에서 회개해야 할 바를 인식하지 못했다. 게다가 요나는 하나님 안에서 소망하면서 자기 영혼을 들여다보지 않았기에, 니느웨를 향해 설교할 때 하나님의 마음을 보여 주려는 깊고 즐거운 갈망을 깨닫지 못했다. 결국 그는 사랑을 베푸시려는 하나님의 뜻에 동조하지 못했고, 그 결과 니느웨의 회개를 위해 기도하지 않았다.

요나의 사고방식 안에 자리잡은 어떤 요인 탓에, 하나님의 길을 이해할 수 없을 때 하나님을 거부하고 그분에게서 달아나는 것이 요나에게는 타당해 보였다. 아직 영적 형성의 길에 오르지 않은 사람, 요나는 오로지 자신에 대해서만, 또한 인정받는 예언자로서 이스라엘 안에서 누리는 자신의 편안한 삶에 대해서만 신경을 썼다. 이제 나와 함께 요나의 이야기에서 그가 어떤 생각을 하고 있었는지 보여 주는 핵심 요소 다섯 가지에 간단히 초점을 맞추어 보자. 하나님의 생각과 길이 우리의 생각이나 길과 충돌할 때 거부하고 달아나는 것이 타당하다고 느끼는 비슷한 생각을 우리 자신 안에서 똑같이 발견할 수 있을 것이다.

요나 이야기의 핵심 요소 다섯 가지

하나, 성경에서 요나서는 하나님의 길을 이해할 수 없을 때 그분께 말조차 하지 않은 유일한 예언자의 이야기다.

성경 본문을 기억해 보자. 하나님은 요나에게 "일어나 저 큰 성읍 니느웨로 가[라]"라고 말씀하셨다. 그런데 말 한마디 없이 "요나가 여호와의 얼굴을 피하려고 일어나 다시스" 곧 반대 방향으로 갔다(욘 1:2-3). 요나는 하나님께 자기 속내를 알리지도 않은 채 그분을 거부하고 달아났다. 왜 그랬을까?

그 대답은 요나의 초기 내력에서 나온다. 앞서 하나님은 그를 예언자로 부르신 적이 있었다. 당시 이스라엘의 사정은 형편없었다. 영토를 상실했다. 경제는 곤궁해졌다. 하나님은 "이스라엘의 고난이 심하여 매인 자도 없고 놓인 자도 없고 이스라엘을 도울 자도 없음을 보셨[다]"(왕하 14:26).

그때 하나님은 요나를 불러서 그가 납득할 수 있는 메시지를 전하게 하셨다. 잃어버린 땅이 회복되고 경제가 호전되고 이스라엘의 삶이 개선될 것이라고 여로보암 2세에게 말하라(왕하 14:25을 보라). 하나님은 이런 일이 일어날 것이라고 말씀하셨고, 실제로 그렇게 되었다. 틀림없이 하나님의 예언자로서 요나의 인기는 치솟았을 것이다. 그 시절 다른 두 예언자, 호세아와 아모스도 이스라엘에게 말하라는 하나님의 지시를 받았다. 그런데 그들의 메시지는 달랐다. 호세아와 아모스는 이스라엘의 죄악을 호되게 나무랐고, 하나님의 백성이 복이 아니라 심판을 받아 마땅하다고 명확히 밝혔다. 세 예언자 중 누구의 메시지가 가장 잘 받아들여졌을지 쉽게 판가름할 수 있다.

이스라엘은 번영했다. 단 한 가지 분명한 위험만 남아 있었다. 앗시리아. 니느웨는 그 수도였다. 경계선을 확장하고 피정복민을 폭력적으로 지배하려는 야망으로 악명 높았던 앗시리아는 이스라엘의 연이은 행운을 뒤흔들어 놓는 지속적 위협으로 등장했다. 우리는 자기 백성을 사랑하는 전능하신 이스라엘의 하나님이 그들을 안전하게 지키기 위해 필요한 모든 조치를 하실 것이라고 짐작할 수 있다. 분명한 한 가지 조치가 있었다. 니느웨의 파멸. 마땅한 조치다.

자기 만족에 빠진 여로보암 왕이 선두에 서서 "니느웨를 파멸시키자!"라고 연호하는 이스라엘 백성의 집회를 인도하는 모습을 그려 볼 수 있다. 그리고 요나가 군중 맨 앞에서, 하나님이 들으시고 행동을 취하기 위해 계획을 세우신다고 믿으며 흡족한 미소를 짓는 모습을 그려 볼 수 있다. 하지만 그때 요나는 갑자기 하나님이 자기에게 무언가를 말씀하려 하신다고 느꼈다. 그는 조용한 곳으로 가서 경청했다. 이스라엘의 번영을 예고하라고 요나에게 말씀하셨던 하나님이 이제 틀림없이 나느웨의 파멸을 예고하실 것이다. 사랑의 하나님이 설마 엉뚱한 일을 하실까?

요나는 경청했다. 하나님이 말씀하셨다. **니느웨로 가라. 그들에게 회개할 기회를 주어라. 나는 그들을 파멸시키고 싶지 않다.** 요나는 혼잣말로 중얼거렸다. "나는 하나님이 긍휼하고 자비로우시다고 생각했다. 하지만 나는 하나님이 이스라엘의 대적에게 호의를 베푸실 것이라고는 꿈도 꾸지 않았다. 방금 나는 상황이 이스라엘에게 유리할 것이라고 말했다. 이제 최악의 원수가 이런 호시절의 위협이 될 것이라고 말해야 한다고? 도저히 이해할 수 없다."

내가 아는 한 여성은, 자기에게 구애한 남성과 결혼하는 것이 하나님의 인도라고 분명히 느꼈다. 결혼식장에서 그들은 함께 해외 선교지에 나가 하나님을 섬기겠다는 뜻을 공개적으로 밝혔다. 두 사람의 얼굴은 기쁨으로 빛났다. 목회자와 부모, 친지, 친구 모두가 하나님이 주신 그들의 행복에 공감했다. 3년 후, 2년간의 선교 사역을 성공적으로 마쳤을 때 남편은 다른 남자에게 매력을 느꼈다고 아내에게 고백했다. 그는 고향으로 돌아가겠다고 고집을 부렸다. 그런 다음 그는 이혼 소송을 제기했고 어린 아들의 양육권을 포기하고 과거의 남자 애인과 서둘러 결혼했다.

그녀는 나에게 이런 말을 했다. "대체 왜 하나님은 그 사람이 제 마음을 찢어 놓을 줄 알면서도 그와 결혼하도록 그냥 내버려 두셨을까요? 도저히 이해할 수 없어요." 그녀의 남편이 하나님의 뜻을 거부하고 그분에게서 달아났고 이제 배신당한 아내도 똑같은 선택에 끌리기 시작했다.

이것은 많은 사람의 이야기다. 하나님이 지켜보시는 가운데 그분이 주시는 복이 사라질 때 충동이 일어난다. 하나님의 다음번 인도를 거부하라. 그분은 신뢰할 만한 분이 아니다. 하나님의 계획으로부터 달아나 그분이 주시려고 하는 것보다 더 나은 삶을 향해 나아가라. 하나님의 길을 이해할 수 없을 때 거부하고 달아나라. 그것이 타당하다.

둘, 요나는 이해할 수 없는 하나님과 자신의 고민을 나누는 데 관심이 없었다. 그래서 그는 하나님에게서 멀리 달아나기 위해 배에 올라탔고, 배에 오른 뒤 재빨리 잠을 청했다.

요나는 하나님을 거부했다. 그는 하나님께 자신의 속내를 털어놓지 않았다. 그리고 그분에게서 달아났다. 요나는 다시스행 배를 예약했다. 그 과정에서 하나님의 예언자로서 자신의 역할을 사실상 포기했다. 그의 내면은 틀림없이 분노와 혼돈, 두려움으로 소용돌이쳤을 것이다. 영혼을 부글거리게 만든 혼란을 대면하고 싶지 않았던 요나는 배에 올랐고, 아마 선원들에게 인사를 했을 것이다. 그리고 그는 재빨리 짐칸으로 내려가 잠을 청했다. 고통스러운 생각과 감정에 맞닥뜨리느니 잠드는 편이 수월하다. 이런 행동은 지금도 계속된다. 두 가지 사례가 핵심을 짚어 준다.

내 친구 하나는 최악의 독설가와 결혼했다. "내가 무슨 일을 하든 아내는 기뻐하지 않아." 그는 아내를 사랑하라는 하나님의 부르심을 이해할 수 없었다. "아내에게 잘 대해 줄수록 아내는 내가 자기 기대에 못 미친다고 생각한다네." 그래서 그는 일중독과 골프 속에 '잠들어' 가급적 집에서 멀리 달아날 계획을 세웠다. 덕분에 그의 삶은 한결 수월해졌다. 그리고 직업상의 성공에서 맛본 만족감과 향상된 골프 실력은, 아내를 사랑하라는 하나님의 부르심을 거부하는 동시에 그분으로부터 달아나 그분의 계획보다 훨씬 합리적인 인생 계획을 좇아가고 있다는 죄책감으로부터 그를 지켜 주었다.

인생의 좋은 것들로 복 받은 한 여성이 있었다. 훌륭한 남편, 착실한 아이들, 넉넉한 재정, 건강한 몸, 좋은 친구들, 성경 공부 인도자로서 성공적인 사역, 매력적 외모. 하지만 어느 이른 아침 그녀는 잠을 잘 수 없었다. 그녀는 가족 및 친구들과 맺고 있는 관계의 진실성을 점검하라고 하나님이 부르고 계신다고 직감했다. 그녀는 다른 사람들에게 하나님의 사랑을 쏟고 있는가? 아니면 그냥 자기가 받은 복을 누리고 있는가? 하나님의 부르심은 그녀를 불안하게 만들었다. 그녀는 안락하고 복된 삶 이상을 요구하는 하나님으로부터 거리를 유지하면서, 자신이 받은 복 안에 이전보다 훨씬 더 곤히 '잠들었다.'

셋, 요나가 물고기 뱃속에서 행한 회개는 얄팍했고, 따라서 그의 영혼을 형성할 힘을 가지지 못했다. 그는 하나님을 거부하고 그분에게서 달아났던 죄를 결코 고백하지 않았다.

다음을 주목하자.

- 요나는 자신의 큰 죄가 아니라 큰 "고난" 속에서 주님께 부르짖었다 (욘 2:1-2).
- 요나는 하나님이 자기를 "깊음 속 바다" 가운데 던지셨다고 고백했다(3절). 하지만 요나가 진실한 마음으로 죄를 회개했다면, 내 생각에 폭풍은 멈추었을 테고, 선원들은 배를 돌려 요나를 욥바까지 돌려보냈을 것이다. 그리고 그는 정결한 마음으로 하나님이 명하신 니느웨 선교를 수행했을 것이다. 요나를 바다에 던진 것은 하나님이 아니셨다. 요나가 자기 몸을 던졌다.
- 요나는 "내가 주의 목전에서 쫓겨났[다]"고 불평했다(4절). 아니다. 요나가 하나님의 목전에서 달아났다. 그는 "여호와의 얼굴을 피하려고 일어나 다시스로 도망하[기]" 위해 배에 올랐다(1:3). 하나님의 임재 경험이 가장 절실하게 필요한 사람에게서 그 임재의 의식을 깡그리 거두어 가시는 이런 부조리한 하나님으로부터 달아나지 않을 사람이 누가 있을까? 요나의 거부는 하나님의 실책 때문이었다. 요나는 분명 이렇게 생각했을 것이다.
- 요나는 하나님께 가장 진지하게 '기도했다'(2:7). 자비를 베푸셔서 자기를 니느웨로 가는 하나님의 예언자로 사용해 달라고 기도했을까? 아니면 자기를 어려움에서 구출해 달라고 기도했을까?
- 요나는 "거짓되고 헛된 것" 즉 우상을 숭배하는 이방인을 비웃었고(8절), 자신이 더 나은 인물, "찬양"(NLT, 개역개정에는 "감사"로 되어 있다—역주)의 노래로 하나님을 경배하는 사람이라고 자처했다(9절). 니

느웨를 위한 사역에 복을 주실 하나님께 드리는 찬양일까? 아니면 역겨운 물고기 뱃속 감옥에서 자기를 구원하실 하나님께 드리는 찬양일까?

하나님은 요나의 빈약한 회개 노력을 받아들이실 수 없었다. 하나님은 "요나를 육지에 토하[라]"라고 물고기에게 명령하셨다(10절). '토하다'라는 히브리어 단어는 쓰레기 배출을 의미한다. 하나님은 분명히 요나의 마음의 변화를 인정하지 않으셨다. 요나는 니느웨로 갔지만, 이해할 수 없는 하나님의 뜻이 여전히 마음에 들지 않았다.

내가 요나일까? 나의 '영적 성향'은, 삶이 고달파질 때에야 내가 깨달은 온갖 실패에서 돌이키는 것이다. 그저 더 이상 하나님께 시달리지 않기 위해서. 잃어버린 복을 회복하기 위한 죄의 고백은 관리 기법에 불과하다. 그것은 회개가 아니다.

넷, 요나는 니느웨로 가서 하나님의 메시지를 성실하게 전했다. 그는 잘못된 마음으로 올바른 일을 실천했다. 그는 여전히 니느웨의 파멸을 원했다.

요나는 엄청난 희생을 감내하면서 니느웨까지 걸어갔다. 험악한 지형을 넘고 위험한 지대를 지나 거의 1,450킬로미터를 걸었다. 요나는 불청객으로 니느웨에 불쑥 나타나 모든 사람의 기분을 상하게 했을 법한 메시지를 전했다. 겉으로는 하나님의 뜻에 따르는 것처럼 보이는 순종 아래 사악한 동기가 담긴 저장소가 숨어 있을 수 있다. 요나가 그랬다. 이런 일은 오늘의 그리스도인 안에서도 일어난다.

- 남성은 갈등을 회피하기 위해 아내를 '사랑한다.'
- 여성은 사랑을 대가로 얻기 위해 남편을 '사랑한다.'
- 부모는 착한 아이들로 키우기 위해 자식들을 '사랑한다.'
- 친구들은 우정을 지키기 위해 친구들을 '사랑한다.'
- 목회자는 사람들이 계속 교회에 출석하여 교회 사역을 후원하게 하기 위해 성도들을 '사랑한다.'
- 선교사는 후원자들에게 보내는 편지에서 성공적 사역을 보고하기 위해 선교 현장의 원주민을 '사랑한다.'

너무 냉소적인가? 아니다. 하나님을 영화롭게 하고 예수님의 사랑을 보여 주기 위해 사랑하는 훌륭한 남편과 아내, 부모, 친구, 목회자, 선교사의 본보기가 있다. 하지만 아직 성화되지 못한 성도들 안에는 위험이 도사리고 있다. 우리는 이기적 동기를 가지고 타인에게 선을 행할 수 있다. 이것은 자기를 부인하라는 하나님의 부르심을 거부하고 그분으로부터 달아나 자기 성취를 지향하는 교활한 형태의 불순종이다.

다섯, 요나의 거부와 도주는 그가 알지 못했던 하나님에 대한 반응이었다.

요나의 내력을 간단히 정리하면 핵심이 분명해진다.

- 요나의 아버지는 아밋대라는 이름의 남성이었는데, 이 이름은 '신실함'을 의미한다. 이는 요나가 하나님을 공경하는 가정에서 자라났음을 시사한다. 아마도 어린 시절 요나는 말하자면 **가족의** 하나님을

받아들였을 것이다.
- 하나님을 경외하는 요나의 아버지는 분명 이스라엘이 회개하고 참된 예배를 회복하도록 하나님께 기도했다. 하지만 그런 일은 일어나지 않았다. 이후 세대의 많은 10대들처럼 10대 시절의 요나는 **가족의 하나님**이 사실 **개입하지 않으시는 하나님**, 이신론(理神論)의 하나님이 아닐까 의문을 품기 시작했을 것이다.
- 성인이 되어 요나는 하나님의 개입을 목격했다. 그는 하나님이 자기에게 하시는 말씀을 들었다. "나는 내 백성의 곤경을 안다. 머지않아 상황이 나아질 것이라고 그들에게 말해 주어라." **개입하지 않으시는 하나님**이 갑자기 **승리의 하나님**, 자기 백성에게 잇달아 복을 주실 관대한 하나님으로 돌변했다.
- 그런데 곧이어 하나님은 요나에게 니느웨로 가서 말씀을 전하라고 하셨다. "나는 이렇게 사람과 짐승이 가득한 커다란 도성을 파멸시키고 싶지 않다." 하나님이 이스라엘이 가장 두려워하는 원수의 파멸을 원하시지 않는다고? 요나의 마음에서 **승리의 하나님**은 **이해할 수 없는 하나님**, 납득할 수 없는 하나님으로 즉시 바뀌었다. 요나는 거부하고 달아났다.
- 물고기 뱃속에 사흘 동안 있다가 내뱉어진 뒤 요나는 원통한 마음으로 니느웨로 가서 말씀을 전했다. 니느웨가 회개하자 하나님은 정말로 악한 도성을 살려 주셨다. 말도 안 돼! 도무지 받아들일 수 없어! 그 순간 요나는 자신이 **참을 수 없는 하나님** 앞에 있음을 깨달았다. 이해할 수 없을 뿐만 아니라 참을 수 없는 하나님의 생각과 길에 따라 다스려지는 세상에서 사느니 차라리 죽는 편이 더 낫다. 요

나는 말했다. "주님, 이제는 제발 내 목숨을 나에게서 거두어 주십시오! 이렇게 사느니, 차라리 죽는 것이 낫겠습니다"(4:3, 새번역).

기억해 보자. 방금 하나님은 뜨거운 태양을 피할 수 있도록 요나에게 그늘을 드리워 주던 나무를 말라 죽게 하셨다. 요나는 나무가 죽은 것이 못마땅했다. 옳지 않았다. 그때 하나님은 영혼을 형성하는 마지막 말씀을 요나에게 주셨다. "이 식물을 네가 그처럼 아까워하는데…이 큰 성읍 니느웨를, 어찌 내가 아끼지 않겠느냐?"(10-11절) 자, 이것이 핵심이다. '아끼다'로 번역된 히브리어 단어는 문자적으로 '눈물을 흘리다'라는 뜻이다.

하나님은 요나에게 자신이 누구인지 알려 주셨다. 그 하나님은 요나가 전에 한 번도 만난 적이 없는 하나님이셨다. 나는 이런 하나님의 음성을 듣는다.

요나야, 너는 이전에 **가족의 하나님**을 믿었다. 어린 시절 너의 믿음은 선택이라기보다는 유산에 더 가까웠지. 그 시절, 너는 내가 경건한 네 아버지의 기도에 응답하지 않고 **개입하지 않는 하나님**이라고 여겼다. 나중에 너의 인생을 위한 나의 부르심을 네가 이해했을 때 나는 **승리의 하나님**, 너와 협력하여 네가 원하는 대로 이야기를 풀어 갈 하나님이 되었다.

하지만 그 뒤 너는 이스라엘의 최악의 원수에게 회개하고 살아날 기회를 주라는 내 명령에 실망했고, 나는 순식간에 **이해할 수 없는 하나님**, 그 길을 납득할 수 없는 하나님이 되고 말았다. 그때 너는 나를 거부하고 내게서 달아나는 것이 정당하다고 느꼈겠지. 물고기 뱃속에서 사흘을 보내도록 섭리하여(물고기는 바로 그 목적을 위해 창조되었다), 무모한 항해에서 돌아와 니느웨로 가도록 너를 설득했을 때, 너의 최악의 두려움은 현실이 되었다. 나는 니느웨를 살리기로 마음먹었다. 그런데 이제 너는 나를 **견딜 수 없는 하나님**처럼 대하는구나.

요나야, 이제 나의 가장 진실한 모습을 보아라. 나는 **고통받는 하나님**이다. 사랑하는 백성이 내게 등을 돌리는 모습을 볼 때, 내 눈에서는 눈물이 흐른다. 나의 사랑으로 인해, 그들을 용서하고 내가 깊이 사랑하는 자녀로 그들을 회복시키기 위해 나는 어떤 대가든 기꺼이 치른다. 요나야, 나의 고통받는 희생적 사랑이 네 차가운 마음을 녹여 나를 신뢰하도록 인도하지 못한다면, 다른 어떤 것도 그럴 수 없다.

오늘의 그리스도인들을 향해, 하나님은 요나의 이야기를 통해 자신이 하시는 일 또는 하시지 않는 일 모두가 변함없는 사랑의 표현임을 믿으라고 우리를 초청하신다. 하나님을 있는 그대로 본다면, 우리는 그분의 길을 이해할 수 없을 때에도 더 이상 거부하지 않을 것이다. 더 이상 하나님에게서 달아나 그분이 주시는 것보다 '더 좋은' 삶으로 향하지 않을 것이다. 우리는 전율하겠지만 또한 신뢰할 것이다. 그분의 생각과 길은 그때 한없는 기쁨의 근원이 될 것이다.

하지만 지금, 우리가 예수님을 직접 대면하기 전까지, 우리는 하나님의 진정한 모습을 온전히 보지 못할 것이다. 거부하고 달아나려는 유혹은, 하나님의 길을 이해할 수 없을 때 '합리적' 선택지로 남을 것이다. 죄의 추락하는 중력에서 벗어나는 완전한 자유는 나중에야 찾아올 것이다. "그가 나타나시면 우리가 그와 같을 줄을 아는 것은 그의 참모습 그대로 볼 것이기 때문이니 주를 향하여 이 소망을 가진 자마다 그의 깨끗하심과 같이 자기를 깨끗하게 하느니라"(요일 3:2-3).

3장

왜곡하고 부정하라
(가짜 복음)

나중과 지금―사울의 이야기

예수님을 만나기 전 다소의 사울은 하나님의 선하심에 대한 잘못된 관점에 몰두했다. 예수님을 만난 뒤 사울(이제는 바울)은 근본적으로 변화된 복음 이해를 곧바로 수용했다.

혹시 오늘 우리 가운데 상당수도 사울처럼 하나님의 좋은 소식을 잘못 이해할 가능성이 있지 않을까? 지금 우리도 깨닫지 못한 채 가짜 복음을 믿고 있지 않을까?

우리의 신학적 신념, 특히 하나님이 그리스도의 복음 안에서 우리에게 주시는 좋은 소식을 이해하게 된 과정을 생각해 보자. 하나님이 존재하신다고(그리고 그분은 악마가 아니라고) 믿는 모든 사람은 어떤 의미에서 그분이 선한 분이시라는 데 동의한다. 우리는 하나님이 우리에게 전하시는 계획이라면 무엇이든 진심으로 반길 것이라고 암묵적으로 가정하면서, 복음이 좋은 소식이라고 선뜻 받아들인다. 우리는 한 걸음 더 나아가 선하고 주권적인 사랑의 하나님이 우리의 삶에 허락하시는 것은 무엇이든 그분의 선하심의 확고한 증거로 기쁘게 수용할 것이라고 가정한다.

하지만 이러한 가정은 어쩔 수 없이 심각한 도전에 맞닥뜨릴 것이다. 도저히 좋다고 말할 수 없는 나쁜 일이 일어나기 때문이다. 우리는 놀라지 말아야 한다. 예수님은 힘든 시기, 어떤 경우 심지어 일종의 순교를 예상하라고 말씀하셨다. 예수님이 성부로부터 우리에게 가져다주신 소식, 어쨌거나 그분이 좋은 소식이라고 여기신 그것은 우리 귀에 나쁜 소식, 선하신 사랑의 아버지로부터 들을 것이라고 예상하지 못한 소식이 될 수도 있다. 하나님이 선하시다는 확신을 유지하려면, 하나님의 소식을 그분이 말씀하지 않으신 것, 정신적 훈련을 통해 좋은 소식으로서 받아들일 수 있는 것으로 왜곡해야 한다고 볼 수도 있다.

그럴듯한(그리고 내 생각에는 일반적인) 왜곡 한 가지는 이것이다. 올바르게 살아라. 그러면 하나님은 반드시 인생이 제대로 풀리게 해 주실 것이다. 그분을 신뢰하라. 그러면 좋은 일이 일어날 것이다. 바울은 우리에게 이렇게 말했다. "우리가 알거니와 하나님을 사랑하는 자 곧 그의 뜻대로 부르심을 입은 자들에게는 모든 것이 합력하여 선을 이루느니라"(롬 8:28). 우리는 하나님이 목표로 삼고 일하시는 "선"이 무엇인지 이해해야 한다. 그것은 즐겁고 복된 삶이 아니다. 29절에 의하면, 하나님의 목적은 그분의 아들의 형상으로 우리를 빚어 가는 것이다. 이것이 하나님이 언제나 가져다주기 위해 일하시는 "선"이다. 하지만 주의하자. 바울은 모든 일이 합력하여 **하나님이 사랑하시는 자들의** 선을 위해 일한다고 말하지 않는다. 만약 바울이 이런 식으로 표현했다면, 나는 내 인생을 향한 하나님의 주권적 계획 속에서 훨씬 편안하게 안식할 수 있었을 것이다. 하나님은 모든 사람을 사랑하시되, "아무도 멸망하[기]"를 바라지 않을 만큼 깊이 사랑하신다(벧후 3:9).

하나님이 나를 사랑하신다는 것은 나도 알고 있다. 하지만 누구나 하나님을 사랑하는 것은 아니다. 나는 어떨까? 나는 하나님의 기준에서 누군가를 사랑하는 것이 어떤 의미인지 정말 알고 있을까? 바울의 말은, 만약 하나님을 향한 나의 사랑이 그분의 뜻에 기쁘게 순종하는 수준에 미치지 못한다면 인생의 장애물들이 나의 선에 기여하는 모습을 보기 어려울 것이라는 의미일까?

당연히 나는 그분의 목적에 따라 부름을 받았다. 모든 그리스도인은 하나님이 전하시는 사랑 이야기의 관계적 플롯을 성취하기 위해 영원한 죽음, 극도로 외로운 죽음으로부터 구원받았다. 그런데 나는 이야기의 흐름을 이해하고 있는가? 나는 어떤 희생이 요구되든 관계없이 플롯을 성취하는 데 헌신되어 있는가? 나는 하나님의 목적이 성령께서 원하시는 대로 영혼이 형성되는 것보다 내 인생이 내가 바라는 대로 복을 받는 것과 더 깊은 관련이 있다(혹은 있어야 한다)고 정말로 생각하고 있을지 모른다.

좋은 것?

아마 나는 실제로 하나님을 사랑할 것이다. 분명 상당수 그리스도인들도 마찬가지다. 아마 나는 하나님이 내 삶에서 이루시는 일을 이해하고 기꺼이 받아들일 것이다. 그렇다면 나쁜 일이 일어날 때 어떻게 하나님이 내 안에서 행하시는 선을 분별하고 감사할까? 삶이 급소를 강타할 때 어떻게 하나님이 내 영혼 안에서 이루시는 선을 기쁜 마음으로 인정할까? 고통으로부터 시선을 돌려 우아한 미소로 얼굴을 가리고 "하나님은 선하시다"라고 쾌활하게 말하는 것은 그 방법이 아닐 것이다.

그런데 예수님은 하나님에게서 좋은 일만 기대할 수 있는 근거를 우리에게 주시는 것처럼 보인다. 예수님이 한 번은 예비 제자 무리에게 이렇게 질문하셨다. "너희 중에 누가 아들이 떡을 달라 하는데 돌을 주며 생선을 달라 하는데 뱀을 줄 사람이 있겠느냐? 너희가 악한 자라도 좋은 것으로 자식에게 줄 줄 알거든 하물며 하늘에 계신 너희 아버지께서 구하는 자에게 좋은 것으로 주시지 않겠느냐?"(마 7:9-11) 하나님은 무엇이 좋은 것이라고 여기실까? 나쁜 일이 일어날 때, 하나님은 어떤 좋은 것을 우리에게 주고 계실까? 우리는 이런 질문을 던지지 않을 수 없다.

일상적인 건강 검진 도중 의사는 내 친구의 등에서 의심스러운 종양을 발견했다. 의사는 이렇게 말했다. "양성 같긴 한데, 확실히 해 두고 싶군요." 친구는 의사가 예상한 대로 좋은 소식을 달라고 기도하며 검진을 마쳤다. 검진 결과, 종양은 악성 흑색종으로 확인되었다. 내 친구는 하나님께 떡을 구했는데 하나님은 돌을 주셨다. 친구는 생선을 구했는데 하나님은 뱀을 주셨다. 이것은 내 친구가 겪은 현실이었다. 자, 다시 질문을 던지지 않을 수 없다. 흑색종은 누군가의 선을 위해서 어떻게 협력할까?

아마 그 선은 천국에서나 실현될 것이다. 하나님이 선하시다고 믿는 종교인들은 대개 하나님이 약속하신 대로 낙원에서 영원한 복락이 참 신자들을 기다린다는 좋은 소식에 궁극적 소망을 둔다. 영원의 관점에서 볼 때, 바울은 자신의 현재의 고통이 사소하고 사실 영원히 지속되지 않을 것임을 알 수 있었다(고후 4:17을 보라). 그는 나쁜 일에 설탕을 입혀 달달한 맛을 내려고 애쓰지 않았다.

사실 영원한 행복은 당연히 각양각색의 종교에서 각양각색으로 이해된다. 편파적 풍자일 수도 있겠지만, 이슬람교도는 음란한 난교 파티인 천국의 기쁨, 줄어들지 않고 영원히 지속되는 휴 헤프너(Hugh Hefner, 플레이보이 창업자—역주)의 쾌락을 간절히 기대하는 것으로 유명하다. 유대인은 여호와께서 이스라엘을 위해 통치하시는 세계에서 다윗 왕국이 더없는 영광의 시대로 회복되기를 고대한다. 그리스도인만이 어느 날 삼위일체의 춤에 참여할 것이라는 확실한 소망 가운데 있다. 예수님처럼 관계를 맺도록 형성되어 가는 동안 지금 우리는 서툴게 스텝 밟는 법을 배우지만, 그때에는 예수님이 만드신 완벽한 세계에서 성삼위 공동체의 관계적 본성의 완벽한 리듬에 맞추어 영원히 살 것이다. 이에 대해 생각해 보자. 실제로 우리는 모든 순간 가장 탁월한 선이신 하나님을 사랑하고, 이기심에 물들지 않고 타인을 사랑할 것이다. 그때가 오고 있다. 우리는 죽음 없는 세상에서 즐거움을 만끽할 것이다.

이슬람교도든 유대인이든 그리스도인이든 우리는—**그때에!**—말로 표현할 수 없을 만큼 좋은 일을 성취하실 신을 예배한다. 하지만 지금, 흑색종 진단을 받았을 때, 아이가 죽어 갈 때, 배우자의 부정이 들통날 때, 직장을 잃었을 때 하나님은 대체 어떤 선을 이루실까? 우리가 문제로 가득 찬 세상에서 살고 있을 뿐만 아니라 우리 삶에 어려움이 많고 우리 영혼이 가끔 절망의 가장자리에서 비틀거리는 지금, 하나님은 우리에게 어떤 좋은 소식을 나누어 주셔야 할까?

이슬람교도가 무함마드의 가르침을 엄격하게 고수할 때, 그들은 현세에서 알라의 복을 기대한다. 유대인은 지금 하나님의 선민으로 살아가는 특권적 기회 속에서 여호와의 좋은 소식을 듣는다. 그들은 삼엄한 박해에도 굴하지 않고 (예수님이 아닌) 메시아가 이 세상에 와서 이스라엘의 정당한 지위를 확보해 주실 때까지 기다릴 것이다.

그리스도인은 지금 현세에 예수님의 말씀 속에서 하나님의 좋은 소식을 듣는다. "내가 온 것은 양으로 생명을 얻게 하고 더 풍성히 얻게 하려는 것이라"(요 10:10). 이 풍성한 생명은 천국에서 온전히 누릴 것이지만, 실질적으로 지금 누릴 수 있는 것이기도 하다.

그런데 예수님이 와서 우리에게 주시는 풍성한 생명에서, 지금 무엇이 "풍성하다"고 말할 수 있을까? 좋은 것이 풍성한가? 떡 대신 돌을 받았는데? 생선이 아닌 뱀인데? 건강을 원할 때 질병이 찾아왔는데? 어떤 것도 이해할 수 없다. 예수님은 하나님이 주시는 떡과 생선을 기대하라고 말씀하셨다. 예수님이 이 세상에 재림하여 만물을 새롭게 하실 때, 좋은 일에 대한 우리의 이해에 부합하는 좋은 것이 풍성할 것이다. 눈물이나 죽음이나 슬픔이나 울음이나 고통은 더 이상 존재하지 않을 것이다. 이런 것이 그때를 위한 좋은 것이다(계 21:4-6을 보라).

하지만 어쨌거나 우리는 '더 이상 존재하지 않음'이 지금 시작된다는 개념을 가지고 있다. 물론 그 일은 완벽하게 이루어지는 것이 아니라 아마 '조금 덜하게'라는 제한적인 형태로 이루어질 것이다. 적어도 눈물이, 궁극적으로는 죽음과 슬픔, 울어야 할 이유, 고통이 다른 사람보다 그리스도인에게 훨씬 적어야 하지 않을까?

현대 기독교 문화는 성경적 근거도 없이 거짓 낙관주의에 물들었다. 우리는 오늘날 그리스도인이라 불리는 이들을 위한 복음을 왜곡하고 말았다. 그리하여 우리는 하나님의 좋은 소식이 우리가 절망으로 인해 약해지지 않고 날마다 환한 미소를 띠며 살아갈 이유, 슬픈 기색 없이 경쾌한 경배 찬양만 부를 이유, (우리가 명랑한 태도를 보일 때 슬픔의 사람이신 예수님을 가장 잘 드러낸다고 착각하면서) 항상 경쾌한 분위기로 다른 사람을 대해야 할 이유를 풍부하게 제시한다고 여기게 된다.

하나님의 좋은 소식은 **실로** 눈물을 거쳐 미소 짓고 슬픔 한복판에서 찬양하고 낙심에도 굴하지 않고 소망 중에 다른 사람을 대할 이유를 준다. 그런데 우리가 이렇게 하는 이유는, 하나님이 우리에게 좋은 것을 주시기를 기뻐하시므로 삶이 대체로 순탄할 것이라고 약속해 주시기 때문이 아니다. 왜 때때로 우리는 계속되는 난관과 반복되는 실패, 가슴 아픈 비극이 그리스도인의 삶에서 예외적인 상황이라고 단정하는가? 우리는 선하신 하나님이 (우리가 이해하는 의미대로) 좋은 일을 행하겠다고 약속하신 좋은 사람들에게 나쁜 일이 정말로 일어날 리 없다고 이야기하는 복음을 지어낸 것 아닐까?

부활하신 생명의 주님은 최근에 회심한 사울에게 "내 이름을 위하여 얼마나 고난을 받아야 할 것"을 알려 주라고 지시하셨다(행 9:16). 그리고 주님의 말씀대로, 성경의 이야기는 이어서 바울의 힘난한 시절을 기록한다. 분명 예수님은 힘난한 시절에도 떡과 생선을 경험할 수 있다고 믿으신다. 회심하고 나서 어느 정도 지난 후 빌립보 그리스도인들에게 쓴 편지에서 바울은 이렇게 말했다. "그리스도를 위하여 너희에게 은혜를 주신 것은 다만 그를 믿을 뿐 아니라 또한 그를 위하여 고난도 받게 하려 하심이라"(빌 1:29). 무엇 때문에 그리스도를 믿는다고? 좋은 시절 때문에? 결코 아니다!

몇 년 후, 바울은 로마 지하 감옥에서 참수형을 기다리면서 죽음을 맞기 전에 젊은 디모데에게 유언을 적었다. "그리스도 예수 안에서 경건하게 살고자 하는 자는 박해를 받으리라"(딤후 3:12). 예수님이 우리에게 풍성한 삶을 주기 위해 오셨다는 복음 안에 박해가 포함되어 있다고? 우리 가운데 많은 사람이 (우리가 앞으로 보듯이, 사울처럼) 하나님의 좋은 소식을 우리가 쉽게 납득할 수 있는 좋은 소식으로 왜곡하고, 동시에 그것과 상반된 모든 가르침을 부정하라는 유혹에 시달린다는 사실은 별로 놀랍지 않다.

예수님의 말씀에 귀 기울일 때, 왜곡하고 부정하고픈 유혹은 훨씬 강해진다. 돌아가신 다음 천국의 복락으로 들어가시기 직전 예수님은 제자들에게 이렇게 말씀하셨다. "세상에서는 너희가 환난을 당할" 것이다. 이 암울한 예언 앞뒤에는 "담대하라. 내가 세상을 이기었노라"라는 제자들을 위한 격려가 나온다(요 16:33). 예수님의 말씀은 무슨 의미일까? 그분은 계속 평안의 소망을 주셨다. 하지만 그것은 고난 없는 상황이 아니라 고난 가운데서 주실 평안이다.

이 장에서 지금까지 적은 모든 내용을 돌아볼 때, 나는 영혼을 짓누르는 냉소주의와 더불어 절망을 거의 막아 내지 못하는 나약한 소망에 물든 질문 하나를 회의적으로 던지지 않을 수 없다.

그렇다면, 시련과 슬픔 한복판에서 살아가면서 좋은 것을 누리는 풍성한 삶과 관련해서, 선하신 하나님이 주신 좋은 소식은 무엇인가?

사울이 바울 곧 오늘날 그리스도의 복음의 가장 위대한 승리자로 알려진 사람이 되기 전, 그는 이 질문의 대답을 찾아다녔다. 그는 한 가지 대답을 발견했다. 그 대답은 하나님의 소식을 바울 자신의 교만을 회개하지 않고서도 좋아할 수 있는 소식으로 왜곡했기 때문에 가능했고, 무엇이든 자신의 생각과 상충하는 하나님의 말씀의 의미를 부정했기 때문에 가능했다. 사울은 엉뚱한 대답, **가짜 복음**을 만들어 냈다. 하나님이 전하시는 이야기의 왜곡, 하나님이 염두에 두신 바가 아니라 바울의 기대에 부합하는 왜곡이었다.

사울이 어떻게 이렇듯 하나님의 좋은 소식에 대해 뒤틀리고 일그러진 착오를 일으켰는지 이해하기 위해, 이제 그의 생애를 간략히 살펴보려고 한다. 사울의 생애에서 보게 될 내용은, 우리가 좋은 것이라고 쉽게 믿을 수 있는 메시지로 복음을 축소시키려는 끊임없는 위험에 처해 있음을 깨닫는 데 도움을 줄 것이다.

염두에 둘 사실이 있다. 하나님은 천국에서 우리의 삶을 위해 경이로운 계획을 가지고 계신다. 하나님이 우리를 위해 예비하신 모든 것을 순전한 기쁨으로 **누릴** 것이라는 점에서 그 계획은 경이롭다. 또한 하나님은 지금 이 땅에서 우리의 삶을 위해 경이로운 계획을 가지고 계신다. 혹독한 시련과 가슴 저미는 슬픔 한복판에서 하나님이 우리 안에서 또 우리를 통해 하시는 모든 것의 **가치**를 깊이 감사하는 마음으로 수긍할 수 있다는 점에서 그 계획은 경이롭다.

사울의 가짜 복음

사울은 성경의 왜곡과 부정을 통해, 이 세상에서 비뚤어진 방식으로 삶을 영위하도록 그를 이끈 가짜 복음을 고안했다.

성경 이야기에서 우리는 스데반이 예수님을 따른다는 이유로 돌에 맞을 때 사울을 처음 만난다. "사울은 그가 죽임당함을 마땅히 여기더라"(행 8:1). 우리가 아는 사울의 배경을 간략히 살펴보면, 스데반을 죽이는 것이 하나님을 기쁘시게 할 것이라고 생각한 이유를 파악하는 데 도움이 될 것이다.

사울은 다소 즉 길리기아로 알려진 비옥한 지역에 자리잡은 번창하는 대학 도시에서 태어났다. 가정이 부유했던 덕분에 사울은 어린 시절부터 특권을 누리며 살았던 것 같다. 그는 로마 시민이었지만, 나중에 자신이 유대인이라는 사실이 얼마나 뿌듯한지 설명했다. "나는 팔 일 만에 할례를 받고 이스라엘 족속이요 베냐민 지파요 히브리인 중의 히브리인이요 율법으로는 바리새인이요 열심으로는 교회를 박해하고 율법의 의로는 흠이 없는 자라"(빌 3:5-6).

이러한 자기 설명 하나하나가 의미심장하다. 이런 설명을 한데 모아 보면, 로마가 시민들에게 부여한 모든 권리를 지닌 로마 시민이었던 사울은 뼛속까지 헌신된 순혈 유대인이었음을 알 수 있다. 엘리트 유대인이라는 그의 지위가 로마 시민이라는 위치보다 훨씬 중요했다. 사울은 다소에서 태어났지만, 예루살렘에서 성장하여 교육을 받았고, 당시의 지도자급 바리새인 가말리엘을 유대교의 스승으로 두었고, 그의 제자가 되어 유대 율법과 관습을 철저히 훈련받았다. 청년 시절에 사울은 자신이 하는 모든 일에서 아주 뜨겁게 하나님을 공경했다. "이 도를 박해하여 사람을 죽이기까지 하고 남녀를 결박하여 옥에 넘[기는]" 일은 그가 하나님을 공경하는 방식 중 하나였으며, 더 나아가 그 핵심적 활동이었던 것 같다(행 22:3-4을 보라).

사울이 하나님에게서 왔다고 믿었던 복음은 다음과 같이 요약될 수 있다.

- 유대교만이 진리다.
- 유대인은 하나님의 선민이다. 이방인은 그렇지 않다.
- 유대교의 율법을 따르기를 거부하고 그 대신 명명백백한 거짓 메시아인 예수의 제자가 된 모든 자는 하나님을 모독한 책임을 져야 한다.
- 하나님의 진리에 도전하고 예수의 가르침에 순복하는 모든 이단자를 투옥시키거나 죽일 때, 하나님의 대의에 기여한다.

사울은 나중에야 자신이 하나님의 좋은 소식을 끔찍하게 왜곡했음을 깨달았다. 하지만 왜? 왜 이렇듯 진지하고 명석하고 열성적인 사람이 전혀 복음일 수 없는 복음을 열렬하게 수용했을까? 바울은 왜 악마의 기만에 그렇게 취약해졌을까? 적어도 세 가지 이유가 눈에 띈다.

- 사울은 유대 엘리트주의에 몰두한 **문화**에서 성장했다.
- 사울은 극도로 열정적인 **기질**을 타고나서 열의가 넘쳤다.
- 예수님을 제외하고 이 땅에 태어난 모든 사람과 마찬가지로, 사울은 **타락한 영혼**, 자연스럽게 개인적 오만과 특권적 이기심으로 기우는 성향을 가지고 이 세상에 태어났다.

아이들은 당연히 자기 기질에 부합하는 문화적 관념을 수용하고, 간사한 마음으로 이런 관념을 왜곡하여, 자신이 목표 의식과 성취감을 가지고 살아가게 해 주는 세계관에 적합하도록 만든다. 사울은 명석한 지성을 선사받았지만, 자신이 무슨 일을 하는지 의식하지 못한 채, 연구하던 성경의 의미를 자기가 듣고 싶은 내용에 맞추어 왜곡했다. 분명 그는 왜곡이 쉽지 않은 본문, 자신이 선뜻 받아들일 수 있는 복음에서 벗어나게 할 기미가 있는 본문의 가르침은 부정하거나 그냥 무시했을 것이다. 이 일이 우리에게 주는 교훈이 있을까?

당신이 성경에서 보는 내용을 당신의 선입관에 맞추어 왜곡하라. 성경에서 당신의 뒤통수를 치는 나쁜 소식을 발견하거든 무엇이든 부정하라. 그것에 대해서는 생각도 하지 말라. 당신의 문화적 배경과 타고난 기질 그리고 당신의 생각에 어울리도록 하나님의 생각을 조작하는 타락한 성향을 감안할 때, 당신은 자신이 자연스럽게 원하는 삶의 방식을 지지하는 가짜 복음을 만들어 내는 중일 수 있다.

(특히 우리 교회 문화에 스며든) 세속 문화의 은밀한 영향력과 (자신의

본성에 맞다고 느끼는 대로 살고 사람들과 관계를 맺도록 몰아가는) 타고난 기질과 (왜곡된 진리를 참 진리인 척 위장하고 이해할 수 없는 성경의 가르침을 가볍게 부정하는 일에 정당성을 부여하는) 유전된 부패성이 서로 협력할 때, 우리는 가짜 복음이 '원만하게 기독교적'이라고 느끼게 된다.

참된 복음을 소위 충분히 좋은 기독교의 틀에 맞추어 왜곡하고, 급진적 제자도를 추구하라는 모든 부르심을 현실성 없는 가혹한 도전이라고 부정하면, 우리는 즐거운 삶을 약속하지만 황폐한 삶으로 이끄는 넓은 길을 걷게 된다. 충분히 좋은 그리스도인의 삶은 여러 가지 형태로 나타난다. 여기 세 가지가 있다.

- 일이 잘 풀리고 함께 인생을 즐기고 하나님의 복을 감사한 마음으로 받는 것 이상의 고상한 목적을 두지 않는 남편과 아내. 서로의 관계를 통해 그리스도와 교회의 관계를 보여 주는 것이 어떤 의미인지 적극적이고 진지하게 생각하지 않는 부부.
- 자녀들이 도덕적이고 책임감 있고 공손한 삶을 살고 성공적 인생에 적합한 자존감과 재능의 복을 받을 때 행복에 겨워하는 부모. 자신들을 통해 자녀를 예수님의 성숙한 제자로 형성하기 위해 일하실 기회를 성령께 드리지 않는 부모.
- 성취감과 행복을 위해 가족과 친구, 직업, 취미에 의존하는 자칭 그리스도인 남성과 여성 모두. 효과적으로 관계를 맺고 많은 이에게 도움을 주지만, 자신들이 사랑하고 관계를 맺는 방식을 통해 다른 사람—불신자와 신자 모두—을 예수님께로 이끌려는 간절한 열정을 품고 있지 않은 사람들.

따라서 과거에 사울의 마음속에 있던 가짜 복음은 이렇다.

기독교를 제거하라. 그리고 보람찬 열정을 품고 유대교를 옹호하고 홍보하라.

오늘날 많은 그리스도인의 마음속에 있는 가짜 복음은 이렇다.

풍성한 삶을 구성하는 좋은 일로 가득한 좋은 삶을 하나님에게서 얻어내기 위해, 도덕성과 훌륭한 가치관과 친밀한 관계와 교회 봉사로 치장된 충분히 좋은 삶으로 기독교를 축소시키라. 만사형통 기독교의 명백한 오류는, 기독교적이라는 인상을 주는 방식으로 교묘하게 전달되어 그리스도인들로 하여금 모든 나쁜 일이 현세에 좋아질 것이라고 믿게 만든다.

하나님의 길을 이해할 수 없을 때, 우리는 요나처럼 반응하여 거부하고 달아날 수 있다. 혹은 사울처럼, 이해할 수 없는 하나님의 길을 (기독교적 외양을 지닌) 이해할 수 있는 하나님의 길로 왜곡함으로써 하나님을 경외하는 것처럼 보이는 삶을 유지할 수 있다. 그리고 우리가 받아들인 거짓 복음을 폭로하는 성경의 도전을 가볍게 부정할 수도 있다.

하지만 우리는 하박국처럼 전율하고 신뢰하기로 선택할 수도 있다. 즉 하나님의 길이 우리의 편안한 삶을 흔들려고 위협할 때 떨림을 경험하지만, 하나님은 언제나 영혼을 일깨우는 선한 일을 행하신다고 신뢰하는 것이다.

4장

전율하고 신뢰하라
(사려 깊은 영혼의 반응)

하박국의 이야기

우리 인생의 작은 이야기, 우리 주위에서 또 우리 안에서 펼쳐지는 이야기에는 여러 장이 있다. 그중 일부는 즐겁고 일부는 괴롭다. 하지만 모든 순간에, 오직 믿음의 눈으로만 볼 수 있는 하나님의 큰 이야기가 펼쳐진다. 우리는 우리의 작은 이야기 안에서 전율한다. 아니면 우리는 하나님이 큰 이야기, 영원한 시간이 흘러 그 선함이 입증될 이야기를 전하신다고 신뢰한다.

오해받기 일쑤인 바울의 말에 귀 기울여 보라. "사람이 감당할 시험 밖에는 너희가 당한 것이 없나니." 우리 기분을 좋게 해 주려는 말일까? 불운이 항상 무더기로 오는 것은 아니다. "오직 하나님은 미쁘사 너희가 감당하지 못할 시험 당함을 허락하지 아니하시고." 바울이 우리에게 하는 말은 친구의 암과 내 몸에 있는 암이 치료될 수 있다는 걸까? 그는 이렇게 이어간다. "시험 당할 즈음에 또한 피할 길을 내사 너희로 능히 감당하게 하시느니라"(고전 10:13).

좋은 소식이군. 우리는 이렇게 말한다. 하나님의 말씀은 우리가 감당할 수 있다고 생각하는 수준을 넘어서는 나쁜 일이 결코 일어나지 않는다고 보증하는 것 같다. 그럴까? 예전에 나는 가끔 하나님과 이런 대화를 나누었다. "이런 일이 일어나는 것은 괜찮습니다만, 저런 일은 아닙니다. 주님이 허용하실 일의 한계를 결정하는 권한은 저에게 있습니다." 기도하고 십일조를 내고 예수님과 동행하면 정말 내 인생에서 나쁜 일이 일어나지 않을 것이라는 믿음은 위안이 된다.

우리는 선하신 하나님이 우리를 어떻게 대하셔야 하는지에 대한 우리의 생각에 성경을 끼워 맞추는 능력을 무한히 가지고 있다. 우리가 성경 아래에 앉아 하나님이 영감받은 저자를 통해 무엇을 말씀하시든 기꺼이 듣는 데 항상 관심이 있는 것은 아니다. 고린도전서 본문에서 '시험'(test) 혹은 '시련'(temptation)으로 번역된 단어에는 자극한다는 개념이 있어서, 도덕적 선택 앞에서 고민하도록 부추기는 상황을 가리킨다. 어려움은 우리를 갈림길 즉 선택 지점으로 데려간다. 곤혹스러운 딜레마에 반응할 때, 우리는 하나님의 성품을 드러내는 데 우선순위를 둘 것인가? 아니면 하나님을 영화롭게 하는 데는 거의 관심을 두지 않은 채, 무엇이든 상황을 개선해 주겠다고 약속하는 일 혹은 적어도 기분이 좋아지는 데 도움이 되는 일을 실행해서 우리의 이득을 취할 것인가?

나는 바울이 이렇게 말하는 것을 듣는다. 당신의 가장 심오한 행복을 추구하는 데 죄가 반드시 필요한 것은 아니다. 다만 죄는 당신의 행복감을 즉각 인위적 방법으로 증진시키는 데 효과를 발휘할 수 있다. 바울은 투옥되어 처형을 기다리고 있었다. 그는 예수님을 포기하여 순교를 모면하고 감옥에서 풀려나 친구들과 즐거운 저녁을 보낼 수도 있었다. 하지만 만약 그랬다면 그의 영혼은 오그라들었을 것이다. 대신 바울은 생명을 구하기 위해, 예수님을 사랑하고픈 가장 깊은 열망에 일치하도록 살기 위해 말 그대로 자기 생명을 잃었다.

우리는 이런 일을 생각이라도 하는가? 나는 이런 생각을 하는가? 아니면 나는 나의 얕은 갈증에 더 부합하도록 바울의 가르침을 순화시키는 쪽으로 기우는가? 나는 **그리스도인다운** 삶보다 편안한 삶에 더 많은 관심을 두는가? 나는 급진적 제자도를 실천하라는 부르심을 듣지 못했는가? 혹시나 그것을 훨씬 수월하게 따를 수 있는 부르심으로 축소시키지 않았는가?

우리의 삶이 길에서 장애물에 부딪힐 때 우리는 이렇게 기도한다. "주님, 제 삶을 변화시켜 주세요. 제 상황을 새롭게 해 주세요. 최소한 기분이 좋아지도록 제 감정을 새롭게 해 주세요." 이런 기도는 또 다른 이기적 성경 해석을 대변한다. 바울은 로마에 있는 교회에게 이런 말을 적어 보냈다. "너희는 이 세대를 본받지 말고 오직 마음을 새롭게 함으로 변화를 받[으라]"(롬 12:2). 바울은 상황 변화가 아니라 영혼 변화에 대해 이야기한다. 바울은 성령이 가져다주려고 하신 영혼의 변화가 우리 환경을 더 안락한 공간으로 바꾸는 데 혹은 우리의 감정을 더 즐거운 상태로 바꾸는 데 달려 있다고 말하지 **않는다**.

우리는 영적 지도자를 향해 "기분이 좋아지는 이야기나 해 주세요. 구식 종교 이야기는 따분하단 말입니다"라고 말했던 배은망덕한 현대판 이스라엘 백성이 아닐까?(사 30:10-11, 『메시지』)

바울이 보기에 이 "구식 종교"는 영혼의 변화와 관계적 형성, 가장 힘든 상황에서 가장 고통스러운 감정을 겪는 동안 예수님처럼 사랑함으로써 하나님을 기쁘시게 하는 법을 배운다는 약속을 전파했다. 하나님이 우리 안에서 하려고 계획하신 일은 마음을 새롭게 하는 것과 사고방식의 변화에 달려 있다. 풍성한 삶의 의미에 대한 하나님의 생각과 우리의 생각은 서로 다르다. 우리의 생각이 그분의 생각과 일치하기 전까지는 관계적 형성을 성취하기 힘들다.

어려움과 곤경은 하나님처럼 생각하고 (올바른 생각으로 인도받아) 예수님처럼 사랑하는 풍성한 삶을 향해 가는 특별한 기회를 제공한다. 우리는 예수님이 우리에게 좋은 소식을 전해 준다고 믿으셨다는 점을 염두에 두어야 한다. 이 좋은 소식의 행운을 붙드는 과정은 다음과 같다고 생각한다.

과정

어려움이 가중된다. 곤경이 더해진다. 삶이 순조롭게 흘러갈 때는 하나님도 임재하시는 것 같다. 하지만 우리에게 정말 하나님이 필요할 때 하늘은 침묵을 지키기 일쑤다. 아마 당신도 나처럼 여러 차례 새벽 네 시쯤 잠에서 깰 것이다. 마음이 질주하면서 당신이 처한 어려움을 되새기고 당신의 곤경을 실감한다. 기도는 초점을 잃어버린 것 같다. 당신은 하나님이 잘못된 문제를 바로잡거나 당신의 고통을 줄여 주겠다고 약속하지 않으셨음을 깨달았다. 당신은 혼자이고, 문제를 제대로 해결할 힘과 지혜가 당신에게 있는지 의문스럽다.

성경 구절이 떠오른다. "나의 형제자매 여러분, 여러 가지 시험에 빠질 때에, 그것을 더할 나위 없는 기쁨으로 생각하십시오"(약 1:2). 어떻게 하면 그럴 수 있을까? "여러분은 인내력을 충분히 발휘하여, 조금도 부족함이 없이 완전하고 성숙한 사람이 되십시오"(4절, 이상 새번역). 당신은 성숙한 사람이 되고 싶다. 그것이 좋은 일이라는 점은 당신도 안다. 하지만 지금 당장 당신의 삶이 개선되어 좋은 기분을 느끼고 싶다. 순탄한 시기에 성숙할 수는 없는 걸까?

그때 마지못해 인정하던 진리가 당신을 엄습한다. 그 진리가 당신의 숨통을 조여 온다. 당신은 하나님이 당신이 가장 원하는 도움을 주시는 데 관심이 없으심을 깨닫는다. 하나님은 도움을 주실 수도 있고 그러지 않으실 수도 있다. 어느 쪽도 보장되지 않는다. 이제 어떻게 해야 하나? 무엇을 해야 하나? 어디로 가야 하나?

좋은 소식이 더 있다! 적어도 하나님은 그렇게 생각하신다. 이제 성령께서 당신의 영혼을 형성하실 무대가 마련되었다. 성령께서 교만의 방어벽으로 단단히 닫힌 당신의 영혼 안으로 들어오는 문을 열려고 하신다. 성부 하나님을 대신하여 오직 예수님만이 들어오실 수 있는 문이다. 그런데 이것이 **좋은 소식**일까?

그 수술대 위에 내가 누워 있다. 성령의 메스에는 양날이 있다. 죄를 드러내는 폭로 그리고 생기를 불어넣는 은혜. 나의 경험상, 내 영혼 깊은 곳을 뚫고 들어와 그 속에 무엇이 있는지 깨닫게 하는 하나님의 역사에는 신적 기술만이 아니라 신적 인내도 필요하다. 나는 움찔한다. 내 심중에 깊이 묻혀 있는 그것을 다룰 준비가 되었는지 확신이 서지 않는다. 우리 안에, 두려움이 만들어 낸 교만의 두터운 층

아래에 무엇이 숨어 있는지 깨닫는다면, 우리는 두 가지 곧 공허함과 오만함을 마주할 것을 어느 정도 직감한다. 공허함이란 이 세상 어떤 것으로도 만족되지 않는 강렬한 **열망**이고, 오만함이란 우리가 통제권을 쥐고 강렬한 즐거움, 하나님이 주시지 않을 즐거움을 지금 경험하기를 바라는 **욕구**다. 우리 영혼 안에 깊숙이 깃든 열망은 왠지 우리를 끌어당긴다. 우리는 열망에 대해 신비로운 아름다움을 느낀다. 반면에 한 번도 제대로 달랠 수 없었던 욕구에 대해서는 두말할 나위 없이 추하다고 느낀다. 우리는 아름다움을 향한 갈증을 어렴풋하게만 인식하는가? 우리는 여전히 추악한 욕구에 굴복하는가? 차라리 우리 안에 있는 것을 마주하지 않고 살아가는 편이 더 낫다. 우리 안에 있는 것을 볼 때, 우리는 거북하고 불안해지고 암울한 골칫거리를 떠안게 될 것이다.

성령께서 우리를 내면 세계로 인도하실 때 우리는 그분을 따라갈 것인가? 거기서는 죽음에 이를 때까지 만족되지 않은 채 남아 있을 아름다운 열망이 모습을 드러내고, 또한 탐닉할 경우 관계를 무너뜨릴 추악한 욕구가 우리를 부끄럽게 만들 준비를 갖추고 있다. 우리의 선택지는 분명하다. 하나님을 밀어내고 성령을 소멸시켜 버리거나, 아니면 하나님을 구하고 성령과 보조를 맞추거나. 엉뚱한 선택을 내릴 경우, 우리 영혼 안으로 들어가는 문은 다음 기회를 얻을 때까지 닫혀 있을 것이다. 올바른 선택을 내리라. 그러면 문이 활짝 열릴 것이다.

이제 아주 개인적인 이야기를 하겠다. 몇 시간 전 새벽 3시 30분이 지나자마자 잠에서 깼을 때, 내 영혼의 문이 활짝 열리기 시작했다. 알람 시계를 미리 맞추어 놓은 것은 아니었다. 성령께서 하실 일이 있었다. 나는 곧바로 침대에서 뒤척였다. 마음은 질주하고 있었고, 걱정거리 때문에 위장이 죄어들었다. 성령께서 영혼에 들어오시는 형성 과정이 시작되고 있었다.

나는 좌절감을 느꼈다. 하나님이 나를 사랑하신다는 것을 알지만, 그분은 임박한 재난(그리 심각한 것은 아니지만)이 그대로 다가오도록 묵인하셨다. 한 시간이 넘도록 나는 고뇌하며 한 가지 기도를 드렸다. "하나님, 당신은 선하십니다. 십자가는 의심의 여지를 남기지 않습니다. 하지만 인생의 현실적 어려움과 씨름할 때 꼭 알고 싶은 것이 있습니다. **대체 주님은 어떤 의미에서 선하신 건가요?**"

근사하지도 않고 분명 경건하지도 않은 기도였지만 나는 하나님을 구하고 있었다. 내가 바라는 나의 모습이 아니라 나 자신을 있는 그대로 하나님께 드릴 수밖에 없었다. 성령께서 기회를 붙드셨다. 문이 열렸다. 내가 저급한 선보다 하나님을 더 많이 알기 원했음을 새삼스럽게 깨달았다. 내 인생에서 나쁜 일이 무더기로 벌어질 때, 나는 그분의 선하심 가운데 안식하고픈 영혼의 갈증을 느꼈다. 또한 거룩하신 하나님의 거울에 비추어 보면서 나의 두 마음을 보았다. 나는 하나님을 사랑한다고 고백했지만, 마치 내 인생이 좋은 것을 소유하느냐 여부에 좌우되기나 하는 듯이 이 세상의 좋은 것을 추구했다. 한동안 나는 **최고의 갈증**과 **최악의 문제**를 동시에 마주했다.

바로 그때, 우리가 하나님을 알고 예수님처럼 사랑하기를 얼마나 깊이 갈망하는지 뼈저리게 깨달을 때, 또한 우리가 허둥지둥 저급한 선을 즐기고 있음을 깨달을 때 우리는 전율하고 신뢰하는 것이 어떤 의미인지 배운다. 우리가 전율하면서 깨닫는 사실이 있다. 곧 우리 영혼 안의 갈증이 우리를 인도하는 여정에서 우리는 생명수를 벌컥벌컥 마시기를 간절히 바라지만 실제로는 한 모금씩만 얻을 수 있다는 사실이다. 또한 우리는 우리가 지금 당장 온전한 만족을 요구하는 경향이 있다는 사실과 만족을 선사하는 것처럼 보이는 쾌락이면 무엇에든 탐닉하는 경향이 있다는 사실에 전율한다.

하지만 그때 우리의 갈증은 한층 더 강렬해진다. 깊이 전율할 때만 깊은 갈증과 맞닿을 수 있다. 우리는 이 여정이 결코 마르지 않는 생명수의 샘으로 인도한다고 믿는다. 또한 그곳까지 가는 길 곳곳에 있는 작은 샘에서 충분히 한 모금 들이키도록 인도한다고 믿는다. 이 과정에서 우리가 만족을 얻으려고 염원하는 만큼—실은 더 간절히—하나님도 우리를 만족시키기를 염원하신다는 사실도 알게 된다. 하나님은 선하시다!

또한 우리는 하나님이 주시지 않은 만족을 느끼기 위해 우리 편에서 신뢰 없이 감행하는 온갖 수고, 영혼의 행복을 유지하기 위한 온갖 불순한 노력이 정죄받지 않는다는 사실을 신뢰하는 법을 배운다. 우리 대신 그리스도께서 저주를 받으셨다. 우리는 자유롭다. 죄를 짓는 자유가 아니라(물론 우리는 죄를 짓겠지만) 우리와 맞닿아 있는 가장 깊은 열망을 탐닉할 수 있는 자유, 곧 예수님처럼 사랑함으로써 하나님을 제대로 나타내는 자유다.

그때 우리는 하나님의 길을 이해할 수 없어도 더 이상 하나님을 거부하고 말라 버릴 물을 벌컥벌컥 들이키는 삶의 방식으로 달아나지 않는다. 우리는 또한 집요하게 복음을 왜곡하여 현세에서 누리는 좋은 것에 만족하면서 '기독교적이라고 느끼는' 기회로 삼지 않는다.

우리는 명확한 성경의 가르침을 더 이상 부정하지 않는다. 곧 하나님은 어떤 희생을 치르더라도 다른 사람의 행복을 위해 헌신하라고 우리를 부르신다는 가르침이다. 이 부르심은 하나님을 알고 또 우리의 관계를 통해 그분을 알리고 싶은 강렬한 갈증에서 에너지를 얻는다.

이것은 하나님의 길을 이해할 수 없을 때 제대로 반응하지 못하는 나의 현재 이야기에서 가져온 짧은 한 도막이다. 나의 이야기와 달리, 하나님의 깊은 영감으로 기록된 하박국의 이야기는 하나님의 길이 곤혹스러울 때 전율하고 신뢰하는 법을 배운 사람에 관한 기록이다. 그의 이야기는 기억할 만한 가치가 있다.

하박국 이야기

하박국은 하나님 때문에 몹시 불안했다. 두 차례나 말이다. 요나는 하나님께 말 한마디 하지 않고 떠남으로써 그분의 곤혹스러운 길에 반응했다. 하박국은 하나님과의 관계 안에 머물렀고 자신의 감정을 드러냈다. 사울과 달리, 하박국은 나쁜 상황을 어떻게 처리하는 것이 최선인지에 대해 하나님과 견해가 다를 때 조용히 그분께 귀 기울여야 한다는 사실을 알았다. 하나님의 길이 하박국을 불안하게 만들었을 때 그가 하나님께 보인 반응은 내가 바라는 여정, 두려움에서 믿음으로 향하는 여정으로 그를 이끌었다. 하박국에 관한 이야기 마지막에서 그는 하나님이 일을 행하시는 방식을 두고 몸서리치며 전율했지만, 하나님이 어떤 결정을 내리든 굳건하게 그분의 선하심을 신뢰했다. 하박국이 살던 시대를 간단히 짚어 보면, 하나님과 그의 대화를 이해하는 데 필요한 배경을 알 수 있다.

여러 성서학자에 의하면, 하박국은 유다를 통치하던 여호야김 왕 후반기에 하나님의 예언자로 섬겼던 것 같다. 하나님의 백성을 다스린 왕 중에 여호야김보다 더 악한 왕은 없었다. 여호야김은 버젓이 예레미야의 두루마리를 칼로 잘라 그 조각을 화로에 던져 넣은 왕이었다. 예레미야는 하나님이 주신 말씀, 즉 바빌론이 유다를 멸망시킬 것이라는 말씀을 두루마리에 기록했다. 여호야김은 하나님이 주신 나쁜 소식을 듣는 데 관심이 없었다(렘 36:21-23을 보라). 그의 통치 아래 유다는 가장 역겨운 형태의 부도덕과 불의, 폭력으로 기울었다. 그리고 하박국은 이것을 남김없이 전부 목격했다. 그의 경건한 마음은 슬픔에 빠졌다.

자신의 이야기를 기록하기 위해 앉았을 때, 하박국의 마음에서 붓을 거쳐 흘러나온 첫 단어는 이랬다. "선지자 하박국이 묵시로 받은 경고라"(합 1:1). 그가 적은 '묵시'라는 히브리어 단어는 불길한 운명을 알리는 발언이라는 뜻을 담고 있어서, 아마 예레미야가 두루마리에 적었고 여호야김이 읽기를 거부했던 내용과 비슷할 것이다. 하나님이 어떻게 자기 백성 안에 있는 이런 악을 두고 보실 수 있을까? 하박국이 감당하기에는 너무 무거운 짐이었다. 하나님께는 얼마나 더 고통스러웠겠는가? 분명 하나님은 어떤 일을 하실 것이었다. 아마 회개를 재촉하는 자극제로 심판을 선포하기 위해, 요나를 부르셨듯이 하박국을 부르셨을 것이다. 이것이 배경이다. 이야기는 이렇게 진행된다.

하박국 1:2-4

시간이 흘렀고, 하나님은 아무 일도 하지 않으셨다. 틀림없이 하박국은 기도해 왔다. 하지만 그분은 답하지 않으셨다. 오늘의 그리스도인도 똑같은 문제에 맞닥뜨린다. 자녀의 게으름과 무례한 태도, 노골적 반항을 지켜보면서, 자신들의 사랑과 훈육을 통해 하나님이 자녀의 굳은 마음을 만져 주시기를 간절히 기도하는 것 외에 다른 선택지가 없는 그리스도인 부모가 얼마나 많은가? 하지만 상황은 악화된다. 한 어머니가 최근에 이렇게 말했다. "『자녀 양육: 꿈의 무덤』이란 제목의 책을 쓰고 싶어요." 똑같은 심정으로 하박국은 좌절감을 맛보았다. "여호와여, 내가 부르짖어도 주께서 듣지 아니하시니 어느 때까지리이까?"(2절)

하나님이 그분을 심각하게 모독한 범죄에 대해 보이시는 무대응을 하박국은 이해할 수 없었다. 하박국의 성마른 혼란은 그가 버틸 수 있는 한계를 넘어섰다. 그는 사실상 하나님께 맞섰다. "하나님, 당신은 거룩한 성품에 맞게 행하고 계십니까, 아닙니까? 유대 민족을 선택하여 당신의 성품을 세상에 보여 주려고 계획하셨다면, 당신의 백성들 가운데서 제가 목도하는 죄를 해결하셔야 하지 않습니까? 그런데 당신은 여전히 아무 일도 하시지 않습니다. 도무지 이해가 안 됩니다"(2-4절, 풀이 번역).

하박국 1:5-11

하나님을 따르는 제자들이 그분이 이야기를 전하시는 방식에 대해 당혹스러운 우려를 표명할 때, 하나님은 자신만의 시간과 방법(대개 둘 중 어떤 것도 우리의 기대에 부합하지 않는다)으로 응답하신다. 하나님은 하박국의 이의 제기에 대답하셨지만, 그분의 말씀은 하박국의 혼란을 가중시킬 뿐이었다. 하나님의 대답은 두 부분으로 이루어졌다.

1. 하박국이여, 충격을 대비해 마음을 다져라. 네가 이해하기 어렵다고 느낄 일이 곧 벌어질 테니 말이다. 그 일은 네 입장에서 내가 해야 한다고 생각하는 일과 부합하지 않을 것이다(5절, 풀이 번역).
2. 네가 내 백성 가운데서 목격한 악은 내가 바빌론에서 목격하는 악만큼 타락하지 않았다. 하지만 나는 더 악한 나라를 사용하여 덜 악한 나라를 심판할 계획이다(6-11절, 풀이 번역).

하박국이 알지 못한 사실이 있다. 하박국이 들은 계획에는 그의 안에서 선한 일을 행하시려는 계획이 포함되었다는 점이다. 그리스도께서 다시 오실 때까지 성령께서 이런 일을 통해 다른 수많은 사람 안에서 비슷한 선한 일을 하실 것이다. 하나님은 그분의 길에 대해 하박국이 느낀 극도의 당혹감을 통해 그의 영혼으로 들어가는 문을 비집어 열고 계셨다. 머지않아 하박국은 자기가 최선이라고 여기는 대로 일이 이루어져야 한다는 오만한 요구가 자기 안에 있음을 인식하게 될 것이다. 하박국의 영혼을 덮고 있던 교만의 층이 산산이 부서질 때 그는 하나님의 길에 대해 전율해야 하고 그분이 선한 일을 하신다고 신뢰해야 함을 깨달을 것이다.

하박국 1:12-17; 2:1

하나님이 하박국의 영혼 안에서 일하시던 도중에 이 대목에서, 하박국은 자신이 알았던 하나님과 그분이 곧 하실 것이라고 깨달은 일 사이의 불일치 때문에 망연자실했다. 그는 요나를 흉내 내서, 이렇게 실망스러운 하나님이 맡긴 예언자의 역할을 그냥 그만둘 수도 있었다. 아니면 사울처럼 하나님에게서 들은 말을 왜곡하고, 최악의 유다 시민들을 색출해서 투옥하고, 그런 다음 자기가 하나님의 일을 한다고 생각하면서 죄책감을 씻어 낼 수도 있었다. 하박국은 어느 것도 하지 않았다. 대신 그는 숨을 깊이 들이쉬고 자신이 알았던 하나님이 어떤 분인지 떠올린 다음, 하나님의 성품과 그분의 길 사이의 외견상 불일치를 정직하게 직면했다.

하박국이 하나님께 말할 때, 그는 자신이 알았던 하나님이 어떤 분이신지 고백했다. 하박국은 이렇게 알고 있었다.

- 하나님은 자신의 약속에 신실하시다(12절). 하나님은 이스라엘과 깨지지 않는 언약을 맺으셨다. 그분은 언약을 존중하실 것이다.
- 하나님의 눈은 거룩하시다. 그분은 악을 지켜보실 수도 없고 악을 내버려 두실 수도 없다(13절).

바로 그때 하박국은 하나님께 질문했다. 하나님은 거룩한 형상을 지닌 존재가 아니라 잔인한 야만인에 더 가깝게 살고 있는 바빌로니아인들을 묵인하고 계셨다. 13-17절에는 하나님 자신의 백성을 파멸시키도록 허락하실 그 민족의 부패하고 타락한 문화에 관한 하박국의 설명이 기록되어 있다. 그렇다. 하나님의 백성은 악하지만, 이 이방 나라만큼 사악하지는 않았다. 도저히 이해할 수 없는 일이다.

아주 많은 사람과 마찬가지로, 하박국은 하나님을 포기할 수도 있었다. 그는 마음을 닫고 자신이 가진 의문과 더 이상 씨름하지 않을 수도 있었다. 하나님이 주시는 다른 모든 말씀에 영혼을 닫고 자신의 삶을 유지하는 데 최대한 몰두할 수도 있었다.

그런데 극적 전환이 일어났다. 하박국은 입을 닫고 더 이상 이의를 제기하지 않았다. 그리고 귀를 열고 이전의 대화에서 뼛속까지 혼란에 빠뜨린 하나님의 말씀을 더 많이 듣기를 원했다. "내가 내 파수하는 곳에 서며 성루에 서리라. 그가 내게 무엇이라 말씀하실는지 기다리고 바라보며 나의 질문에 대하여 어떻게 대답하실는지 보리라"(2:1).

나는 하박국의 말에서 어떤 오만함도 감지하지 못한다. 그는 이렇게 말하지 않았다. "좋다, 이제 하나님께 들을 기회를 드려야겠다. 물론 그분은 내가 생각하지 못한 한두 가지 요점을 더 알고 계시겠지. 하지만 내가 하나님의 행동 계획을 별로 좋아하지 않는다는 사실을 지금이라도 알려 드려야겠다. 아마 하나님을 납득시킬 수 있을 것이다." 그는 결코 이런 식으로 말하지 않았다. 하박국은 불평에서 기다림으로 옮겨 갔다. 그는 무엇을 보고 싶었을까? 그는 또 다른 계시에 마음을 열었다. 하박국은 상당한 수고를 감수하고 성루 꼭대기로 올라가 귀를 기울였다. 그는 자기 나라의 높은 곳에 조용히 앉았다. 그는 더 이상 동포의 상황에 집중하지 않았고, 이제 하나님의 생각과 길―문화의 소음 속에서는 들을 수 없었던 생각과 길―에 대해 듣는 위치에 있었다. 여기서 나를 위한 한 가지 교훈을 깨닫는다.

하박국 2:2-20

하나님의 큰 이야기를 전해 듣는 어려움과 고뇌 때문에 열린 하박국의 영혼은 이제 무엇이든 그분의 말씀을 경청하기를 갈망했다. 결국 하나님은 경청하기 위해 열린 목마른 영혼에게 자신을 계시하셨다. 하박국이 들은 말씀은 그의 삶을 바꾸어 놓았을 뿐만 아니라 역사의 운행 원리를 간추려 들려주었고, 하나님과 함께 살아가는 길을 계시했다. 이 열아홉 절에서 하나님은 다섯 가지 메시지를 전하신다.

1. 이제 내가 너에게 숨김없이 적게 할 내용을 읽는 사람은 누구나 희망을 품고 생명으로 나아갈 힘을 발견할 것이다. 누구라도 내가 하는 말 때문에 절망에 눌릴 필요는 없다(2절).
2. 내가 그럴듯한 말을 한 뒤에 아무것도 하지 않는 것처럼 보일 수도 있다. 하지만 그렇지 않다! 내 이야기는 언제나 펼쳐지고 있다. 기다려라! 내 시간표에 따라 이야기의 플롯이 뚜렷하게 나타날 것이다(3절).
3. 어리석은 백성, 날로 심각해지는 악함 가운데 사는 자들은 어두워진 마음으로 보고 이해하는 바에 따라 삶을 유지한다. 감사하는 마음으로 나와 올바른 관계 속에 있는 지혜로운 사람은 내가 보여 주는 계시의 관점에서, 그들이 믿기에 궁극적으로 선한 계획에 따라 인생을 살아간다. 내 안에 머물고 나와 동행하고 나를 위해 살아가는 그들의 삶은 믿음에 의해 시작되고 계속된다(4절).
4. 나는 마음먹으면 악한 사람을 사용하여 목적을 달성한다. 네게 설명할 의무가 없다. 다만 확신하라. 나는 악마를 포함하여 좋든 나쁘든 모든 것을 사용하여 내 이야기의 아름다움을 성취한다. 하지만 나는

반드시 악한 사람과 악한 나라의 추악한 교만과 흉악한 행위에 대해 책임을 물을 것이다. 들으라. 내 눈이 순결하여 악을 보고 가만있을 수 없음을 알 수 있도록, 이제 바빌론을 겨냥하여 다섯 가지 화를 선포하겠다(6-19절).

5. 명하건대, 너 하박국이여 그리고 나의 모든 진실한 제자들이여, 너희는 가만히 있어 내가 하나님임을 알아라(시 46:10을 보라). 하박국이여, 잠잠하라. 내 이야기의 플롯을 쓰거나 지시할 권한이 네게는 없다. 하지만 막중하고 영광스러운 기회를 너에게 특별히 부여하겠다. 바로 네 인생에 어떤 어려움이 닥쳐와 너를 흔들고 짓누르든 나에 대한 신실함을 지킴으로써 나의 이야기를 성취하라는 부르심이다(20절).

하박국 3:1-15

하나님이 하박국의 깊은 영혼에게 하시는 말씀을 들었을 때 그의 마음속에서 아름다움이 솟아올랐다. 그리고 하박국이 기록한 책이 하나님이 기뻐하시는 결말에 이르렀을 때 그가 한 말에 그 아름다움이 표현되어 있다.

당신과 나를 포함하여 미래 세대가 함께 손을 잡고 똑같이 기도할 수 있도록, 하박국은 곡조에 맞추어 기도를 드렸다. 그의 기도 앞머리에 나오는 특이한 단어—"**시기오놋**에 맞춘 선지자 하박국의 기도라"(3:1, 저자 강조)—는 서정시를 가리키는 것 같다. 하박국은 더 이상 불평하지 않았다. 그는 이제 탄식과 기쁨의 노래를 부르고 있었다.

다음 절을 볼 때, 기도 첫머리에서 하박국은 이 시점까지 하나님이 역사 속에서 자신의 선민을 어떻게 인도하셨는지 숙고했다. 신실하시나 가끔 예상 밖의 달갑지 않은 방법으로 우리 안에서 또 우리를 통해 목적을 이루시는 하나님의 뚜렷한 증거를 되돌아보는 것은 하박국뿐만 아니라 우리에게도 유익할 것이다. 거룩한 사랑의 하나님이 심판하실 때조차 자비로우시다는 사실을 깨달은 하박국은 **주의 일**이 이루어지는 것을 보기를 염원했다(2절).

앞서 전혀 이해할 수 없는 하나님의 길로 인해 혼란스러운 실망으로 가득했던 하박국의 마음은, 이제 하나님의 **영광**(3, 4절), 저항할 수 없는 그분의 **능력**(5-12, 14-18절), 그리고—자기 백성의 **구원**(13절)을 바라는 끝없는 열망에서 입증되었듯이—사랑스럽지 않은 백성을 품으시는 하나님의 사랑에 대한 인식을 통해 깨어난 겸손한 열정으로 충만했다.

하박국 3:16-19

마지막 네 절에 기록된 하박국의 이 말이 없었다면, 그의 이야기는 하나님의 길이 나를 혼란스럽게 할 때 하나님의 이야기를 전하는 특권으로 나를 이끌 힘이 거의 없었을 것이다. 이 네 절을 제거하라. 그러면 입을 닫고 하나님이 결정한 대로 하시도록 가만히 있으라는 권고 이상을 듣지 못할 것이다. 내가 무엇을 말하거나 느끼든 하나님은 그렇게 하실 것이기 때문이다. 그런데 예언자 하박국의 마지막 말은 하나님, 모든 일을 통해 나의 현재의 선과 영원한 선을 위해 일하고 계신 하나님께로 나를 이끈다.

그 소리를 듣고 나의 창자가 뒤틀린다.
　그 소리에 나의 입술이 떨린다.
나의 뼈가 속에서부터 썩어 들어간다.
　나의 다리가 후들거린다.
그러나 나는, 우리를 침략한 백성이 재난당할 날을
　참고 기다리겠다.
무화과나무에 과일이 없고
　포도나무에 열매가 없을지라도,
올리브 나무에서 딸 것이 없고
　밭에서 거두어들일 것이 없을지라도,
우리에 양이 없고
　외양간에 소가 없을지라도,
나는 주님 안에서 즐거워하련다.
　나를 구원하신 하나님 안에서 기뻐하련다.
주 하나님은 나의 힘이시다.
　나의 발을 사슴의 발과 같게 하셔서,
　산등성이를 마구 치닫게 하신다. (3:16-19, 새번역)

성경의 다른 모든 본문만큼 명확하게, 이 네 절은 하나님의 길을 이해할 수 없을 때 우리가 하나님께 도덕적으로 탁월한 동시에 개인적으로 유익하게 반응하는 법을 보여 준다. 그 반응은 두 단어로 요약될 수 있다. **전율하라**. 그리고 **신뢰하라**.

전율하라

현실은 그렇지 않은데 모든 일이 당신이 기대한 대로 흘러가는 척하지 말라. 하나님은 적어도 두 가지 이유에서 사랑하는 사람들의 삶에 끔찍한 고통을 허락하실 수 있다는 냉엄한 현실을 똑바로 보라. 첫째, 우리가 천국에서 예수님과 함께 영원히 누릴 고통 없는 삶을 기쁜 마음으로 기대하며 간절히 기다리도록 촉구하기 위해서. 둘째, 삶의 형편이나 영혼의 상태가 어떻든 예수님처럼 사랑하고 이로써 하나님의 놀라운 은혜의 이야기를 전하는 성령의 능력을 발견하기 위해서.

또한 우리는 타락한 세상에서 살고 있음을 기억해야 한다. 어떤 악이나 재난, 질병, 역경에도 놀라지 않아야 한다. 그런데 우리는 하나님이 이런 일들을 개선하기 위해 거의 아무 일도 하지 않으신다는 사실에 놀라는 경우가 너무나 많다. 치유와 보호를 구하는 많은 기도는 응답되지 않는다. 그럴 때 우리는 전율한다. 하나님이 선하시고 그분이 들려주시는 이야기가 선하다는 확신은 만물을 새롭게 하시겠다는 그리스도의 약속에 근거해야 한다(계 21:5을 보라). 그날이 올 때까지, 우리는 하나님이 우리 안에서 또한 우리를 통해 선을 행하신다고 신뢰한다.

나는 오늘의 문화가 말하는 이른바 노년기에 들어섰다. 나는 그 위력을 느낀다. 기분이 썩 좋지 않다. 죽음을 맞기 전에 다가올 일에 준비되어 있지 않다. 나는 가끔(다행히 항상은 아니지만) 치매의 가능성, 요양원 생활, 고질적 고통, 아버지와 할아버지로서 즐거움을 누릴 기회의 상실, 그리고 무엇보다 아내가 먼저 세상을 떠나 아내 없이 살아가는 상상에 시달린다. 이렇게 예상되는 어려움 가운데 아직 현실이 된 것은 없다. 나는 지금 누릴 수 있는 복을 감사함으로 누린다. 하지만 나이가 들면서 다가올 일에 대한 생각은 여전히 내 안에 살아 있다. 그럴 때 나는 전율한다. 나중에 지옥에 떨어지거나 현재 버림받는 것만 빼고, 하나님은 내가 두려워하는 모든 것에서 보호해 주겠다고 약속하지 않으셨다. 대신 소망 가운데 인내하며 살아가는 데 필요한 은혜를 공급하겠다고 약속하셨다.

나는 앞으로 다가올 일을 예상하며 전율한다. 나의 믿음을 지탱해 주기는 하시겠지만, (적어도 어떤 면에서) 내가 기대하는 대로 생명을 보호해 주시지는 않을 하나님 앞에서 나는 떨림을 경험한다.

나는 하박국의 발자국을 따라 걷는다. 현재의 어려움과 앞으로 닥쳐올지 모르는 어려움에 관한 "소리를 듣고 나의 창자가 뒤틀린다. 그 소리에 나의 입술이 떨린다." 내 영혼이 두려움으로 가득한 새벽 네 시에 "나의 뼈가 속에서부터 썩어 들어간다." 그리고 계속 전진하는 데 필요한 힘이 없다고 느낄 때 "나의 다리가 후들거린다"(합 3:16, 새번역).

신뢰하라

"그러나 나는, 우리를 침략한 백성이 재난당할 날을 참고 기다리겠다"(16절, 새번역). 하박국은 바빌론의 멸망을 확신한다. 그리고 나는 깨닫는다. **고통이 내 인생의 최종 결론은 아닐 것이다.**

"무화과나무에 과일이 없고 포도나무에 열매가 없을지라도, 올리브 나무에서 딸 것이 없고 밭에서 거두어들일 것이 없을지라도, 우리에 양이 없고 외양간에 소가 없을지라도, 나는 주님 안에서 즐거워하련다. 나를 구원하신 하나님 안에서 기뻐하련다"(17-18절, 새번역). 정당하게 누리는 평안과 행복을 내게 주는 복이 전부 사라진다 해도, 하박국과 함께 나는 하나님을 신뢰할 수 있다. 무엇을 신뢰할 수 있을까? 잃어버린 복이 회복될 것을? 아니다. 현세에서는 그럴 수 없다. 다만 한량없는 복의 날이 다가오고 있음을 신뢰하고, 선하신 하나님이 전하시는 선한 이야기가 지금 내 인생 최악의 순간에도 보이지 않게 펼쳐지고 있다는 믿음의 확신을 신뢰한다.

"주 하나님은 나의 힘이시다. 나의 발을 사슴의 발과 같게 하셔서, 산등성이를 마구 치닫게 하신다. 이 노래는 음악 지휘자를 따라서, 수금에 맞추어 부른다"(19절, 새번역). 나는 어려움 중에서만 의지할 수 있는 힘, 따라서 편안히 잘 살 때는 알지 못했을 힘을 발견한다. 내가 전율할 때 발견하는 힘은, 예수님처럼 살며 사랑하라는 그분의 높은 부르심을 따라 걸을 때 넘어지지 않도록 나를 붙들어 준다. 그 과정에서 나는 하나님이 "피곤한 자에게는 능력을 주시며 무능한 자에게는 힘을 더하시나니 [노인은 고사하고] 소년이라도 피곤하며 곤비하며 장정이라도 넘어지며 쓰러지되 오직 여호와를 앙망하는 자는 새 힘을 얻으리니 독수리가 날개치며 올라감 같을 것이요 달음박질하여도 곤비하지 아니하겠고 걸어가도 피곤하지 아니[할]" 것임을 믿는다(사 40:29-31). 우리가 "모든 일을 끝낸 뒤에" 굳게 "설 수 있[다]"고 바울은 말한다(엡 6:13, 새번역).

이 말이 어떤 의미일지 마음속에 그려 보자. 어려운 시절과 실망스러운 상황 한복판에서, 하나님이 전하시는 이야기의 바람을 타고 날

아가라. 피곤함에 굴복하지 않고 우리 앞에 놓인 경주로를 **달리라**. 좁은 길을 **걷되** 수북이 쌓인 낙심에 기죽지 말라. 그리고 모든 일을 끝낸 뒤 하나님의 불가사의한 사랑 이야기를 전하는 것이야말로 우리 인생에서 중요한 문제라는 확신 위에 굳게 **서라**.

날아가고 달리고 걷고 서라. 잠시 동안 예수님을 따르면서 신나게 날아가고, 그런 다음 인내하며 긴 경주로를 달리고, 그런 다음 어려움이 가중될 때 끈기 있게 걷고, 결승점에 가까이 갈 때 소망 가운데 선다.

인생의 모든 계절을 거치며 예수님을 따르기 위해서는 깊이 뿌리 내려 자라나는 신뢰가 필요하다. 이때 필요한 신뢰는 전율하는 영혼 안에서만 자라난다. 우리는 순종하기 위해 신뢰해야 한다. 그런데 신뢰하기 위해서는 전율해야 한다.

∽

이런 내용을 적는 동안, 하나님이 내게 물으시는 음성이 들려온다.

어째서 너는 주님이 너의 어려움을 보지 못한다고 말하느냐?…
너는 한 번도 들어 보지 못했느냐?
　너는 한 번도 깨닫지 못했느냐?
주님은 영원한 하나님,
　온 땅의 창조주시다.
그분은 결코 지치거나 피곤해하지 않으신다.
　어느 누구도 그분의 깊은 이해력을 측량하지 못한다. (사 40:27-28, NLT)

하나님의 길을 이해할 수 없을 때 거부하고 달아나겠는가? 왜곡하고 부정하겠는가? 아니면 전율하고 신뢰하겠는가?

2부

하나님의 길을 이해할 수 없을 때,
전율하라!

왜? 무엇을? 어떻게?

5장

왜 우리는 신뢰하기 위해
전율해야 하는가?

우리는 신뢰함으로써 전율이 근절되는 영적 형성의 길을 더 좋아한다. 계속 신뢰하기 위해서 정말 계속 전율해야만 하는가?

우리가 '신뢰하다/믿다'(trust)라는 단어를 얼마나 가볍게 부담 없이 사용하는지 잠시 돌아보자. 나는 이 단어가 청중의 마음속에 대개 희망 사항 이상을 불러일으키지 못하는 것은 아닌지 의심스럽다. 잠시나마 순진한 낙관론을 느끼도록 하나님이 선하시다는 타인의 확신―선의에서 나왔지만 심각하게 왜곡된―을 받아들이라고 사람들을 격려하기도 한다. "안전한 비행이 될 것이라고 믿어." 이제 막 해외여행을 떠나려고 하는 친구에게 이렇게 말한다. 실직한 친구에게 따뜻한 위로의 말을 전한다. "내일 아침 면접 결과가 아주 좋을 것이라고 믿어."

그리스도인들이 구체적이든 아니든 무언가 좋은 일이 일어날 것을 믿는다고 말할 때 그 의미는 분명하다. 하나님이 우리가 열망하는 좋은 결과를 가져다주실 것임을 믿는다는 뜻이다. 그러나 내가 지적한 두 가지 염려 표현 모두 진심이라는 점은 분명하지만 근거 없는 희망 이상을 주지 못한다. 둘 다 하나님이 약속을 지키신다는 분명한 소망을 상대방에게 전해 주지 못한다. 하나님은 안전한 여행이나 새로운 일자리를 약속하지 않으신다는 한 가지 단순한 이유 때문이다.

중요한 의미에서 기도는 신뢰와 다르다. 나의 최근 검진 결과를 놓고 암 전문의와 상담하기 위해 아내와 함께 차를 몰고 가는 중이라고 가정해 보자. 나는 아내에게 시선을 돌리고 그 팔에 손을 얹어 불안을 덜어 주면서 이렇게 말한다. "하나님이 오늘 좋은 소식을 주실 것이라고 믿어요." 확연히 다른 문장은 "오늘 좋은 소식을 듣게 해 달라고 기도하고 있어요"일 것이다. 두 문장의 차이가 중요하다.

우리가 하나님을 신뢰하는 방식은 그분이 **하셔야** 할 일에 대한 기대가 그 안에 담긴 경우가 무척 많다. 물론 우리는 하나님이 성경에서 하겠다고 말씀하신 모든 일을 하신다고 믿어야 한다. 하지만 여기서 우리는 가끔 궤도를 벗어난다. 무의식중에 우리는 사랑의 하나님이 하셔야 한다고 생각하는 일을 그분이 하실 것이라고 믿는 경향이 있다. 우리가 '신뢰하다/믿다'라는 단어를 사용할 때 그 의미를 정직하게 들여다보면, 아마 미묘한 욕구, 하나님이 우리 입맛에 맞는 좋은 것을 주실 것이라는 고질적 특권 의식이 드러날 가능성이 높다.

복을 구하는 기도, '주님의 뜻이라면'이라고 고백하는 각양각색의 기도는 순복하는 신뢰에 근거해야 한다. 의사가 어떤 소식을 전하든 상관없이, 하나님이 사랑 이야기의 선한 플롯, 우리의 가장 깊은 안녕을 염두에 둔 플롯을 성취하신다는 공손한 확신 말이다. 생각해 보자. 우리가 열망하는 복을 구하는 뜨거운 기도는, 우리가 두려워하는 최악의 일이 벌어진다 해도 하나님이 모든 일을 올바르게 행하실 것이라고 확신하는 신뢰의 제단에서 드려져야 한다.

뜨거운 기도와 확신하는 신뢰가 짝을 이룰 때, 우리의 특권 의식을 폭로하고 회개로 이끄는 불안정한 긴장이 우리 안에서 일어난다.

'하나님, 저는 지금 간구하는 좋은 일을 이루어 주시기를 애타게 열망합니다. 하지만 당신의 영광과 저의 가장 깊은 안녕을 위해 당신이 가장 선한 일을 하신다고 믿습니다. 그렇지만 제가 느끼기에, 여전히 저의 삶은 제가 구하는 바를 주시는 하나님께 의존하는 것 같습니다. 그리고 이런 기도 제목을 가지고 당신께 나아갈 때 제 안에 실재하는 긴장을 느낍니다. 당신이 가끔 이해할 수 없는 선하심과 사랑 가운데, 제가 드리는 요청을 거절하실 수도 있음을 알기 때문입니다. 성령께서 지혜를 주셔서, 생명에 이르는 좁은 길로 인도하겠다는 주님의 약속을 결코 양보하지 않으실 것임을 깨닫게 하소서.'

이때 비로소 우리는 목전의 안녕을 위해 하나님이 응당 해 주시기 **바라는** 일과, 우리가 가장 원하는 인생을 살고 가장 원하는 인물이 되기 위해 반드시 하나님이 **하셔야** 할 일을 자유롭게 구별할 수 있다. 그리고 이것을 깨달을 때, 우리가 피조물로서 경험해야 할 모든 것을 누리는 데 필요한 모든 것을 하나님이 이미 행하셨고 지금 행하시고 영원히 행하실 것임을 아는 든든한 기쁨이 주어진다. 이때 우리가 신뢰하는 하나님을 향한 우리의 사랑은, 우리의 작은 이야기를 위해 작성한 대본, 하나님이 정하신 대로 신뢰에 근거하여 그분과 맺은 관계는 배제한 채 복만 요구하는 대본에 하나님이 협조하셔야 한다는 우리의 오만하고 어리석은 기대를 약화시킨다.

∞

이런 말을 적으면서, 나는 당신이 내 마음에 떠오른 것과 동일한 질문을 던지지 않을까 예상한다. 내가 단어를 놓고 왈가왈부하는 걸까? 기도? 신뢰? 두 가지가 정말 그렇게 다를까? 어쩌면 나는 까다롭게 의미의 정확성을 요구하면서 항상 이렇게 소곤대는 성가신 양심의 소리로 우리를 괴롭히는지도 모른다. "아니야. 여기에는 '신뢰'가 아니라 '기도'라는 단어를 사용해야 해. 그래 맞아. 거기에는 '신뢰'라는 단어를 사용할 수 있어."

침소봉대하는 것은 아닐까 의문스럽기는 하지만, 의미를 잘못 적용해서 하나님이 선하시다는 말의 진짜 의미를 심각하게 곡해할 수 있다는 점은 분명하다. 바로 한 시간 전, 우리 집을 매입하기로 약속하고 서명까지 끝낸 계약이 수포로 돌아갈지도 모른다는 전갈을 받았다. 하나님이 매매가 반드시 성사되게 하실 것이라고 **신뢰하는** 편이 옳을까? 아니면 그렇게 되도록 **기도하는** 편이 옳을까? 여기에는 차이가 있다. 결과를 미리 정해 놓고 하나님을 신뢰했다가 그 일이 이루어지지 않을 때, 마음속에서 하나님의 사랑의 선하심에 관해 가라앉히기 어려운 질문이 제기될 수 있다. 매매를 성사시켜 달라고 기도했지만 그 기도가 이루어지지 않을 때, 나는 하나님이 정확히 어떤 선을 이루시는지 궁금해할 것이다.

이 점은 다른 세 가지 사례를 뒷받침하고 남을 만큼 중요하다.

친한 친구가 보낸 이메일 한 통이 컴퓨터 화면에 뜬다. 그녀는 정기 건강 검진을 받고 방금 귀가했다. 의사는 그녀의 유방에서 작고 단단한 멍울을 발견했다. 의사는 양성이라고 짐작하지만, 조직 검사 결과를 기다려야 알 수 있다. 당신은 답장을 보낸다. "네가 이런 일을 겪어야 한다니 유감이다. 물론 불안하겠지. 나도 그래. 하지만 하나님이 정말 모든 일이 잘 풀리게 해 주실 것이라고 믿어." 이틀 후 친구가 답장을 보낸다. "양성이야! 천만다행이지. 네 말이 맞았어. 하나님은 **정말** 믿을 만한 분이셔." 6개월이 지나간다. 당신은 교회 찬양 모임에서 친구와 몇 차례 즐거운 교제를 나누었다. 그러던 어느 늦은 오후 또 한 통의 이메일이 도착한다. "의사가 두 번째 멍울을 발견했어. 악성이고 빨리 커지고 있다. 정말 무섭고 **너무나** 실망스러워." 자, 친구와 함께, 당신은 하나님이 무엇을 하신다고 믿을 수 있을까? 하나님은 선한 분이시라는 당신의 확신은 더 이상 무의미할까? 그분의 선하심은 무엇을 보증할까?

동생네 부부의 열아홉 살 아들이 습관성 약물 거래 혐의로 방금 체포되었다. 조카는 법정 출두가 예정되어 있고 성인 재판을 받게 될 것이다. 당신은 동생을 만나 차를 마신다. "상황이 힘들게 꼬였네. 어떤 기분일지 상상조차 안 된다. 어쨌든 하나님은 이 상황 속에 계셔. 들어 봐. 조카 녀석이 정말로 곧 주님을 찾을 것이라고, 하나님이 이 뒤엉킨 상황을 통해 조카를 일깨우셔서 선한 길을 걷게 하실 것이라고 믿기로 지금 당장 결단하면 어떨까? 그리고 하나님이 심리 과정에서 동정심 많은 재판관을 배정해 주실 것이라고 믿어 보자." 일그러진 미소와 아래로 내리깐 시선을 통해, 동생이 생각만 하고 차마 입 밖에 내지 못한 말이 무엇인지 알 수 있다. '걱정은 고마워. 하지만 아들 녀석이 지금 당장 돌아올 것이라고 어떻게 확신할 수 있겠어? 복권이 당첨될 것이라고 믿는 편이 나을 거야.' 당신이 보기에 동생의 믿음은 흔들리고 있다. 실망감 탓에 동생은 냉소적이 되었다. 이제 하나님이 동생이 간절히 원하는 복을 주실 것이라고 그를 더 열심히 설득해야 할까? 무엇보다 당신은 하나님이 그런 복을 주신다고 확신하는가? 대체 어떤 근거에서 말인가?

미네소타의 2월 하순. 이미 긴 겨울에 접어들었다. 그리고 방금 폭풍우가 30센티미터의 눈을 차도 위에 또 한 차례 쏟아부었다. 임대한 제설기가 안간힘을 쓰면서 내일 공항까지 운전해서 갈 길을 정리한다. 화창한 멕시코에서 보낼 열흘의 휴가 일정이 손짓을 보낸다. 전화기가 울린다. 플로리다에 사는 친한 친구의 전화다. "방금 인터넷으로 카보(Cabo)의 날씨를 찾아보았어. 28.8도, 청명한 하늘, 한 주간 맑음. 내가 했던 말 기억하지? 선하신 주님이 악마가 보냈을지도 모를 폭풍우를 밀어내고 계신다고 믿어. 너는 그동안 겪었던 온갖 악천후에서 벗어나 휴식을 누릴 자격이 충분해. 하나님은 네가 휴식이 필요하다는 것을 아시거든." 일주일 후, 당신은 비싼 요금을 지불한(하지만 생각했던 것보다 좁고 허름한) 리조트 객실에서 아내와 웅크리고 앉아 소설책을 읽다가 눈을 들어 엿새 동안 연거푸 쏟아지는 빗줄기를 바라본다. 친구의 말이 마음에 떠오른다. 당신은 기독교 신앙을 진지하게 대했다. 하지만 지금 당신은 의문에 휩싸인다. 선하신 주님은 정말 선하실까? 당신은 그리스도의 죽음을 떠올린다. 하나님이 선하시다는 것은 당신도 **안다**. 하지만 당신은 묻는다. '하나님이 선하시다는 것은 나도 알지만, 이 순간 하나님은 어떤 의미에서 선하신 거지?' 확신이 서지 않는다. 당신은 세 번째 커피 잔을 들이키며 다시 시선을 낮추어 소설책을 읽는다. 적어도 존 그리샴(John Grisham)은 흥미진진한 이야기를 전해 주니까.

약속을 지키시는 하나님을 믿고자 한다면, 우리는 그분이 무슨 약속을 하셨는지 명확히 해 두는 편이 나을 것이다. 하지만 어떤 식으로든 하나님이 사랑 때문에 (우리가 드리는 모든 요청은 아니더라도) 최소한 가장 열망하는 요청, 정말 중요한 요청을 수락하실 의무가 있다고 믿는다면, 우리는 하나님께 실망할 준비, 그분의 선하심에 의문을 던질 준비를 해야 한다. 그리고 하나님이 약속하지 않은 좋은 것을 주신다고 믿는다면, 이는 기도하는 태도에 영향을 줄 수 있다. 우리의 기도는 일종의 거래가 될 수 있다. "하나님, 당신이 이렇게 해 주시면 제가 저렇게 하겠습니다." 혹은 약간 더 경건하게, "제가 이렇게 했기 때문에 당신이 저렇게 해 주셨습니다." 우리는 하나님을 다루는 여러 가지 전략을 가지고 있다. 제대로 작동하는 것은 하나도 없지만.

하나님이 전하시는 큰 이야기가 우리의 작은 이야기를 위해 지어낸 대본을 항상 따르는 것은 아니라는 당황스러운 진리를 깨닫기 전까지, 우리는 전율을 통해 신뢰에 이른다는 말이 어떤 의미인지 이해하지 못할 것이다. 어느 누구보다 우리를 사랑하는 전능하신 주권자 하나님은 우리의 기대를 너무 자주 꺾어 버리는 사랑의 하나님과 동일한 분이시다. 하나님이 지켜보시는 가운데, 우리는 알츠하이머에 걸리거나 암에 걸리거나 원치 않는 이혼을 견뎌 내야 할 수도 있다. 중동에서 참수당한 그리스도인이 안전한 환경에서 살고 있는 우리보다 덜 사랑받는 것이 결코 아니다. 우리는 무슨 일이 일어나든 관계없이 "오 신실하신 주"라고 찬양할 수 있을까? 어떻게? 이 찬송가 가사를 노래할 때, 우리는 어떤 심정을 담는가?

하나님이 생각하시는 생명으로 가는 좁은 길 위에서 예수님을 따르고자 한다면, 우리가 발견해야 할 신뢰의 특징은 이런 것이다.

칠흑같이 어두운 밤을 지날 때 예배하도록 우리를 붙들어 주고,
다른 사람이 우리를 실망시킬 때도 다른 사람을 사랑할 수 있게 해 주고,
불합리해 보이는 소망과 설명할 수 없는 기쁨 안에 우리를 머물게 해 준다. 심지어 우리 영혼이 고뇌에 잠겨 있을 때에도.

든든한 신뢰에 이르는 길은 불안정한 전율로 점철되어 있다. 대체 왜 그럴까? 우리가 신뢰하기 위해 전율해야 하는 이유는 무엇일까? 그 대답에는 치밀한 사고가 필요하다.

6장

전율

신뢰로 가는 입구

하나님은 언제나 우리에게 선을 행하신다. 그런데 하나님이 무슨 선을 행하고 계실까? 가장 깊은 갈증을 인식할 때에만 우리는 이 질문에 정확히 대답할 수 있게 된다.

가짜 기독교는 매력을 지니고 있고, 무지한 그리스도인을 진리에서 멀어지게 만들고도 남을 만큼 강력하다. 가짜 기독교는 초기 교회 시대 이후 다양한 형태로 많은 사람을 엉뚱한 길로 이끌었다. 하지만 오늘날 특히 한 가지 형태가 성행하는데, 이는 그것이 외견상 옳게 보이기 때문이 아니라 강한 매력으로 많은 사람을 현혹하기 때문인 것 같다.

종교 집단에서 가짜의 씨앗은 대개 의문을 품지 않은 진리와 함께 시작된다. 십중팔구 스스로 기만하는 거짓 교사들은 자신들이 확증하는 진리의 의미를 은밀하게 변질시킨다. 그리고 무난하게 받아들여

지지만 위험천만하게 왜곡된 메시지를 만들어 낸다.

성경을 가르치는 교회 안의 영악한 위조범들은 성경이 힘주어 강조하는 내용—하나님은 사랑이시다—을 자신들이 전하는 메시지의 근거로 삼는다. 연로한 사도 요한은 그리스도께서 승천하신 뒤 약 60년 후 교회에 보낸 첫 번째 편지에서 그렇게 말했다. 요한은 예수님의 가르침을 경청했다. 그는 예수님이 사람들과 어떻게 관계를 맺으시는지 목격했다. 요한은 친한 친구가 되어 예수님과 함께 시간을 보냈다. 그는 아들의 사랑 안에 나타난 아버지의 사랑을 보았다. 요한은 예수님이 돌아가시는 모습을 보았다. 그는 하나님이 사랑이심을 직접 경험했다(요일 4:16을 보라). 오늘날 거짓 교사들이 하나님은 사랑이시라고 선언할 때 그들은 진리를 말하고 있다. 그리스도께서 우리에게 생명을 주기 위해 돌아가셨을 때 사랑은 온전히 나타났다. 완벽한 사랑이 이런 유일무이한 선을 행한 적은 그 후로 없었다.

그런 다음 그들은 성경의 근거를 들이대면서, 하나님이 우리에게 선을 행하심으로써 결코 멈추지 않고 사랑을 보여 주신다고 연이어 가르친다. 하나님은 예언자를 통해 자기 백성에게 이렇게 말씀하셨다. "너희를 위한 나의 계획을 내가 안다.…그 계획은 선을 위한 것이요 재앙을 위한 것이 아니다"(렘 29:11). 그리고 다시, 하나님은 사랑하는 백성을 가리켜 말씀하셨다. "내가 그들에게 선을 행하기를 결코 멈추지 않겠다"(렘 32:40, 이상 NLT).

우리는 귀 기울여 듣고, 감사한 마음으로 동의하면서 사뭇 정중하게 고개를 끄덕이며, 더 들으려는 자세를 취한다. 가르침은 계속된다. 따라서 인생이 우리에게 악을 행하겠다고 위협할 때, 하나님이 선을 행하실 것이라고 자신 있게 신뢰할 수 있다. 악이 우리 인생에 무엇을 가져다주든 두려워할 필요가 없다. 힘든 시절로 가는 문이 열려 있을 때에도, 하나님의 통치 아래 그분이 기쁘게 주시는 좋은 시절로 가는 또 다른 회전문이 열린다. 이제 고개를 끄덕이는 것으로는 부족하다. 우리는 두 손을 높이 든다. 우리는 이 가르침을 사랑한다. 진리가 맞다. 더군다나 기분까지 좋다.

우리는 가파른 비탈길로 다가가고 있다. 그런데 그 비탈길은 평평하고 튼튼하고 안정감 있어 보인다. 진리의 토대가 놓였다. 사랑의 씨앗이 자라날 비옥한 땅이 경작되었다. 하나님은 사랑이시다. 그분은 언제나 우리에게 선을 행하신다. 삶이 악화일로에 있을 때 선이 다가온다.

이제 거짓말이 들린다. 드러내 놓고 말하지는 않겠지만 명확히 전제되어 있다. 바로 이런 거짓말이다.

하나님이 우리에게 행하겠다고 약속하신 선은 우리가 가장 갈망하는 선이다.

행간을 읽으라. 우리는 하나님이 (한낱 인간에 불과한 우리가 보기에) 전능하고 선하신 사랑의 하나님이라면 마땅히 하실 일을 하실 것이라고 신뢰할 수 있다. 감미롭고 매력적이고 위안을 주는 생각이다. 하지만 진리는 아니다. 기억하자. 하박국은 바빌론의 손에 이스라엘을 파멸시킬 것이 아니라 하나님이 이스라엘을 바로잡으셔야 한다고 생각했다. 하나님이 우리와 비슷하게 생각하실까? 성경은 다르게 말

한다. "내 생각이 너희의 생각과 다르[다.]…여호와의 말씀이니라"(사 55:8). 내 생각이 하나님의 생각과 멋지게 들어맞는다고 아주 굳게 믿고 싶을 때가 있다. 이 글을 적는 동안, 아내는 의사가 권하는 수술 일정을 결정할 것이다. 의사는 큰 수술이 아니라고 말하지만, 모든 수술에는 위험이 뒤따른다는 사실도 지적한다. 하나님이 나에게 선을 행하실 것이라고 신뢰할 수 있을까?

내 생각이나 마음에서 '선'이란 수술의 성공, 신속하고 편안한 회복, 후속 치료가 필요 없는 장기간의 건강을 의미한다. 그보다 못한 결과가 더 나을 수 있다고 혹은 아내와 나에게 더 나은 선일 수 있다고 상상하기는 어렵다. 가짜 기독교에는 매력이 있다. 가짜 기독교는 내가 바라는 선을 하나님도 바라실 것이라는 확신을 심어 준다. 따라서 하나님이 내가 기도하는 결과를 허락하실 것이라고 신뢰할 수 있다.

진짜 기독교는 내게 다른 것을 말한다. 나는 내가 바라는 선을 위해 **기도할** 수 있다. 하나님은 나의 기도를 들으실 테고 그 기도에 응답하실 수 있다. 하나님이 응답해 주신다면 감사할 일이다. 그렇지 않으면 나는 전율할 것이다. 하지만 나는 하나님이 자신의 뜻대로 선을 행하실 것이라고 **신뢰해야** 한다. 과연 내가 기도했던 바와 달리 우려스러운 수술 결과를 통해 더 나은 선이 성취될 수 있을까? 그렇다면 나의 사고방식에 극적 전환이 필요하다. 하나님이 전하시는 이야기의 플롯을 성취하는 모든 것은 나의 가장 깊은 안녕을 염두에 두고 있다고 믿어야 할까? 진짜 기독교의 주장에 의하면, 자기 안위를 기대하는 순진한 신뢰에서 하나님을 경외하는 지혜로운 신뢰로 바뀌는 전환이 일어나야 한다.

순진한 신뢰

가짜 기독교가 말하는 신뢰는, 하나님이 최선이라고 여기시는 대로 나를 사랑하실 수 있는 주권적 권위를 부정한다. 순진한 신뢰는 사랑의 하나님이 내가 이해하는 방식대로 신적 능력을 행사하실 것이라고 단정한다. 이렇게 착각한 그리스도인들은 자의적 지혜에 입각해 자신들의 가장 깊은 안녕과 기쁨에 없어서는 안 된다고 판단되는 복을 하나님이 주신다고 믿는다. 순진한 신뢰는 하나님이 우리 인생의 작은 이야기 즉 출생에서 시작하여 죽음으로 끝마치는 이야기를 위해 우리가 작성한 대본을 소중히 여기기로 약속하셨다는 희망 속에 머문다.

우리의 통제를 벗어난 결과가 우리의 길을 가로막지 않을 것이라고 신뢰하려면, 분명 믿음이 필요하다. 하지만 성령께서는 결코 순진한 신뢰를 강화하는 데 필요한 믿음을 주시지 않는다. 그런 믿음은 어려움을 겪지 않고 태연하게 낙관적이며 전율할 필요가 없다. 이렇듯 잘 속는 믿음은 하나님이 우리의 선 개념에 공감하시고 우리에게 유익을 주는 조건에 동의하신다고 단정한다. 이런 식의 믿음은, 어리석음을 기뻐하고 거짓말이 진리라고 믿는 생각의 근원인 불경건한 우리의 육신으로부터 에너지를 공급받는다.

하지만 하나님은 시간의 한계 속에 있는 제한된 관점에 근거해 작성한 우리의 작은 이야기보다 훨씬 지혜롭고 훌륭하고 오래 지속되는 더 크고 넓은 이야기를 전하신다. 하나님이 창작하신 사랑 이야기는 여러 가지 결정적 측면에서 우리의 인간적 사고와 다른 신적 사고에 의해 인도된다. 무한히 지혜롭고 품위 있게 사랑하고 지극히 능력 많으신 하나님은 우리에게 닥치는 온갖 실망과 어려움을 통해 어떤 식으로든 우리의 상상을 뛰어넘는 훨씬 더 훌륭한 선을 이루실 수 있지 않을까? 이제 우리는 하나님이 행하시는 선이 매 순간 성취되고 있다고, 또한 이 선이 나중에 찬란한 모습을 드러낼 때 영원히 풍성하게 누릴 수 있다고 담대하게 소망할 수 있지 않을까?

가짜 기독교는 이런 질문에서 우리를 떨어뜨려 놓는다. 이런 질문은 너무 실망스럽고 불안하고 까다로워서 기쁘게 대답하기 힘들다. 진짜 기독교는 이런 질문과 씨름하라고 우리를 초대한다. 아마 우리 영혼이 누리기를 가장 염원하는 탁월한 선, 우리가 믿기 위해 몸부림치는 참된 선, 하나님이 주시려고 끊임없이 헌신하시는 선이 정말 존재할 것이다. 아마도 저급한 선이 가끔 유보될 때, 고통스런 불운이 가끔 하늘을 어둡게 물들일 때에야 하나님은 우리가 가장 염원하는 선을 연출하실 수 있다.

그때 우리는 전율한다. 혼란과 고뇌 속에서 외친다. "하나님, 대체 무엇을 하고 계십니까? 우리는 주님이 선하시다고 알고 있습니다. 주님은 우리에게 생명을 주기 위해 돌아가셨습니다. 그런데 지금 주님이 허락하신 바는 생명이 아닌 것 같습니다. 하나님은 선하십니다. 하지만 지금 당장 이 참담한 순간에 **대체 당신은 어떤 의미에서 선하신 겁니까?**" 이해할 수 없는 하나님 앞에서 전율할 때 우리는 지혜로운 신뢰 속에서 우리 영혼을 잠잠하게 하실 기회를 성령께 드린다.

지혜로운 신뢰

우리를 기쁨으로 이끄는 신뢰는 어느 누구도 당연히 믿지 못하는 진리에 근거한다. 곧 최고의 선은 우리가 기대하는 대로의 하나님이 아니라 있는 그대로의 하나님을 누리는 것이라는 진리다. 하나님이 저 멀리에서 우리의 고통에 응답하지 않고 무관심하신 듯이 보일 때에도 지혜로운 신뢰는 하나님이 우리에게 선, 이기적이고 오만한 사람들을 그분께 가까이 이끌기 위해 필요한 선을 행하신다고 확신한다.

지혜로운 신뢰를 촉발하는 믿음은 난관을 겪는다. 이것은 선하신 하나님이 우리의 선 개념에 협력하지 않으실 것이라고 고백하는 전율의 믿음이다. (물론 가끔 불안정하지만) 지혜로운 신뢰를 뒷받침하는 믿음은, 하나님의 혼란스러운 길을 기뻐하려면 우리의 선 개념이 하나님의 선 개념과 조화를 이루어야 한다는 점을 알고 있다. 하지만 이러한 변화는 쉽게 일어나지 않는다. 불의가 계속되는 동안 선이 모습을 드러낼 수 있을까? 하나님이 제거하실 수 있었던 암이 자라날 때에도 그분은 우리에게 선을 행하고 계실까?

젊은 기독교 심리학자였을 때, 나는 하나님의 원리를 따른다면 우리가 바라는 선이 보장된다고 믿곤 했다. 내가 인도하던 어느 세미나 휴식 시간에, 50대 부부가 청년기 아들 때문에 겪고 있는 상심에 대해 이야기할 시간을 내달라고 부탁했다. 나는 그들과 함께 자리에 앉으면서, 아들이 기쁨의 근원이 되도록 회복시킬 수 있는 성경적 양육 원리를 그들에게 가르쳐 줄 수 있을 것이라고 확신했다. "무엇을 도와드릴까요?" 나는 확신에 차서 물었다. "지난주에 우리 아들이 목숨을 끊었습니다." 그들이 말했다. "죄책감과 수치심, 상실감을 도무지 감당할 수 없네요." 말문이 막혔다. 나는 이런 최악의 시기에도 하나님의 선한 계획이 지속될 수 있다고 상상한 적이 한 번도 없었다.

이제 나는 하나님의 선하심을 믿는 지혜로운 신뢰는 그분의 길이 가장 이해되지 않을 때 조용히 자라난다고 믿는다. 거짓 신뢰가 죽을 때에만 참된 신뢰가 살아난다. 우리의 삶에 선한 것을 가져다주지 않는 것처럼 보이는 하나님의 길 앞에서 전율할 때, 어둠 속으로 내려가는 우리의 발걸음이 밝은 빛 곧 진리에 안착할 기회가 만들어진다. 그 진리는 선을 성취하기 위해 하나님이 모든 일을 통해 역사하고 계신다는 것이다. 그 선은 우리가 항상 누리기 원했던 것인데, 이 사실은 천국에서 드러날 것이다.

이 진리를 이토록 믿기 힘든 이유가 무엇일까? 하나님이 언제나 우리에게 선을 행하신다고 믿기 위해 치열한 싸움이 필요한 이유가 무엇일까? 대답은 명확해 보인다.

우리는 하나님이 주실 최고의 선을 바라는 영혼 안의 가장 깊은 갈증과 접촉하지 않는다.

우리의 기대가 너무 낮은 탓에 우리의 간구는 너무 초라하다. 우리가 살아가는 이유는 하나님을 알기 위해서가 아니고, 그분을 이용하여 우리가 가장 원한다고 믿는 선을 얻어내기 위해서다. 화목한 가정, 다른 사람들의 공정한 대우, 정서적 건강. 목록은 길다.

비극은 실재한다. 출생에서 시작되어 죽음에서 끝나는 우리의 작은 이야기 속에서 만사가 형통하기를 바라는 우리의 열망이, 이제 하나님의 큰 이야기 곧 우리가 거듭날 때 시작되어 영원까지 계속 이어질 이야기 속에서 살기 위해 하나님을 제대로 알기 원하는 갈증보다 **훨씬** 강하다. 어리석은 비극이 있다. 우리가 최고의 선보다 저급한 선을 더 갈망한다는 사실이다.

우리의 어리석음은 지혜에게 길을 양보해야 한다. 골프 약속이 있는 날 날씨가 좋거나 수술을 받은 후 건강이 회복된다면, 하나님이 주시는 인생의 복을 누리는 것은 당연하다. 하지만 지혜로운 신뢰 가운데 살고자 한다면 전환이 일어나야 한다. 하나님을 알고자 하는 갈증이 그보다 저급한 것을 바라는 갈증보다 강렬해져야 한다.

그런데 이런 전환은 어떻게 일어날 수 있을까? 이 과정에서 우리의 책임은 무엇일까? 또한 하나님의 책임은 무엇일까? 이런 질문은 이 장의 핵심으로 우리를 데려간다. 즉 우리에게 좋아 보이지 않는 선한 길로 인도하시는 하나님 앞에서 전율할 때라야 우리는 가장 깊은 갈증, 그리스도를 만날 때까지 결코 경험하지 못할 방식으로 하나님을 알고 경험하려는 해소하지 못할 갈망(inconsolable longing)과 접촉할 수 있다.

∽

우리가 선택해야 할 상황에 맞닥뜨리게 하는 힘든 질문을 열심히 또 끊임없이 던져야 한다. 선하신 하나님이 도대체 어떤 의미에서 선하신지를 놓고 골치 아픈 혼돈 속에서 전율할 때 우리는 결단을 내려야 한다.

- **거부하고 달아날 것인가?** 요나처럼, 하나님이 주시는 것보다 더 나은 삶을 찾아나설 것인가?
- **왜곡하고 부정할 것인가?** 바울이 되기 전의 사울처럼, 마음에 들도록 변형된 가짜 기독교를 받아들일 것인가?
- **아니면 지혜로운 신뢰 가운데 전율할 것인가?** 우리의 생각과 길보다 훨씬 높으신 하나님에게서 돌아서기를 거절하고, 대신 성령께서 우리 영혼 안에 있는 가장 깊은 갈증을 일깨우실 것이라는 지혜로운 신뢰 가운데 인내하며 기다릴 것인가? 예수님을 알고자 하는 갈증, 그분을 통해 아버지의 사랑과 성령의 능력을 알고자 하는 갈증, 진짜 기독교가 지금 적절하게 또한 영원히 온전하게 잠재우겠다고 약속하는 갈증 말이다.

우리의 좁은 사고로는 이해할 수 없는 하나님 앞에서 전율할 때, 우리가 던지는 질문은 우리 안에서 무언가 선한 일을 한다. 거기 있다고 생각조차 하지 못했으나 우리 영혼을 덮고 있는 오만의 껍질, 하나님을 알고자 하는 갈망의 숨통을 조이는 동시에 그분보다 저급한 것을 바라는 갈망만 느끼도록 허용하는 껍질의 균열이 커진다. 이 균열 덕분에 전에 억눌려 있던 성령께서 우리 존재의 가장 깊은 곳으로 들어오시고, 하나님과 함께하는 삶의 선물을 받아들였을 때 그분이 이미 우리 안에 두신 그분을 향한 갈증을 자극하는 공간이 만들어진다.

이해할 수 없는 하나님의 길(모든 정직한 그리스도인은 이 길을 맞닥뜨리게 될 것이다) 앞에서 전율할 때, 순진한 신뢰에서 지혜로운 신뢰로 향하는 전환이 시작된다. 이것은, 우리 육신에게 행복을 약속하고 우리 영에게 불행을 전하는 가짜 기독교의 매혹적 거짓말에서 벗어나는 길고 힘겨운 변화다. 이것은 진짜 기독교의 진리를 향해 가는 전환이다. 진짜 기독교는 우리 안에 갈증을 일깨운다. 그 갈증은 우리가 하나님을 의지하여 지금은 생명수 한 모금으로, 나중에는 생명수를 마음껏 들이켜서 가라앉힐 수 있는 것이다.

우리를 실망시키는 것처럼 보이는 하나님 앞에서 전율하는 것은, 그분을 경외하고 의지하는 신뢰 속에서 선하신 하나님을 받아들이도록 우리 영혼을 열어 주는 문이다. 하나님의 사랑의 길이 아직 성장하고 있는 우리의 정신에 혼돈과 두려움, 분노를 불러일으킬 때에도 우리는 신뢰한다. 전율은 하나님이 만족시키실 수 있다고 믿는 갈증을 발견하도록 이끈다. 이보다 강한 갈증은 존재하지 않는다.

7장

방임하시는 하나님?

하나님이 우리에게서 가장 멀리 계신 것처럼 보일 때 사실 그분은 우리에게 가장 가까이 계신다.

오늘 아침 잠에서 깨어나면서 나는 또다시 공허감, 무력감, 필요한 일을 해야 한다는 의무감을 느꼈다. 그러자 가벼운 짜증이 밀려왔다. 나는 충만감을 느끼고 싶었다. 오늘 하루가 번거로운 일 없이 흘러가리라는 소망으로 가득하고, 하나님이 길을 닦아 주시고 오늘이 좋은 날이 되는 데 필요한 선을 주신다는 믿음으로 가득하고, 예수님의 제자로 사람들에게 다가갈 때 나 자신에 대해 좋은 느낌을 갖게 해 줄 사랑으로 가득한 충만감. 이것이 바로 하나님이 우리를 부르시는 그리스도인의 삶이 아닐까? 이것이 바로 복음으로 인해 가능해진 삶이 아닐까?

나는 충만감을 느끼고 싶었다. 그런데 도리어 공허감을 느꼈다. 침대 밖으로 기어나오면서, 베이컨과 달걀과 뜨거운 커피로 배를 채우고픈 한없이 강한 허기를 느꼈다.

나는 공허감을 좋아하지 않는다. 하나님이 내 안에서 행하고 계시고 내 삶을 통해 행하기 원하시는 선과 접촉하지 못한다고 느낄 때 떠오르는 생각이 있다. 성령께서 바라시는 나 자신이 되어 가는 여정에서 아직 상당히 먼 거리를 더 여행해야 한다는 사실이다.

하지만 나는 그 길 위에 있다. 나는 내 영혼 안의 빈틈을 환영한다. 빈틈 자체가 선하기 때문이 아니라, 그것이 성령께서 내주시는 영혼의 가장 깊은 영역에 살아 있는 것과 접촉할 기회를 만들어 주기 때문이다.

공허감

공허감은 가라앉지 않은 갈증, 아직 오지 않은 만족 곧 하나님이 풍성히 주실 수 있지만 겨우 맛만 보게 하시는 만족을 동경하는 강한 열망을 보여 주는 명백한 징후다. 공허감을 받아들이고 그것이 다른 어떤 소유물보다 하나님을 갈망하는 내 안의 영역으로 나를 데려가도록 허용할 때, 내가 간절히 바라는 저급한 선을 하나님이 번번이 허락하지 않으셔도 나는 계속 좁은 길을 걸어갈 수 있다.

나는 공허감에서 달아날 수도 있었다. 분주한 하루를 착실하고 책임감 있게 보냄으로써, 충만감을 갈구하는 내면의 외침에 주목하지 않을 수도 있었다. 내면의 외침을 침묵시키고, 대신 순간적 만족을 줄 수 있는 다른 일을 하기로 선택할 수도 있었다. 어떤 경우든 생명수를 바라는 영혼의 순수한 갈증, 하나님을 알고 싶어 하는 갈망과 접촉하지 않은 채, 내가 직접 관리할 수 있는 만족스러운 충만감을 동경하는 훨씬 저급하고 불순한 갈망과 계속 접촉할 수도 있었다.

나는 그리스도인이기 때문에, 하나님을 알고 싶은 열망이 내 안에 깊이 묻혀 있다. 그 열망은 그보다 저급한 다른 것을 바라는 허기보다 훨씬 강하다. 가장 중요한 문제는, 이 숨은 갈망을 날카롭게 인식하는 것이다. 이런 이유에서다.

하나님을 향한 갈증을 날카롭게 느낄 때, 그 갈증은 하나님이 주신 복이나 그분에 대한 경험보다 하나님 자신을 더 추구하도록 나를 붙들어 줄 것이다.

이 말은 정말 사실일까? 물론 하나님의 임재와 사랑을 맛보는 아주 흡족한 경험보다 우리를 더 강하게 붙들어 줄 수 있는 것은 없다. 하지만 예수님을 뵙기 전까지 우리는 이 경험을 결코 온전히 맛볼 수 없을 것이다. 하나님을 경험하는 비할 데 없는 기쁨은 아직 형성 중인 우리 영혼에게 지금 확실하게 주어지지 않는다. 하지만 하나님을 향한 갈증, 그분의 모든 사랑과 아름다움을 알려는 갈증이 모든 그리스도인의 영혼 안에 있다. 그리고 자의식을 지닌 모든 그리스도인은 이 갈증을 느낄 수 있다. 이 갈증은 더 이상 목마르지 않을 미래의 날에 대한 확실한 소망 가운데 살도록 우리를 다독인다. 그날이 올 때까지, 내세의 생명을 누리고픈 갈증은 이 타락한 세상에서 계속 살아가는 우리를 소망으로 붙들어 준다.

하지만 하나님을 향한 갈증을 느끼고 싶은 기대에는 위험이 뒤따른다. 타고난 이기적 본성은 얼른 사라지지 않는다. 이기적 본성은 여전히 살아 있어서 나를 궤도에서 이탈시킬 수 있다. 하나님을 향한 갈증을 느낄 때 나는 그 갈증이 내 입장에서 최선이라고 판단되는 바를 하나님이 주실 것이라는 정당한 기대라고 해석할 여지도 있다. 내가 가진 갈증이 사랑하는 아버지께서 주권적으로 결정하여 주시는 바에 대한 열망(이는 성령께서 빚으신 열망이다)임을 인식하지 못한 채 말이다.

우리는 누구나 현세에 하나님이 주겠다고 약속하신 것보다 훨씬 많은 것을 갈구한다. 이런 갈망이 인생에서 두말할 나위 없이 좋은 것—사랑하는 이의 건강 회복, 우울증에서 벗어나는 자유, 번듯한 직업—을 넘어서면 우리는 영적 형성이 더 빨리 성취되기를 또는 하나님의 강한 임재를 더 자주 누리기를 강하게 기대하게 된다. 이럴 때, 하나님이 이렇게 고귀한 기도에 응답하지 않으실 수도 있다는 사실을 받아들이기가 어려울 수도 있다.

내가 부르곤 했던 오래된 어린이 찬송가가 약속하듯이, "하나님은 결코 실패하지 않으신다."¹ 하나님은 성숙 과정을 단축시키실 수 있다. 하나님은 언제든 사랑으로 다가오는 그분의 임재를 생생하게 경험하도록 허락하실 수 있다. 하지만 인생의 사소한 일에서 그분의 손길을 명확히 보는 일은 아주 드물다. 내 안에서 하나님의 강한 손길을 느끼는 경우는 거의 없다. 그리스도인의 영적 여정의 어느 시점에서 **하나님이 방임하시는 하나님이라는** 점이 명확해질 것이다. 이 일은 (항상 일어나는 것은 아니지만) 그분의 제자들을 전율하게 할 만큼 자주 일어난다.

나는 인정하기는 고통스럽고 고백하기는 한층 더 고통스러운 상황이 내 안에서 진행되고 있음을 깨달았다. 덕분에 나는 C. S. 루이스(Lewis)를 포함하여 나보다 훨씬 거룩한 성인들이 비슷한 고백을 했음을 알게 되었다. 나의 고백은 이렇다.

내가 하나님의 존재를 부정하는 지점에 다다를지도 모른다는 사실은 하나도 두렵지 않다. 오히려 내가 발견한 하나님께 매력을 느끼지 못할까 봐 두렵다.

내 삶에 들어오시는 하나님의 부드러운 개입을 가장 갈망할 때 정작 그분은 모습을 감추시고, 나에게는 그분이 방임하시는 하나님일 수도 있음을 깨닫는 것 외에는 다른 선택이 없는 것처럼 보이는 경우가 있다. 그때 나는 하나님에게서 뒷걸음질치고픈 비열한 충동, 그것이 당연하다고 느끼는 반항적 충동을 경험한다.

바울은 훨씬 나았다. 바울은 나처럼 오직 천국이 줄 수 있는 것을 갈망했다. 바울은 "만일 그리스도 안에서 우리가 바라는 것이 다만 이 세상의 삶뿐이면 모든 사람 가운데 우리가 더욱 불쌍한 자이리라"라고 말했다(고전 15:19). 하나님은 오랜 매질과 파선, 뱀에게 물리는 고통, 초조함이나 외로움의 순간으로부터 바울을 구해 주지 않으셨다. 어떠한 전율을 경험하든 바울은 하나님의 선하심을 믿는 흔들리지 않는 확신을 향해 나아갔다.

바울에게 충만함이란 자신의 인생을 안락하게 만들어 주고 사역의 어려움을 없애 주는 복의 풍성한 공급 혹은 하나님의 풍성한 임재 경험―이 둘 중에서 어느 쪽도 의미하지 않았다. 바울에게 충만함이란 하나님의 뜻을 아는 지식으로 채워지고 하나님을 온전히 기쁘시게 하는 것을 의미했다(골 1:9-10을 보라). 영혼 안에 있던 공허함 탓에 그리스도를 더 깊이 알기를 염원할 때에도 바울은 이런 종류의 충만함을 알았다(빌 3:10을 보라). 바울의 신음하는 영혼이 기쁨만 알게 될 그날을 간절히 기다릴 때, 그의 공허함은 소망으로 발전했다(롬 8:23을 보라). 그날이 올 때까지 바울은 하나님을 신뢰하면서 자기에게 주신 주님의 부르심을 신실하게 지키겠다고 날마다 새롭게 다짐했다.

그리스도는 우리 안에 계시면서 만물을 새롭게 하실 이루 말할 수 없는 영광의 때를 바라는 소망을 일깨우신다. "그리스도께서 믿음을 통해 우리 마음에 내주하시는 경험은 우리에게 재산이 아니라 온전한 구원의 약속을 준다. **현재 주어진 그리스도의 가장 큰 선물은 미래에 대한 소망이다.**"[2]

그 영원한 날이 동트기 전까지 하나님은, 이해되지 않고 가끔 우리를 실망시키고 심지어 분노하게 만드는 방임하시는 하나님으로서 우리에게 나타나실 것이다. 사랑하는 아버지께서 왜 손을 넓게 펴서, **그분이 계획하신** 대로 우리가 경험하고 싶어 하는 모든 복을 우리 영혼과 삶에 부어 주시지 않는지 의아할 것이다. 그때 곧 우리 영혼 안의 공허함을 느낄 때 성경의 하나님은 이신론의 하나님을 어느 정도 닮으신 것처럼 보인다.

수정된 이신론?

최근에 나는 나 자신이 기독교 이신론자임을 알게 되었다고 공언하여 친한 친구들을—또한 나 자신을—불안에 빠뜨렸다. 기독교 이신론이라고? 그것은 모순어법이 아닌가? 기독교 이신론은 두 개의 모순된 사고 체계, 즉 우리 삶에서 하나님의 역할에 대해 서로 아귀가 맞지 않는 두 가지 관점을 하나로 묶으려는 시도가 아닐까? 그렇게 보이기도 한다.

기독교는 하나님이 결코 우리를 버리지 않으신다는 좋은 소식을 선포한다. 하나님은 여전히 우리 인생에 적극적으로 개입하셔서 언제나 우리에게 선을 행하신다. 이신론의 가르침에 의하면, 하나님은 세상을 만드셨고, 우리를 창조하여 그 안에서 살게 하셨고, 그런 다음 다시 하늘로 물러나셔서, 가능한 한 우리가 홀로 자립하게 하셨다.

나는 그리스도인이다. 내가 믿는다고 선언한 모든 진리를 숙고하고 다시 숙고하면서 50년 이상 나의 확신을 검증했기 때문에, 이제는 하나님이 선하시다는 굳은 확신을 외면할 수도 없고 거부할 수도 없다.

하지만 내가 겪고 있는 삶은 의문을 품게 만든다. 부활하신 그리스도께서 하늘로 돌아가신 뒤 이제 회복된 성삼위 공동체 안에서 살고 계신 하나님이 그리스도의 죽음으로 인해 가능해진 모든 선을 그분의 제자들을 위해 행하시지 **않는** 것이 가능할까? 가끔 두 가지 차원, 곧 사람들**에게** 일어나는 일과 사람들 **안에서** 일어나는 일에서 그런 일이 가능한 것처럼 보인다.

바로 오늘 아침, 50대 초반의 한 여성이 보낸 편지를 받았다. 10대

때 그리스도를 만난 뒤 밀리(실명은 아니다)는 헌신적 그리스도인으로 살아왔다. 하나님은 그녀가 한 번도 예상하지 못한 일을 허용하셨다.

10년 전, 밀리의 사랑하는 오빠가 오랜 세월 고통을 겪다가 죽음을 맞았다. 그녀는 오빠가 천국에 빨리 가게 해 달라고 뜨겁게 기도했지만 소용이 없었다.

1년 전, 건강해 보이던 밀리의 아들이 심한 복부 통증으로 입원했다. 아들은 다음 날 숨을 거두고 말았다. 부검 결과 위암으로 밝혀졌다. 조금만 일찍 발견했더라면 치료할 수 있었을 텐데. 하지만 세밀한 건강 진단을 요하는 징후가 전혀 없었다.

아들이 죽은 직후, 20년 동안 매우 신실하게 예수님의 제자로 살아온 밀리의 딸은 제정신을 잃고 분노에 휩싸여 더 이상 선하신 하나님을 믿을 수 없다고 공언했다. 그녀의 딸은 오래 숨겨 온 비밀을 털어놓아야 할 때가 되었다고 느꼈고, 자기가 동성애자라고 밝혔다.

밀리가 내게 편지를 보내기 한 달 전, 80대의 건강한 그리스도인이던 아버지가 스스로 목숨을 끊었다.

우선, 주님과 동행하는 그리스도인에게 나쁜 일들이 일어날 때, 하나님이 무슨 선을 행하신다고 믿을 수 있을까? 하나님이 밀리의 삶에서 성취하시는 선은 무슨 소용이 있을까? 우리는 대개 "하나님이 다스리신다"라는 진술 뒤에 가볍게 숨어 버린다. 무엇을 다스리신다는 말인가? 천국을 제거해 보라. 그러면 모든 것이 설득력을 잃는다. 모든 것은 의미를 잃고 난장판이 되고 만다.

우리가 고려할 또 다른 차원은, 우리 **안에서** 어려움이 해결되지 않고 지속되는 상황이다.

릭은 조바심을 느낀다. 그는 지금 자기 인생을 관리하는 데 얼마나 몰두했는지 깨닫고 있다. "어려움이 생기면 제가 해결합니다. 다른 사람에게 짜증이 날 때 수치심을 느끼지만, 예의 바른 미소 뒤에 숨습니다. 누구에게나 친절하게 다가가지만, 다른 사람의 인생에 깊이 관여하게 될까 봐 두렵습니다. 그렇게 되면 제게 남는 것이 얼마 없을 테니까요."

몇 달간의 영적 지도 후 이루어진 몇 달간의 기독교 상담도 거의 성과가 없었다. "저는 제 몫을 다하고 있어요. 그런데 왜 하나님은 자기 몫을 안 하실까요?"

어린 시절, 파울라는 사랑을 독차지했다. 헌신적인 아버지가 든든한 후원자가 되어, 그녀를 다독이고 믿어 주고 그녀가 얼마나 특별한 존재인지 항상 일깨워 주었다. 이제 성인이 된 파울라는 다른 사람, 특히 남편을 자기보다 못났고 존경할 만한 구석이 없는 사람이고 얕잡아본다. "모든 사람에게 특별하고 유능하고 사랑스럽고 영리하게 보여야 한다는 무거운 압박감을 느껴요. 누군가가 제 약점을 알면 제가 방어적으로 돌변한다는 사실이 아주 싫어요. 저는 30년 이상 그리스도인으로 살아왔어요. 그런데 제 약점은 여전히 남아 있습니다. 왜 하나님은 제 안에서 더 이상 일하지 않으실까요?" 그녀는 하나님께 자신을 변화시켜 달라고 기도했지만 그 기도는 응답되지 않았다.

하나님은 릭과 파울라에게서 물러나셨을까? 그분이 그들 각자의 삶에서 선을 행하셔서 그들이 자신이 성숙해 가는 증거를 보고 기뻐하게 하실 수는 없었을까? 기독교의 주장에 의하면, 하나님이 누군가의 삶에서 선을 행하지 않고 물러나신 것처럼 보일 때 그분은 무대 뒤에서 언젠가 나타날 더 큰 선을 행하고 계신다. 이신론에 의하면, 우리는 하나님이 우리 인생에 개입하려는 의도 없이 우리의 염려에 무관심한 채 사실상 뒤로 물러나 계신다는 사실을 받아들여야 한다. 신성한 시계공은 시계를 만들고 기어를 작동시킨 다음 스스로 움직이도록 내버려 둔다. 어떤 시계는 무난하게 시간이 잘 맞는다. 그렇지 못한 시계도 있다. 그것이 세상의 이치다.

모든 일을 다스리시는 선하고 주권적인 사랑의 하나님이 자연—잡초가 무성한 자연 세계와 이기적이고 타락한 사람들의 본성—을 내버려 두기로 임의로 선택하실 수 있다는 사상을 기독교가 과연 허용할 수 있을까? 그렇게 되면 하나님이 우리 삶에 개입하지 않고 뒤로 물러나신 것처럼 보이지 않을까?

성경의 하나님은 결코 멀리 떨어져 계신 신이 아니다. 그분은 우리 가까이에 계신 하나님, 자녀들을 위해 언제나 선을 행하시는 삼위일체 하나님이다. 가끔 "하나님은 어디 계시는가? 그분은 아무 일도 하지 않으신다. 그분은 방임하시는 하나님이다!"라고 아우성치는 우리의 경험을 수용하기 위해 기독교의 핵심 신념을 수정할 필요는 없다.

『순전한 기독교』(Mere Christianity, 홍성사 역간)—우리가 기독교적이라는 주장의 정당성을 입증하기 위해 붙들어야 할 신념을 가리키는 루이스의 용어—는, 간단히 요약하면 다음의 세 부분으로 구성된 확신에 근거한다.

1. 성부 하나님은 아주 선한 세상에서 행복하게 살게 하시려는 계획을 세우고 우리를 창조하셨다.

2. 성자 하나님이 죄 없는 인간이 되셔서 죄 많은 인간을 위해 돌아가셨을 때, 그분은 이 계획을 명확히 가동시키셨다. 우리가 자신의 행복을 위해 실행할 수 있는 계획을 세우려는 어리석은 결정을 내렸기 때문에 그분의 이런 선택은 불가피했다.

3. 성령 하나님은 이제 그리스도인 안에 살면서, 우리에게 나쁜 일이 일어나고 우리 안에서 힘든 일이 계속될 때조차 성부의 선한 계획이 순조롭게 진행되고 있다는 확신을 심어 주신다. 또한 성령께서는 성부의 계획이 우리의 상상을 뛰어넘는 선하고 영원한 정점에 다다를 것이라는 믿음을 함양하신다.[3]

나는 수정되지 않은 기독교를 믿는다. 나는 여전히 믿기 위해 씨름하지만, 더 이상 의심이 내 마음을 사로잡지 못한다. 또한 나는 수정된 이신론을 믿는다. 나는 하나님이 우리에게서 물러나 계시지만 결코 무심하게 혹은 무자비한 의도를 가지고 그렇게 하시는 것은 아니라고 믿는다. 수정된 이신론자로서 내 신념의 정수는 이렇다.

선하신 하나님은 우리가 으레 선이라고 생각하는 것의 많은 부분을 행하지 않고 한 걸음 물러나셔서, 자신의 통제권 안에서 우리에게 저급한 선을 주지 않으심으로써 더 큰 선을 성취하기로 결정하신다.

타락한 세상에서는 망가진 컴퓨터든 치통이든 훨씬 더 심각한 재난이든 날마다 이런저런 어려움이 닥칠 것이라고 예상할 만한 온갖 이유가 있다. 물론 주권적 하나님은 이 세상의 모든 일을 지금 당장 이상적인 모습으로 만드실 수도 있다. 하지만 그날은 아직 오지 않았다. 그날이 오기 전까지 하나님은 주권적인 뜻 안에서 나쁜 일이 일어나도록 허용하신다. 또한 하나님이 우리가 누리기 바라시는 선을 위해 협력하지 않으신 일은 결코 지금 일어나지 않을 것이라고 믿을 수 있다.

그런데 이러한 확신은 기독교 진리의 범위 안에 있고 하나님의 생각이나 길과 일치하지 않는가? 당연하다. 그런데도 나는 왜 이 신념을 수정된 이신론이라고 부름으로써 혼란스러운 상황을 자초해야만 하는가? 한 가지 이유 때문이다. **하나님이 때로 방임하시는 하나님으로서 다가오시게 해 주는 기독교를 믿는 힘겨운 순간이 그리스도인에게 찾아온다.** 우리는 모든 것을 주관하는 사랑의 하나님이 우리에게 필요한 선을 항상 행하셔서 자신의 선하심에 대해 의문을 제기하지 못하게 하실 것이라고 믿기를 더 좋아한다. 우리는 전율을 경험하지 않으려고 할 것이다. 순진한 신뢰―우리가 편안해지기 위해 필요한 복을 바라는 갈증이 현세에 해소될 것이라고 가정하는 믿음의 부산물―는 하나님 앞에서 전율할 필요가 없고 그분의 선하심에 대한 순진한 확신만 있으면 된다.

하지만 우리가 열망하는 선이 언제나 하나님이 행하시는 최고의 선은 아니다. 인생을 거치는 우리의 여정에는 방임하시는 하나님 앞에서 전율할 순간이 있게 마련이다.

내가 여기에 적은 내용을 되돌아보는 동안 한 가지 질문이 마음속을 파고든다.

하나님이 다스리신다고 믿는다는 것은 어떤 의미인가?

우리는 자연스럽게 다음과 같이 가정한다. 만사를 다스리시는 하나님이 정말 선하신 분이라면 그분은 우리가 열망하는 선을 행하실 것이다.

결코 우리를 떠나거나 버리지 않겠다고 약속하신 기독교의 하나님을 믿는다고 주장하면서, 동시에 논리적 일관성을 가지고, 이신론이 내세우는 방임하시는 하나님의 수정된 버전을 믿는 일이 어떻게 가능할까? 나는 10장에서 나를 이런 확신으로 이끈 여정을 추적해 보려고 한다. **방임하시는 하나님이 우리에게서 가장 멀리 계신 것처럼 보일 때 사실 그분은 우리에게 가장 가까이 계신다.**

8장

방임하지만 임재하시는,
또한 여전히 다스리시는 하나님?

하나님이 선하시다는 손쉬운 믿음의 울타리 너머로 삶이 우리를 데려갈 때만 우리는 성령께서 주신 믿음을 발견할 것이다. 그리고 그 믿음이 인생의 지진이 일어날 때 우리를 진득하게 지켜 줄 것이다.

하나님이 사람들에게 예수님의 복음을 전하기 위해 바울을 선택하셨기 때문에, 그는 지금 감옥에서 고난을 겪고 있다. 바울은 확정된 사형을 기다리면서 손아래 친구요 제자인 디모데에게 편지를 보냈다. 그 편지에서 바울은 이렇게 말했다. "내가 의탁한 것을 그날까지 그가 능히 지키실 줄을 확신함이라"(딤후 1:12). 바울은 하나님이 무엇을 지켜 주실 것이라고 신뢰했을까?

견디기 힘든 상황에서 죽음에 직면한 바울은 여전히 선하신 하나님이 자기 인생을 다스리신다고 믿었다. 바울은 하나님을 신뢰했다. 무엇을 하실 것이라고 신뢰했는가? 몇 가지 생각이 떠오른다.

- 바울은 왜 사람들에게 하나님의 복음을 전하다가 어려움에 빠졌을까? 왜 누군가가 복음을 전하다가 어려움에 빠질까? 우리 안의 어떤 특성으로 인해 우리가 하나님의 좋은 소식을 나쁜 소식으로 들을 수 있을까? 바울 시대에도 그런 일이 일어났을까? 오늘날에도 이런 일이 일어날 수 있을까?
- 물론 우리는 죄 없이 사는 것으로는 천국에 머물 장소를 얻을 수 없다는 복음을 환영한다. 누구도 그럴 수 없다. 거룩하신 하나님이 우리와 관계를 맺는 과분한 선물을 주시는 데 필요한 값을 예수님이 지불하셨다. 이 관계는 우리가 낙원에서 그분과 영원히 더불어 살 때 정점에 다다를 것이다. 오만한 사람들만이 이것이 좋은 소식이 아니라고 부정할 것이다.
- 하지만 이 세상에서 그리스도인의 삶에는 힘든 시절이 있고 이런 힘든 시절에 어느 정도 기쁨을 누릴 수 있다는 소식을 좋은 소식이라고 여기기는 힘들다. 기뻐하기 위해서는 기대하던 인생의 복이 있어야 하지 않을까?
- 현대 교회가 직면한 커다란 유혹 가운데 하나는 "세상에서는 너희가 환난을 당하나 담대하라. 내가 세상을 이기었노라"(요 16:33)라는 주님의 약속을 약화시키는 것이다. 우리가 듣고 싶은 말은, 하나님이 선하심과 큰 능력 가운데 인생의 역경을 막아 주신다거나, 적어도 최소 수준으로 유지시켜 주신다는 말이 아닐까?
- 설교자들이 청중의 공감을 얻기 위해 예수님이 실제 전하신 복음을 수정했다는 점이 드러났다. 그 복음이 우리의 특권적 사고방식에 좋은 소식으로 다가오는 것을 확실히 하기 위해서다. 우리의 생각은

하나님의 생각과 현저히 다르다. 좋은 소식을 구성하는 요소에 대한 우리의 이해는 하나님의 이해와 일치할까?

로마의 지하 감옥에서 오랜 세월 힘든 시간과 극도의 육체적 불편, 뼈아픈 외로움을 겪은 뒤 바울은 확신했다. 하나님은 바울이 가장 소중히 여기는 바를 결코 빼앗기지 않게 하실 것이다. 하지만 그는 자신의 삶이 순탄할 것이라고 확신하지는 않았다. 그가 아는 바는, 죽을 때까지 하나님이 인생의 좋은 것들을 주실 것이라고 기대할 수 없다는 사실이었다.

바울이 감사와 기쁨의 확신을 품고, 그리스도께서 오실 때까지 신실하게 지켜 달라고 하나님께 의탁한 바는 무엇일까? 단어의 일반적 의미에 근거할 때, 바울의 삶은 순조롭게 흘러가지 않았다. 하지만 그의 영혼은 만족했다. 왜 그럴까?

바울은 빌립보서에서 이 질문에 대답했다.

내가 궁핍하므로 말하는 것이 아니니라. 어떠한 형편에든지 나는 자족하기를 배웠노니 나는 비천에 처할 줄도 알고 풍부에 처할 줄도 알아 모든 일 곧 배부름과 배고픔과 풍부와 궁핍에도 처할 줄 아는 일체의 비결을 배웠노라. 내게 능력 주시는 자 안에서 내가 모든 것을 할 수 있느니라. (빌 4:11-13)

바울이 힘든 시기 한복판에 하나님에게서 들은 좋은 소식은, 하나님이 아무것도 개선하시지 않는다는 것이었다.

이신론자는 하나님이 나쁜 일을 개선하기 위해 아무 일도 하지 않으시며 우리 삶에 개입하지 않으신다고 단언한다. 기독교 이신론자는 어려움이 계속될 때 하나님이 개입하지 않으시는 것처럼 보일 수 있다는 점을 인정한다. 하지만 동시에 하나님은 언제나 가까이 계셔서, 자신이 전하시는 이야기를 성취하는 데 필요한 바를 주신다고 믿는다. 기독교 이신론자인 나는, 하나님이 아무것도 하지 않으시는 곤경 앞에서 전율할 때에도 그분이 내 삶에 사랑으로 개입하신다고 믿는다.

매를 맞든 난파를 당하든 외로운 구금 상태에서 쇠약해지며 사형 집행인의 칼을 기다리든, 그리스도의 능력으로 바울이 할 수 있었던 "모든 것"은 무엇일까? 이 질문에 대한 대답은 바울이 누린 만족의 비밀을 보여 주고, 좋은 때든 힘든 때든 잘 살아갈 수 있는 방법을 깨닫게 해 준다. 과연 나는 그 대답을 알고 싶을까? 그 대답을 들을 때 좋은 소식으로 받아들일까?

바울은 전율하고 신뢰하는 법을 배웠다. 천국에 이를 때까지 안식이 약속되지 않은 최악의 시기에 전율하고, 심지어 하나님이 현세에 바울의 고난을 완화하기 위해 아무 일도 하지 않으실 때조차 그분이 바울이 가장 소중하게 여기는 바를 그 안에서 또 그를 통해 행하고 계신다고 신뢰했다. 하나님이 바울의 상황에서 무슨 선을 이루고 계셨든 그로 인해 바울은 자신이 가장 염원한 모든 것을 할 수 있었다. 최악의 시절에도 여전히 바울 안에서 계속되던 '선한 일', 바울의 인생을 가치 있게 만들어 준 모든 것을 할 수 있게 해 준 선한 일은 무엇일까?

바울은 확신했다. 자신이 죽을 때까지 하나님이 지켜 주시기를 바라는 그것을 그분이 지켜 주실 수 있다고 말이다. 이런 확신 속에서 바울은 전율하고 신뢰했다.

힘들지만 선한 곳

소망 속에 형성되고 있는 그리스도인으로 살아온 나의 인생 여정에서 어느 정도 구별된 세 국면이 지금 있는 곳까지 나를 데려왔다(10장에서 이 세 국면을 설명하겠다). 나의 경험은 이곳이 힘들다고 말하지만 나의 느낌은 분명 이곳이 선하다고 말한다. 긴 여정에서 나는 많은 혼란을 불러일으킨 여러 질문에 시달려 왔다. 지금 나를 애먹이는 질문은 예전의 질문들보다 나를 훨씬 불안정하게 만드는 것 같다.

그러나 70년 넘는 세월을 되돌아볼 때, 나는 온유한 손길이 이 모든 질문을 통해 선한 목적지로 나를 인도해 왔음을 의심하지 않는다. 또한 동일한 선한 손이 다음 질문, 지금까지 내가 진지하게 던져 보지 않은 질문을 탐구하도록 이끌고 있다는 점도 분명해 보인다. 이 질문은 (그것에 대한 진실한 대답을 찾는다면) 내가 가기 원하는 곳으로, 영혼의 안식을 누리지 못한 채 너무 오래 살아온 분주한 세상에서 영혼의 안식처로 한층 더 가까이 데려가겠다고 약속한다. 확신하건대, 성령이 이끄시는 이 여정은 지속적이고 더 심오한 기쁨을 향해 나아가게 해 준다. 그 기쁨은, 인생의 상황과 영혼의 상태가 어떻든 내가 하나님께 가장 바라는 선을 내 안에서 또 나를 통해 그분이 이루고 계신다는 확신을 품고, 하나님과 다른 사람들을 더 자주 제대로 사랑하는 기쁨이다.

좁은 길은 점점 더 좁아지는 것 같다. 내가 던지는 새로운 질문은 새로운 혼돈을 일으킨다. 이 불안한 혼돈은 하나님이 선하시다는 말의 의미에 대한 나의 이해를 뒤집고, 나에게 선을 행하시는 하나님을 신뢰한다는 말의 의미를 뒤집을 조짐을 보인다. 나는 하나님의 주권적인 사랑의 다스리심에 무엇을 의탁해야 할까?

현재의 혼돈을 감안할 때, 기독교의 복음이 '좋은 소식'이라는 핵심 확신이 위기에 봉착한 것은 아니라는 점을 나 자신에게(또한 내 가족과 친구, 독자들에게) 상기시켜야 할 것 같다. 지금도 공격받기는 하지만, 분명한 진리가 내 마음에 자리잡고 있다. 어린아이였을 때 받아들인 성경적 기독교의 기초를 형성하는 믿음은 손상을 입지 않고 보존되었다. 나는 여전히 성경이 진리이고 예수님이 나를 사랑하시고 내가 죽으면 천국에서 깨어날 것이라고 확신한다. 60년의 여정이 지났지만, 이러한 믿음의 기초는 변함없이 확고하게 유지된다. 적어도 지금까지는.

곰곰이 생각해 보면, 대개의 경우 나는 낯선 곳으로 여행하라는 성령의 권유를 의지적으로 따른다. 그 여행에 열정적으로 나서는 경우는 얼마 되지 않는다. 나는 오랫동안 깊이 생각하지도 않은 채 자신 있게 진실이라고 가정했던 무언가에 대해 의문을 제기한다. 하나님이 다스리고 계실까? **물론이다.** 나는 무비판적으로 이렇게 대답해 왔다. 하지만 그리스도인의 삶에 들어오는 하나님의 사랑의 개입의 본질과 범위와 체험에 대한 혼란스러운 불확실성이 내 마음에 일었다. 이 새로운 망설임이 불안정한 사고 영역으로 나를 데려간다.

나는 인생이 순탄하게 흘러가는 그리스도인들은 이 질문에 진정한 관심을 거의 가지지 않는다는 사실을 깨달았다. 인생의 복이 어느 정도 지연되더라도 멈추지 않고 계속되는 한, 경이로운 하나님이 우리의 만족을 위해 상황을 다스리신다는 교과서 같은 대답은 다행히 진실처럼 보인다. 아마 건강을 염려하는 나의 노년기는 성령께서 내 마음에 이 질문을 일으키기 위해 사용하시는 도구일 것이다.

대답 없는 질문

'기독교 이신론.' 내가 만든 이 용어(기이한 이단 분위기를 풍기지는 않지만 솔직히 낯선 용어)에 수긍이 간다. 사실 하나님이 다스리신다고 믿는 것이 어떤 의미인지 한 번도 의문을 품지 않았다. 나는 일부러 이 질문에 마음의 문을 한 번도 열지 않았다. 나는 용기가 부족했다고 생각한다. 이 질문을 던졌다면 하나님의 선하심을 이해하기 위해서 전율해야 했을 것이다.

물론 검증되지 않은 질문에서는 결코 사려 깊은 대답이 나올 수 없다. 천진난만한 어린아이의 믿음은 검증되기 전까지만 제대로 작동한다. 검증을 거친 질문만이 어른의 믿음을 뒷받침하는 대답을 내놓는다. 오랜 세월 나는 기독교적인 듯 들리고 하나님을 존중하는 듯 보이는 대답에 무비판적으로 동의해 왔다. 하나님이 다스리실까? 바로 이 질문이다. 당연하지! 이것은 기계적 대답이다. 그리고 어린아이가 쉽게 받아들일 수 있는 대답이다.

이제 어린아이 같은 일을 걷어 내고 다음과 같은 질문을 던져야 할 때다.

하나님이 정말 다스리신다면, 왜 그분은 하나님을 사랑하고 전능하신 하나님이 자기 백성을 사랑하신다고 믿는 그리스도인들이 이해할 수 없는 방식으로 만사를 다스리시는가?

하나님이 다스리실까? 이 질문은 대답을 요한다. 나처럼 성경이 계시하는 하나님을 믿는 사람이라면 누구도 '아니요'라고, 하나님이 다스리시지 않는다고 대답하지 않을 것이다. 이신론자는 '아니요'라고 답할 것이다. 하지만 나는 이신론자가 아니다. 우리 그리스도인들은, 항상 임재하시고 즉각 관여하시고 한결같이 보살피시고 지극히 능력 많으신 우리 하나님이 방해받지 않고 모든 일을 계속 다스리신다고 자신 있게 또한 기쁘게 선언한다. 하지만 이렇듯 위안을 주는 진리는 가끔 우리가 원하는 위안을 주지 못한다. 그럴 때 우리는 선하신 하나님이 우리가 바라는 선을 확실하게 이루어 주실 것이라고 믿고 싶은 유혹을 받는다. 가끔 진리보다는 거짓말이 걱정을 덜어 준다.

무언가 잘못되어 가는 일이 있는가? 그 일은 곧 잘 풀릴 것이다. 하나님은 당신을 사랑하신다. 자녀가 아픈가? 친구들이 기도한다. 걱정할 필요가 없다. 하나님이 보호하신다. 테러리스트가 점령한 땅에서 거주하는 선교사가 안전을 위해 기도해 달라고 부탁하는가? 후원 교회가 매일 기도한다. 하나님이 당신과 함께하신다. 그분을 신뢰하라. 하나님이 다스리신다. 당신은 좋아질 것이다. 지금도 사랑받는 간결하고 친숙한 옛 영가 가사처럼, "온 세상이 주님의 손 안에 있다" (He's got the whole world in His hands).

정말 그럴까? 상황이 한층 더 악화된다. 자녀가 숨을 거둔다. 선교사가 살해된다. 하나님이 다스리실까? 나는 그렇다고 대답한다. 하지만 무엇을 다스리신다는 말인가? 음, 하나님이 다스리기로 작정하신 것이라면 무엇이든. 그런데 하나님이 다스리기로 작정하신 것은 무엇일까? 왜 하나님은 잘못을 바로잡지 않으시고, 어린 소녀의 생명을 지키지 않으시고, 모든 선교사를 안전하게 보호하지 않으실까? 하나님은 그렇게 하실 수 있었지만 그렇게 하지 않으셨다. 대체 왜?

질문은 계속 이어진다.

바울이 매를 맞고 난파당하고 투옥되고 그 후에 참수당했을 때, 하나님은 바울의 삶에서 무엇을 다스리고 계셨을까? 너무나 많은 그리스도인이 너무나 자주 **모든 것**이라고 대답한 뒤, 자신들의 대답이 제기하는 혼돈을 무시한다. 그리고 이렇게 덧붙인다. "아, 하지만 우리는 신비를 받아들여야 합니다. 이보다 못한 기준은 수긍할 수 없습니다. 주권적인 사랑의 하나님은 언제나 우리의 안녕을 염두에 두고 우리의 삶에서 진행되는 모든 것을 다스리십니다." 그럴 때 나는 이렇게 응수한다. "성폭행당한 여성에게 그렇게 말씀해 보시지요."

혼돈은 우리가 진리라고 동의할 수 있는 한 가지 진리 앞에서 무릎을 꿇는다. 즉 하나님이 무엇을 하시든, 그것은 그분의 영광을 위해서, 그분의 무한한 선과 완전한 사랑과 비길 데 없는 거룩함을 알리기 위해서다. 그리고 하나님은 하나님이신 까닭에, 매 순간 우리의 안녕을 위해 계속 헌신하신다. 그런데 바로 여기에 문제가 있다. 우리 그리스도인들이 예수님이 주러 오신 풍성한 생명에 이르는 길을 굳은 각오로 걸을 때에도, "내 영혼 평안해"라고 노래하기 위해 필요한 것이 무엇인가에 대한 우리의 생각은 하나님의 생각과 판이하게 다를 수 있다.

나는 하나님이 만사를 다스리신다고 선언한 뒤, 그 명백한 결론 즉 하나님이 모든 일의 배후에 계신 원인이라고 단언하기 어렵다는 점을 깨닫는다. 치과 의사를 찾아갈 수 없는 새벽 두 시에 신음할 만큼 아픈 치통도 여기에 포함될까? 천여 명의 회중 앞에서 강연하기 몇 시간 전에 느닷없이 통증을 일으킨 신장 결석에 대해서도 하나님이 책임을 지셔야 한다는 뜻일까? 하나님은 실패로 끝난 당신의 수술도 다스리셨을까? 당신의 아버지에게 발병한 알츠하이머도? 당신 차를 산산이 부수고 척추를 부러뜨린 음주 운전자도? 오랫동안 기도했지만 모태에서 심각한 장애를 안고 태어난 아기도? 당신의 통제를 완전히 벗어난 10대 자녀도?

아니면 하나님은 몇 가지 일만 다스리신다고 결론을 내려야 할까? 성경의 권위에 의지하여, 우리는 하나님이 모든 일에서 선한 것을 이루신다고 신뢰할 수 있다(롬 8:28을 보라). 그런데 하나님이 약속하신 '선한 것'을 이루기 위해 그분이 다스리시는 '몇 가지 일'은 무엇일까? 그리고 하나님의 주권적인 능력을 통해 틀림없이 성취되고 있기에 우리가 당연히 바랄 수 있는 '최고의 선'은 무엇일까? 나쁜 일이 계속될 때에도 우리에게 선을 행하신다고 믿을 수 있는 하나님은 무엇을 다스리고 계시는가?

사랑의 성령께서 이런 까다로운 질문을 던지도록 나를 몰아붙이신다. 물론 그분의 압박은 부드럽지만 끈질기다. 그리고 내 기호에 맞지 않을 때도 있다. 차라리 "날 사랑하심"을 열 번 부른 다음 인생을 대하는 것이 더 편할 것 같은 날도 있다.

이러한 선택지는 그 나름의 매력을 가지고 있다. 이것은 전율할 필요가 없는 손쉬운 신뢰를 제시한다. 하지만 이러한 선택지는 나를 설득하지 못한다. 우리가 대답하기 까다로운 질문과 씨름할 때에만, 혼돈은 깊은 신뢰로 가는 문을 살짝 열어 줄 것이다. 그리고 그때에야 참된 기쁨―하나님이 전하시는 더 큰 이야기의 플롯, 신뢰하기에 앞서 전율하라고 요구하는 플롯, 영원히 눈부신 절정에 다다를 때까지 하나님이 온전히 다스리시는 플롯을 깨닫고 즐거워하는 기쁨―의 묘미를 발견할 것이다.

∽

이제 나는 우리의 작은 이야기에서 진행되는 일상 생활의 사례를 보여 주고자 한다. 이는 솔로몬이 적었던 말의 의미를 더 깊이 이해하도록 도와준다. "마음을 다하며 지혜를 써서 하늘 아래에서 행하는 모든 일을 연구하며 살핀즉 이는 괴로운 것이니 하나님이 인생들에게 주사 수고하게 하신 것이라"(전 1:13).

내 생각에 솔로몬은 나중에 하나님이 바울에게 계시하실 내용을 예고했다. "만일 그리스도 안에서 우리가 바라는 것이 다만 이 세상의 삶뿐이면 모든 사람 가운데 우리가 더욱 불쌍한 자이리라"(고전 15:19).

왜 현대 교회는 솔로몬과 바울이 적은 내용을 그렇게 자주 부정할까?

9장

그리스도인을 위한 가짜 기독교

하나님이 약속하지 않으신 것 요구하기

하나님의 이야기에서는 우리의 이야기에서 핵심이라고 여기던 것들이 의미를 잃고 퇴색한다. 또한 우리는 인생의 곤경을 그리스도인들이 그분의 이야기에 참여하는 기회로 반가이 맞이할 수 있다.

몇 분 전(하나님의 기막힌 타이밍에?) 쓰던 글을 잠시 멈추고 아직 열어 보지 않은 채 쌓아 놓았던 편지들을 자세히 들여다보았다. 내가 두 번째로 뜯어 본 공문서 같은 편지에는 어제 일자로 우리 가족의 건강 보험이 정지되었다고 적혀 있었다. 그리고 이의 제기 절차도 함께 적혀 있었다. 깨알 같은 글씨로. 아내는 지난주에 받은 수술의 후속 치료를 위해 내일 전문의를 만나기로 예정되어 있다. 그리고 나는 암과 싸우는 중이며 다음주에 고비용 검사를 또 받을 예정이다.

우리가 곧바로 내린 최선의 결론은, 사무적인 실수 때문에 달갑잖은 소식이 날아왔다는 것이다. 우리는 보험료 고지서가 올 때마다 돈을 냈다. 우리는 20년 이상 건강 보험료를 성실히 납부했다. 당연히 보험을 빨리 되살리기 위해 할 수 있는 모든 일을 할 것이다. 나는 보험 대리점 직원의 음성을 듣기 위해 벌써 몇 분째 수화기 너머에서 들려오는 짜증스러운 음악을 듣고 있다.

나는 계속 기다릴 것이다. 누군가 응답을 하면 이야기를 할 것이고, 필요하다면 설전을 벌일 것이다. 나는 계속 매달릴 것이다. 그것이 내가 할 일이니까. 그럼 하나님이 하실 일은 무엇일까? 뒤죽박죽 혼란스러운 이 상황에서 하나님이 담당하실 역할이 있을까? 그분이 개입하시기는 할까?

질문이 쌓여 간다. 아내와 나는, 매일 아침 새로운 자비를 주시는 아주 신실하신 하나님이 우리가 애타게 원하는 호의를 베풀어 현재의 뒤엉킨 결과를 다스리실 것이라는 확실한 소망 가운데 안도할 수 있을까? 우리는 이미 사람들에게 기도해 달라고 부탁했고, 하나님께 기도드렸다. 기도가 응답될까? 중요한 건강 문제가 위험에 처해 있지만, 기도가 응답될 것이라는 하늘의 보장은 받지 못했다. 분명 하나님은 우리의 곤경을 즐기지 않으신다. 그분은 사디스트가 아니시다. 또한 그분은 주권자시다. 하나님은 보험이 연장될 때 실현될 수 있는 것보다 더 큰 목적을 위해 우리의 곤경을 사용하고 계신 걸까? 새로운 건강 보험을 황급히 마련해야 할 때, 하나님이 가장 소중히 여기시는 목적이 성취될 수 있을까?

선하신 하나님

하나님이 해결하겠다고 약속하지 않으신 문제로 삶이 우리를 들볶을 때, 하박국처럼 하나님이 주신 약속을 기억하는 것이 좋다. 예수님은 결코 우리를 버리거나 떠나지 않겠다고 단언하셨다(히 13:5을 보라). 하나님은 틀림없이 우리 곁에서, 우리가 방금 맞닥뜨린 딜레마를 친히 알고 계신다. 하나님이 보살펴 주실까? 그분은 도와줄 계획을 세우고 계실까? 만약 그렇다면, 어떻게? 알다시피, 하나님은 우리를 사랑하신다. 이것은 내 마음에서 아직 해결되지 않은 문제는 아니다. 성자의 죽음은 보험을 필요로 하지 않는 장기간의 완벽한 건강을 이미 보장해 주셨다. 하지만 지금은 어떤가? 바로 이 순간 내가 더 많은 관심을 두는 건강 문제에 대해 하나님은 무엇을 하실까?

명백한 사실은 무시하기 힘들다. 주위를 둘러보라. 하나님은 고통을 **줄이기**보다는 **활용하는** 쪽으로 기우시는 것 같다. 테러리스트가 공격을 감행한다. 우리는 기도한다. 왜? 무엇을 위해? 안전을 위해? 다음 날 또 다른 공격이 벌어진다. 두 번의 공격으로 많은 사람이 죽는다. 나는 여전히 동료 그리스도인들과 함께 하나님이 선하시다고 선언한다. 하지만 다시 다른 많은 그리스도인들처럼 하나님이 행하시는 선을 이해해 보려고 씨름한다. 그리고 이렇게 씨름하는 동안 나는 전율하면서, 하나님을 이해할 수 없을 때 그리스도인들이 상당히 자주 반복했던 기도를 하소연하듯 내뱉는다. "내가 믿습니다. 믿음 없는 나를 도와주십시오"(막 9:24, 새번역). 그런 다음 중요한 질문이 다시 목소리를 되찾으면서 영혼을 괴롭힌다. 대체 **선하신 하나님**은 **어떤 의미**

에서 선하신 걸까?

아마 나는 다른 태도로, 훨씬 공손하게 질문을 던져야 할 것이다. **삶이 내게 돌멩이를 던질 때 천국에서 오는 좋은 소식은 무엇일까?** 하나님은 우리가 나중에야 그 선함을 깨닫게 될 어떤 목적을 위해 돌멩이를 던지고 계실까? 악의 원리가 다스리는 타락한 세상에서 돌멩이가 날아올 때, 하나님은 심각한 상처를 입지 않도록 우리를 보호하실까? 기독교 복음은 고통과 상심이 우리를 가로막을 때 우리가 하나님이 정확히 어떤 일을 하실 것이라고 기대할 수 있다는 확신을 주는가? 나의 대답은 이 중에 어떤 것도 하시지 않는다는 것이다.

현대 그리스도인들의 사고는 과연 이런 사실을 인식할 수나 있을까? 곧 하나님은 분명 돌멩이나 그것이 가하는 고통이 아니라, 이 돌멩이가 하나님이 약속하신 선에 대한 우리의 이해와 그분이 염두에 두고 계신 선을 조화시키는 기회를 준다는 점을 기뻐하신다는 사실 말이다.

어느 시점엔가 삶은 유쾌한 낙관주의와 순진한 신뢰의 모래밭에 고개를 박고 있지 않은 모든 그리스도인이 비슷한 질문을 하게 만들 것이다. 그 시점이 오기 전까지, 많은 그리스도인은 하나님이 힘든 시절에도 선한 일을 행하신다는 생각은 거의 하지 않은 채, 주일마다 손을 들고 예배하면서 형통한 시절을 주신 하나님을 찬양한다. 아마 우리는 좁은 길에서 선제적 태도를 갖추고 즐거운 때든 힘든 때든 불편한 질문을 던져야 할 것이다. 하나님, 당신은 저의 건강과 가족, 직업, 사역, 안녕을 제가 기대하는 대로 돌보겠다고 약속하지 않으셨습니까? 그렇지 않다면, 하나님이 제 삶에서 행하겠다고 약속하신 선은 무엇입니까? 반신반의하는 가운데 질문은 계속된다.

'주님은 당신이 사시는 하늘의 처소에서 제가 사는 지상에 어떤 선을 행하고 계십니까? 주님은 구름 위 영역에서 전달된 영적 복을 후하게 주십니다. 하지만 그런 복이 우리가 이 세상에서 맞닥뜨린 어려움과 무슨 관련이 있습니까? 주님은 우리의 안락한 삶을 뒤엎어 놓는 어려움을 반갑게 맞이하고 그것을 크게 기뻐하는 기회로 활용하라고 말씀하셨지요(약 1:2을 보라). 하나님, 제가 보기에 더 좋은 소식이 있습니다. 제가 기대하는 것은 제 문제를 해결해 주시겠다는 주님의 말씀입니다. 주님이 지금 들려주시는 말씀은 저를 전율하게 만듭니다.'

나의 생각 속에서 우글대는 많은 질문에 대해, 고통스럽지 않은 대답은 하나도 없다. 모든 질문을 전부 묶어 보라. 그러면 이 질문 하나로 요약된다.

> 우리가 천국에 닿기 전에 하나님이 제자들의 삶에 주겠다고 약속하신 선은 무엇인가?

현대 기독교는 너무나 빈번하게 엉뚱한 대답을 만들어 냈다. 우리 생각대로 삶이 작동해야 한다고 요구하는 특권 의식으로 인해, 우리가 삶을 즐기기 위해 필요한 것을 받을 자격이 있다는 확신을 강화하는 쪽으로 기독교의 메시지를 수정하려는 경향은 한층 더 강화된다. 무의식중에 우리는 하나님이 한 번도 하시지 않은 약속을 우리의 신학 안에 끼워 넣는다. 그런 다음 우리는 하나님이 서약하지 않으신 바를 지켜 주실 것이라고 믿는다.

그리스도인을 위한 현대판 가짜 기독교의 가르침이 중심에 두는 하나의 신앙 고백은 이렇다—하나님은 무엇이든 우리가 가장 누리고 싶어 하는 것을 주실 것이고 무엇이든 우리가 빼앗길까 봐 가장 두려워하는 것을 지켜 주실 것이라고 예수님의 제자들에게 보장하셨다.

더 단순하게 표현해 보자. 많은 기독교 교회와 서적에서, 하나님은 우리가 원하는 것을 주실 것이고 우리가 두려워하는 것으로부터 보호하실 것이라는 기분 좋은 진리를 설파한다. 내가 더 이상 건강 보험 대상자가 아니라고 전하는 편지는 내가 가장 원하는 바를 즉각 깨닫게 해 주었다. 바로 보험을 되살리는 것이다. 또한 나는 무엇을 가장 두려워하는지 알고 있다. 바로 호주머니에서 돈을 꺼내 지불해야 할 병원비 청구서다. 나는 그다지 부유하지 못하다.

가짜 기독교의 거짓말에는 매력이 있다. 가짜 기독교는 **전율할 필요가 없다는 확신을 심어 준다.** 가짜 기독교의 거짓말은 내게 무엇이 최선인가에 대한 하나님의 생각이 나의 생각과 일치한다고 전제한다. 또한 그분의 길은 언제나 나를 기쁘게 해줄 것이다.

둘 다 사실이 아니다.

성급하게 읽으면 이 거짓말을 강화하는 듯이 보이는 성경 구절이 마음에 떠오른다. "여호와를 기뻐하라. 그가 네 마음의 소원을 네게 이루어 주시리로다"(시 37:4). 시편 기자는 우리 마음에서 생겨나는 온갖 소원을 허락하실 주님을 기뻐하라고 말하는 걸까? 아니면 판이하게 다른 내용을 말하는 걸까? 마음의 소원을 주님께 가져가기 전에 그분을 기뻐하라고 초대할 때 시편 기자가 염두에 둔 바는 무엇일까? 나는 이렇게 이해한다. 우리의 부족한 이해력으로는 납득할 수 없더라도 하나님의 뛰어난 생각과 아름다운 길을 겸손하게 인정할 때, 그분을 더 깊이 알고자 하는 열망 그리고 우리 안에서 또 우리를 통해 선을 행하기 바라시는 그분을 신뢰하려는 마음의 뜨거운 열망을 발견하게 될 것이다. 우리가 고통을 겪을 때, 보험이 정지되었을 때, 일자리를 잃거나 배우자의 부정이 드러나거나 가장 무더운 여름날 에어컨이 망가졌을 때에도 우리는 이렇게 확신할 수 있다.

주님을 기뻐하라. 바울이 그랬듯이, 하나님이 이해하시는 안녕에 의거해 우리의 현재 및 영원한 안녕을 지켜 달라고 그분께 부탁하라. 그때 우리의 눈이 서서히 열리면서, 성령이 내주하시는 우리 마음이 무엇을 가장 열망하는지 깨달을 것이다. 바로 '이 세상이 존재하는 전부다'라고 여기는 우리의 사고방식으로는 이해할 수 없을 때에도, 하나님을 알고 그분의 길에 순종하려는 열망이다.

더 큰 이야기에 참여하기

주님을 더 많이 기뻐할수록, 그 어떤 선보다 하나님을 더 많이 알기를 열망할 것이고 설명할 수 없는 그분의 길이 선하다고 신뢰할 것이다. 하지만 하나님을 알고 싶어 하는 갈망과 접촉하기 위해서, 또 하나님이 전하시는 이야기에 기쁨으로 참여하기 위해서 성령의 명확한 사역이 필요하다. 나는 성령의 사역을 만들어 낼 수 없다. 다만 성령의 사역에 나 자신을 열고 온 마음을 다해 추구할 수 있을 뿐이다.

그리스도인 친구들도 선의를 가지고 다가오지만, 성령의 사역을 방해하기 일쑤다. 가짜 기독교의 거짓말을 신봉하는 친구와 목회자, 상담가는 우리 영혼 주위에 거짓 소망의 딱딱한 층을 쌓는 근거 없는 격려를 건넨다. 그들의 거짓말은 하나님이 우리의 삶에서 행하시기 원하는 심오한 사역을 의지하지 못하도록 방해한다. 그들의 거짓말은 선해 보인다. 보험이 연장되거나 아니면 하나님이 훨씬 더 좋은 보험 증서를 훨씬 저렴한 가격에 주실 것이다. 하나님을 신뢰하라. 그분은 "우리 가운데서 일하시는 능력을 따라, 우리가 구하거나 생각하는 것 이상으로 더욱 넘치게 주실" 수 있다(새번역).

하나님은 그런 분이시다. 이 말씀은 성경에, 에베소서 3:20에 있다. 다시, 우리의 특권 의식은 우리가 믿고 싶은 거짓말을 지지하도록 이 구절을 해석한다. 하지만 바울은 하나님이 우리를 편안하게 해 주기 위해 우리의 상황을 새롭게 하실 것이라고 말하지 않는다. 바울이 기뻐하는 진리는, 우리의 부패한 생각에 근거하여 하나님에게서 얻어내려고 하는 것보다 훨씬 좋은 선을 하나님이 행하실 수 있다는 것이다. 그리고 "우리 가운데서 일하시는 능력"("우리의 상황 속에서 일하시는 능력"이 아님을 주목하라)은 우리의 사고방식을 바꿈으로써 우리를 "새 사람"으로 변화시킨다(롬 12:2, 공동번역). 그리스도 안에 있는 새 사람인 우리는 해결되지 않는 문제를 놓고 전율한다. 하지만 하나님이 우리 마음이 가장 갈망하는 바를 행하신다고 신뢰한다. 바로 우리를 하나님의 마음속으로 더 깊이 이끄시는 것이다.

하나님은 선하실까? 그분은 다스리실까? 두 질문 모두에 대한 대답은 '예'다. 이것이 좋은 소식이다. 완성된 그리스도의 사역 덕분에 또 우리 안의 성령의 능력을 통해, 하나님은 그분의 생각이나 길에 훨씬 미치지 못하는 우리의 생각과 길을 변화시키겠다고 약속하신다. 변화된 생각과 신뢰의 길을 통해, 우리의 삶이 형통하든 아니든 우리는 새로운 사람으로 나타나게 된다. (C. S. 루이스가 만든 용어를 빌리면) 우리는 "작은 그리스도"가 된다. 이는 그리스도처럼 스스로 어떤 희생을 치르든 하나님의 큰 이야기를 성취하기 위해 살아가는 사람이다.

좋은 소식이라고? 여전히 깨우치지 못한 생각과 길에 머물고 있는 사람들에게는 좋은 소식이 아니다. 어떤 그리스도인들은 하나님이 궂은 날 쇼핑몰 입구 근처에 주차 공간을 마련해 주신다고 믿을 수 있다고 쾌활하게 단언한다. 하나님이 그러실 수 있을까? 물론이다. 그럼 하나님이 정말 그렇게 하실까? 가끔 그렇게 하시는 것 같다. 하지만 하나님은 그런 복을 주겠다고 약속하지는 않으셨다. 하나님이 생각하시는 방식과 능력을 사용하시는 방식은 쇼핑몰 고객이 비에 젖지 않는 것보다 더 고상한 목적이 있음을 암시한다.

어떤 그리스도인이 편리한 장소를 이용할 수 있게 될 때, 하나님이 그곳을 마련해 주셨다고 확신할 수 있을까? 하나님이 그렇게 해 주셨다는 굳은 확신이 없다면 그분의 명예를 더럽히는 걸까? 주차 공간을 마련해 주신 하나님께 드리는 상냥한 감사 고백은 겸손한 감사가 아니라 오만한 특권 의식을 더 많이 드러낼 수 있다. '당연히 하나님이 주신 것이지. 그것이 바로 하나님이 자기 백성을 위해 하셔야 할 일 아니겠어?'

하나님이 인생의 좋은 것들을 주신다고 믿을 때 우리 안에서 성령의 기쁨이 솟아날 가능성이 제거된다. 어떨 때는 하나님이 좋은 것들을 주신다. 그러면 우리는 감사한다. 어떨 때는 주지 않으신다. 만약 우리의 기쁨이 하나님께 구하는 복을 받는지 여부에 좌우된다면, 우리의 기쁨은 사라질 것이다. 삶이 편안하든 힘겹든, 예수님처럼 사랑할 때 우리는 항상 성령이 주시는 심오한 기쁨을 얻을 수 있다.

내 말에 오해가 없었으면 좋겠다. 우리가 열망하는 복을 위해 기도하고 그런 복이 올 때 하나님께 감사드리는 것은 당연하다. 하지만 하나님이 그런 복을 주신다고 **신뢰하는** 것은 두 가지 이유에서 잘못이다. 첫째, 하나님은 삶을 더 편안하게 만들어 주기 위해 우리가 으레 열망하는 복을 주겠다고 약속하지 않으셨다. 둘째, 하나님이 편리한 주차 장소 혹은 암이 사라지는 치유를 주신다고 확신에 차서 신뢰할 때, 우리가 설정한 목적은 너무 저급하다. 우리는 하나님이 우리가 알기 원하시는 것보다 저급한 기쁨에 초점을 맞춘다.

또 다른 사례. 몇 주 전, 아내는 시간에 쫓기고 있었다. 아내는 늘 붐비던 관공서 사무실에 오늘은 사람이 별로 없기를 초조하게 바랐다. 아내는 업무 시간이 끝나기 전에 자동차를 재등록해야 했다. 레이첼의 압박감을 알아챈 친절한 친구가 아내의 바람을 들어달라고 하나님께 기도했다.

시민 수십 명의 민원을 처리하기 위해 마련된 로비에 레이첼이 들어섰을 때, 그녀 앞에 있는 대기 인원은 한 사람뿐이었다. 몇 분 만에 친절하고 유쾌한 직원의 도움을 얻어 재등록을 마친 차로 돌아오면서 레이첼의 기분은 한결 유쾌해졌다.

레이첼의 행운은 하나님이 일하신 결과였을까? 아마 그럴 것이다. 하나님이 그렇게 하셨다고 짐작하면서 그분이 주신 복에 감사하는 것이 당연했을까? 그렇다고 생각한다. 하지만 성년이 된 아들을 구원해 달라는 기도는 아직 응답되지 않았는데, 두 시간을 벌었다고 해서 하나님께 감사드리는 것은 제정신이 아닌 듯 보일 수도 있다. 또한 아내보다 더 다급하게 시간에 쫓기던 어떤 사람은 대기 시간이 길지 않기를 기도했는데도 다음 날 같은 로비에서 두 시간 동안 줄을 서서 기다려야 할 수도 있다.

비 내리던 어느 날, 또 다른 여성이 쇼핑몰 입구 근처에 편리한 주차 공간을 찾게 해 달라고 기도했을 수도 있다. 아마 그녀는 손녀의 생일 선물을 사러 왔을 것이다. 하지만 빈자리가 하나도 없다. 그녀는 쇼핑몰에서 멀리 떨어진 곳에 주차한다. 그런 다음 구두를 신고 소낙비를 맞으며 달리다가 발을 헛디뎠고, 웅덩이로 넘어지면서 관절을 접질리고, 비에 젖어 폐렴에 걸린다. 일어날 수 있는 일이다. 그러면 우리는 묻는다. "하나님은 무엇을 다스리기로 선택하신 것인가?"

많은 그리스도인이 "전부 다"라고 대답한다. 이신론자는 무엇인가를 다스리는 신은 존재하지 않는다고 믿는다. 근면과 행운은 인생이 형통하는 이유를 설명해 준다. 게으름과 불운은 불행을 설명해 준다. 이신론자에 의하면, 하나님은 존재하지만 뒤로 물러나 계시고, 변덕스러운 자연과 사람들의 선택에 따라 만사가 진행되도록 그냥 두고 보신다.

말만 번지르르한 그리스도인의 대답은, 특히 사상가 집단의 대답은 무신론자나 이신론자가 내놓는 대답의 경쟁 상대가 될 수 없다. '축복 신학'은 이성의 빛 안에 설 자리가 없다. 그리고 '축복 신학'을 신봉하는 믿음은 뒤엉킨 인생사 앞에서 오래 버티지 못한다. 너무 많은 일이 마구잡이로 일어나는 것 같다. 일평생 흡연한 사람이 제 명대로 살다가 나이들어 죽는다. 흡연하지 않는 사람이 폐암에 걸려 요절한다.

하지만 많은 그리스도인이 여전히 가짜 기독교의 거짓말을 받아들인다. 가짜 기독교의 거짓말은 우리로 하여금 전율하지 못하도록 방해하면서, 친절한 사랑의 하나님이 세우신 가장 큰 목적은 우리의 작은 이야기를 위해 우리가 작성한 대본에 따라 일하기 위해, 또 우리를 가장 두려운 고통으로부터 보호하기 위해 우리의 삶에 필요한 바를 주시는 것이라는 확신을 심어 준다.

∞

삼키기 힘든 알약 같겠지만, 우리는 **신뢰하기 위해**, 하나님이 신뢰하기 바라시는 그 길을 신뢰하기 위해 **전율해야 한다**. 하나님이 하셔야 할 일과 다스리셔야 할 일에 대한 우리의 오만한 이해에 맞지 않는 하나님 앞에서 전율할 때, 우리 영혼이 열려서 그분의 생각은 지혜롭고 그분의 길은 선하다고 신뢰하게 된다. 때로 이 일은 절망 속에서 이루어진다. 그때 우리는 하나님이 꺾이지 않는 주권 가운데 (심지어 우리 삶에 돌멩이가 날아올 때에도) 우리가 가장 소중히 여기는 선을 우리 안에서 또한 우리를 통해 행하고 계신다고 신뢰하면서 안식하는 것이 어떤 의미인지 배운다. 그때 우리는 하나님이 전하시는 이야기 속에서 선을 깨닫는다. 우리가 어떤 존재가 되어 가고 있는지 언뜻 감지한다. 곧 우리는 하나님의 공동체 속에서 자연의 어떤 것도 필적할 수 없는 아름다움을 깨닫는, 안정되고 강인하고 섬세한 예수님의 제자들이 되어 간다. 시련이 올 때 "온전히 기쁘게 여기[는]" 사람들이 된다(약 1:2). 나는 아직 거기에 도달하지 못했다. 하지만 크리스마스이브의 어린아이처럼 그날 아침을 고대한다.

인생 여정의 세 국면을 거친 뒤, 지금 내가 있는 네 번째 장소에 도착했다. 불가능하다고 느꼈던 그 일이 이제 가능하다고 믿는 곳이다. 이곳은 **때때로 이해할 수 없는 하나님을 깊이 신뢰하는 법을 배울 수 있는 곳이다**. 내가 지나온 세 국면을 돌아보면, 생명에 이르는 좁은 길을 걷는 한 사람의 여정을 조명해 볼 수 있을 것이다.

10장

도달하기 힘든 목적지를
향한 긴 여정

우리의 이야기가 우리를 형성한다(form). 어느 정도, 우리의 이야기는 우리를 변형시킨다(deform). 행복한 어린 시절의 이야기가 우리를 형성하는 방식에도 재형성(reforming) 과정이 필요하다. 우리가 새로운 창조 세계에서 전율하지 않으며 살 때까지 하나님의 복음은, 이 세상에서 전율하면서 하나님의 사랑을 신뢰하도록 우리를 조금씩 형성해 간다.

그리스도 덕분에 죄의 형벌로부터 구원받은 여덟 살의 어린 그리스도인이었을 때, 반백 년 이상의 세월이 흐른 뒤 지금 내가 던지는 질문들은 결코 마음에 떠오르지 않았다. 삶은 만족스러웠다. 나는 아메리칸 드림 속에서 살고 있었다. 화목한 가족과 따뜻한 가정, 뛰어난 성적, 그리고 놀이터 야구장에서 많은 친구와 함께 즐겼던 여름. 검증되지 않은 믿음에 근거한 선한 하나님에 대한 단순한 신뢰가 쉽게 생겨났다. 하나님은 선하셨다. 그 증거가 무엇이었냐고? 삶이 만족스러웠다. 나는 첫 번째 국면에 있었다. **전율은 없고 신뢰만 있었다.**

첫 번째 국면

나는 세심한 사랑으로 보살펴 주는 엄격하면서도 공정하신 부모님 슬하에서 자라났다. 두 분 모두 견실한 그리스도인이셨다. 기억 속에 남아 있는 유년 시절 처음부터 10대 중반까지, 나는 하나님이 존재하실 뿐만 아니라 선하고 친절하고 든든하고 관대하시다고 자연스럽게 믿었다. 예수님 덕분에 성부 하나님을 나의 아버지라고 부를 수 있음을 깨달았을 때, 지상의 아버지와 똑같이 하나님이 나를 보살펴 주실 것이라고 당연히 생각했다. 아버지는 가끔 회초리를 들기도 하셨지만 화를 참지 못해서 그러신 것이 아니라 늘 정당한 이유가 있었다. 그런 때를 빼고는 아버지와 즐거운 시간을 보냈다. 테니스를 치고, 10인치짜리 흑백 텔레비전으로 화요일 밤마다 레드 스켈턴(Red Skelton, 미국 코미디언-역주)을 함께 시청하고, 아버지가 얼마나 진실하게 믿음을 따라 사시는지 지켜보았다.

아버지의 선의를 의심할 이유는 하나도 없었다. 아버지는 무엇을 단속하든 나의 안녕을 염두에 두고 단속하셨다. 설마 하늘에 계신 아버지가 그보다 못하실까? 나는 선한 아버지가 자녀를 어떻게 대하는지 알았다. 나는 하나님의 아들이었다. 행복한 시절이 계속 이어질 것이다.

주일 학교나 교회 캠프나 청소년 모임에서 그리스도인의 삶에 힘든 시절이 있다는 말을 한 번도 듣지 못했다. 대체 왜 그런 것이 있어야 하지? 하나님은 나를 그런 시절로부터 보호해 주실 것이다. 하나님은 선하셨다. '선하다'라는 말에 대한 나의 이해는 확고했다. 힘든 시절이 하나님의 선한 목적을 성취할 수 있다는 생각은 들지 않았다.

하나님은 선하셨다. 하지만 그분은 또한 거룩하셨다. 나는 청소년부 지도자와 주일 설교자를 통해 그리스도인이 따라 살아야 할 규칙 10여 가지를 배웠다. 그 규칙대로 순종하면 하나님이 내 인생이 순탄하게 흘러가게 해 주실 것이라는 관념을 익혔다. 담배 피우지 말아라. 술 마시지 말아라. 속이지 말아라. 거짓말하지 말아라. 혼전에 성관계를 맺지 말아라. 규칙을 지켜라. 그러면 인생이 순탄할 것이다. 나는 불경건한 충동을 기꺼이 억눌렀다. 공정한 거래처럼 보였다.

나는 깨달았다. 하나님과 동행하는 여정은 보상이 뒤따르는 협정이었다. 나는 선을 실천한다. 하나님은 나를 선하게 대하신다. 내가 원하는 것을 하나님에게서 얻는 길이 마련되었다. 예수님이 목마른 사람들을 향해 자기에게 와서 마시라고 초청하셨다는 말을 주일 학교에서 들었다. 그분의 말씀이 요한복음 7:37에 기록되어 있다. 나는 인생의 좋은 것들에 목말라 있음을 알았다. 종종 기도하는 가운데 예수님께 나아가 신성한 산타클로스 앞에서 내가 원하는 것의 목록을 흔들면서, (물론 들리지는 않지만) 예수님의 유쾌한 음성이 목록에 있는 것을 전부 주기로 약속하신다고 믿었다.

나는 그보다 더 가치 있는 것을 바라는 열망을 깨닫지 못했다. 하나님의 **임재**(presence)에 대한 목마름? 아니다, 나는 그분의 **선물**(present)을 원했다. 하나님은 내게 복을 주기 원하셨다. 그것이 그분이 하실 일이었다. 내가 할 일은 규칙을 지키는 것이었다.

이 협정은 한동안 효과적으로 작동했다. 나는 하나님의 착한 아들이 되기 위해 최선을 다했다. 대개 하나님은 선한 아버지임을 입증해 주셨다. 당시 내가 이해하던 기독교는 편리한 종교였다. 선하신 하나님이 내 삶을 다스리고 선한 일을 행하셨다. **얼마나 많은 그리스도인이 이 첫 번째 국면에만 머물고 있는지 궁금하다.**

두 번째 국면

10대 후반을 지나 20대로 접어들었다. 성년기의 책임을 어렴풋이 맛보면서 새로운 도전과 새로운 질문을 인식하게 되었다. 그 목록 맨 위에 두 가지가 있었는데, 둘 다 나를 불안하게 만들었다. 두 번째 국면의 시작이었다.

고등학교와 대학교 친구들은 대부분 그리스도인이 아니었다(고등학교와 대학교는 모두 일반 학교였다). 만약 그들이 예수님에 대해 생각할 기회가 있었다면, 그들이 보기에 예수님은 실패한 메시아이거나 훌륭한 교사였다. 그들은 기독교 가정에서 자라나지 않았다. 나는 한 가지 생각에 사로잡혔다. 그들의 불신앙은 선택이라기보다는 유산에 훨씬 가까웠다. 이런 현실은 나의 믿음이 그저 그리스도인 부모에게서 받은 유산이라는 뜻일까? 그럴 수도 있다는 가능성이 나를 괴롭혔다.

나는 영어를 말하겠다고 선택한 적이 한 번도 없다. 그럴 의도는 없었지만, 나는 영어를 말하는 가정에서 영어를 배웠다. 내가 자칭 그리스도인이 된 데는, 기독교 가정에서 태어나 운 좋게 다른 종교나 세계관에 노출되지 않았다는 것보다 더 나은 이유는 없었을까? 만약 정통 유대인 부모 슬하에서 자라났다면, 지금쯤 나는 진짜 메시아가 오기를 기다리고 있었을까?

나는 선택하지 않은 언어를 말한다는 사실에 만족했다. 영어는 나의 가족과 우정, 학교, 공동체 안에서 내게 유익을 주었다. 선택하지 않은 믿음을 받아들였다는 사실에 나는 계속 만족했을까?

이것이 바로 첫 번째 국면의 수월한 믿음에서 벗어나도록 이끈 첫 번째 질문이었다. 두 번째 질문은 나를 더 심란하게 만들었다. 중요한 결정을 내려야만 했다. 누구와 결혼해야 할까? 어떤 직업을 찾아야 할까? 나와 레이첼은 둘 다 열 살 때 만났다. 10대 시절에 우리는 다른 사람 몇 명과 데이트를 해 보았지만, 언제나 서로에게로 되돌아왔다. 이것은 로맨스였을까? 아니면 편의에 따른 선택이었을까? 혹시 길들여진 습관은 아니었을까? 10대 청소년이 이런 일에 대해 얼마나 알았으랴마는, 내 생각에 나는 레이첼을 사랑했다. 이것이 진짜 사랑이었을까? 더 중요한 질문으로, 이것이 하나님의 뜻이었을까? 나는 하늘의 지시를 감지하지 못했다. 내 기억에, 나는 하나님이 어디 계신지 묻고 있었다. 하나님은 계시지 않는 것 같았다.

다른 결정도 내려야 했다. 대학 졸업반이었을 때, 일류 의과 대학에서 학자금 지원을 약속하며 입학을 종용했다. 하지만 나는 심리학을 전공으로 선택했는데, 주된 이유는 최면이 나를 매료시켰고 정신 질환, 특히 조현병이 흥미를 자아냈기 때문이다. 나는 신체적 질병보다 심리적 장애를 이해하는 데 더 깊은 관심을 느꼈다. 하나님의 인도였을까? 알 수 없었다. 다시 나는 하나님이 어디 계신지 물었다. 진로 계획을 인도해 줄 어떤 음성도 그분에게서 듣지 못했다.

10대에서 20대로 성장하면서 하나님의 규칙 몇 가지를 깨뜨리고 싶은 유혹을 점점 더 강하게 느꼈다. 불안한 느낌과 부족하다는 두려움이 이전에 경험한 적 없는 낯선 힘을 얻어 갔다. 하나님이 내가 유혹을 거부할 수 있도록 신적 능력을 주시고, 감정적 고뇌와 상처를 치유할 수 있도록 신적 임재를 허락하셨어야 하지 않을까? 하나님은 둘 다 하시지 않았다. 적어도 나는 그렇게 느꼈다. 알다시피, 하나님은 유혹하는 죄의 힘으로부터 "피할 길"(고전 10:13)을 주겠다고 약속하셨다. 하지만 정작 유혹의 순간에 그 길은 막힌 것 같은 때가 너무 많았다. 기도는 초점을 잃어버린 것 같았다. 교회는 내가 깨뜨리던 규칙을 상기시켜 주는 것 이상의 역할을 하지 못했다. 첫 번째 국면의 믿음이 흔들리고 있었다. 하나님이 시험대에 오르셨다. 나는 검사가 되어 배심원에게 물었다. "대체 하나님은 어떤 의미에서 선하신가?" 아무 소리도 들리지 않았다. 내 마음속 재판정에서 이 질문이 계속 윙윙거렸다. 나는 대답을 만들어 낼 수 없었다. 전혀 알 수 없었다.

나는 이해할 수 없는 하나님을 만났다. 나는 하나님이 전하시는 이야기에 참여하는 데 별다른 관심이 없었다. 선택하지 않은 믿음은 효과적인 도움을 주지 못했다. 하나님이 나를 버리신 걸까? 하나님은 왜 기독교가 주겠다고 약속한 바를 주시지 않는 걸까? 하나님은 과연 존재하실까? 존재하신다면, 하나님은 어떤 의미에서 선하신 걸까? 이런 질문들이 엄습했다. 하지만 나는 이런 질문들을 진지하게 다루기를 주저했다. 이런 질문들은 나를 버리신 것처럼 보이는 하나님을 버리도록 유도할 수도 있었다. 나는 성장 배경(어린 시절 배운 천국과 지옥에 관한 가르침도 포함하여)을 감안하여, 중간 지대의 타협점을 선택했다. 영원한 불행에 대한 두려움 때문에 나는 틈새 안에 머물렀다.

나는 명함 속의 이름 뒤에 '박사'라는 직함을 붙이는 것 이상의 목표를 두지 않고도 명실상부한 그리스도인으로 출세할 수 있다고 생각했다. 아마도 심리학이 행복하고 성공적으로 인생을 살아가는 데 필요한 통찰력을 줄 수 있으리라. 나는 기독교 사상에 동의하는 전문 치료사가 되어 높은 봉급을 받을 수 있기를 꿈꾸었다. 대체로 심리 치료 이론과 기법에 의존하되 간간이 기도하면서, 신경성 장애와 성격 결함과 뒤엉킨 관계로부터 다른 사람들을 자유롭게 해 주기를 바랐다.

하지만 꿈은 틀어지고 말았다. 5년간의 임상 심리학 박사 수련 과정을 거치면서 환상이 깨져 버렸다. 세속 심리학과 성경의 기독교가 기름과 물처럼 잘 섞이지 않는다는 사실이 명확해졌을 때 이상하게 신경이 쓰였다. 프로이트부터 스키너와 그 이후까지, 심리학자들은 대개 하나님이 인생을 바라보시는 견해를 배우거나 그분이 사람들을 다루시는 방법을 연구하는 데 관심을 두지 않았다. 나를 지도하던 교수 중에 몇 사람은, 기독교가 사람들을 정말 행복한 삶으로 회복시키는 것에 대해 할 말이 있고 그들이 더 인간다워지도록 도움을 줄 수 있다는 우스운 사상을 노골적으로 비웃었다. 심리 치료야말로 인류가 가진 최고의 희망이었다.

몇 가지 이유에서, 나는 하나님이 적실성이 없다고 판단하고 그분을 구석으로 밀어 놓을 수 없었다. 이제는 그 이유들이 성령에게서 비롯되었다고 여기고 있다. 어떤 느낌이 계속 남아 있었다. 하나님은 이전에 내가 순진하게 믿었던 대로 사랑을 베푸는 선하고 강한 하나님으로 계속 존재하셨을지도 모른다. 어떻게 해야 할까? 심리학이 내 사고에 무언가 기여할 수 있다는 사실을 부정할 수 없었다. 심리학과 기독교를 통합해야 할까? 그 일이 가능하기나 할까?

혼란 덕분에 열린 사고는 하나님이 일하실 기회가 되었다. 나는 두 번째 국면에서 방황하고 있었다. **신뢰는 없고 오직 전율만 있었다.** 지금에야 인정할 수 있는 섭리 덕분에 두 번째 국면은 어느 기나긴 밤중에 끝이 났다. 세 번째 국면이 시작되었다.

세 번째 국면

나는 20대 후반의 성공한 현역 심리학자였다. 여전히 불안하게 잠을 설치던 어느 이른 아침이었다. 동트기 몇 시간 전, 탁월한 기독교 사상가 프랜시스 쉐퍼(Francis Schaeffer)가 쓴 『거기 계시는 하나님』(*The God Who Is There*, 생명의말씀사 역간)을 읽고 있었다. 난데없이 복잡한 생각 하나가 마음속에 또렷하게 형성되었다. 대략 이런 생각이었다.

정말 하나님이 계신다면 그리고 살아 계신 하나님이 쉐퍼가 성경에 계시되었다고 여긴 무한하고 인격적인 하나님이라면, '시간을 초월한' 하나님의 생각과 길은 '시간 안에 묶인' 우리의 사고방식으로는 이해할 수 없을 것이라고 가정하는 편이 합리적이다. 유한한 이해력을 가지고 제각각 행해지는 심리학 이론과 실증적 연구, 철학적 사색은 무한한 하나님이 전하시는 이야기를 결코 인식할 수 없다.

바로 그때 나를 강타한 생각이 있었다. **계시가 필요하다.** 하나님의 계시가 없다면, 그분의 신비로운 생각과 길은 영원히 파악되거나 알려지지 않을 것이다. 또한 타락한 인간의 영혼을 열어 하나님을 향한 갈증을 인식하게 해 주는 성령이 계시지 않다면, 인간은 이 신비에 결코 매력을 느끼지 못할 것이다. 하나님의 생각과 길이 아무리 깊이 드러나더라도, 오만한 인간은 거기서 어떤 가치도 발견하지 못할 것이다. 하나님의 길과 생각은 이해되지 않을 것이다.

나의 오만을 ('완전히'라고 말할 수 있으면 얼마나 좋을까) 부수어 놓은 묵직한 울림과 함께, 또한 새로운 지평으로 나를 끌어올려 준(그 뒤에 내가 거기 계속 머물렀다고 말할 수 있으면 얼마나 좋을까) 소망과 함께 한 가지 진리가 삶 속으로 밀어닥쳤다. **하나님이 말씀하셨다!** 하나님은 우리에게 자신을 계시하셨다. 하나님 자신이 직접 작성하셨고 지금 전하고 계신 더 큰 이야기, 태양 위에서 펼쳐지는 이야기를 알게 해 주셨다. 그리고 하나님은 우리를 초대하여 그 이야기의 선함을 경축할 수 있게 하셨다. 물론 이 이야기의 선함은 태양 아래서 보이는 것만 바라보는 사람에게는 불운처럼 보일 테지만 말이다.

그날 아침, 성경은 전에 한 번도 깨달은 적 없을 만큼 중요해졌다. 나는 세 번째 국면에 들어섰다. **영감을 받은 신뢰**라는 약속의 땅으로 가는 문이 열렸다. **조용한 전율이 있었다.** 40년이라는 오랜 세월이 지난 뒤에야, 도달하기 힘든 목적지를 향해 가는 나의 추구에서 또 하나의 국면, 이 모든 것 중에 가장 위험하고 두려운 국면이 필요함을 깨달았다. 이에 대해서는 나중에 더 다루겠다.

나는 오로지 해방시키는 진리와 함께할 때에만 살아나는 기독교를 일평생 성경 연구를 통해 탐구하겠다고 스스로 다짐했다. 다양한 성경 번역본, 히브리어와 헬라어 사전, 그리고 하나님이 보내신 66통의 연애편지 전부에 대한 학문적 주석이 곧 서가에 꽂혔다. 나는 지식 추구에 열중했다. 알면 우쭐해지는 유의 지식이 아니라, 나를 변화시키고 내 마음과 영혼을 만족시킬 지식 말이다.

세 번째 국면으로 가는 전환점은 극적이었다. 이미 지나온 첫 번째 국면은 이제 저 아래에 묻혔다. 훌륭한 그리스도인 가정에서 자란 훌륭한 그리스도인 소년이 믿어야 한다고 여겼던 안락한 믿음은 더 이상 존재하지 않았다. 유산으로 받은 기독교는 더 이상 없었다. 두 번째 국면도 비슷하게 폐기되었다. 현세에서는 삶이 내 입맛에 맞게 돌아가도록 심리학에 의지하면서 오로지 내세에서 지옥을 피하기 위해 대충 그리스도인이라는 명함을 들고 다니지도 않았다. 나는 성경과 성령의 조명에 의지하여, 예수님의 제자들이 세상 속에 있지만 세상에 속하지 않은 채 살아갈 때 그분이 약속하신 풍성한 삶을 어떻게 누릴 수 있는지 확실히 이해하기 위해 심혈을 기울였다. 하나님이 우리를 위해, 우리 안에서, 또 우리를 통해 행하려고 계획하신 선에 대한 이전의 이해를 (어쩌면 혁명적으로) 수정해야 하는 것은 아닌지 의문을 품었다. 아마 하나님은 이 세상에 속한 복을 주시는 것보다 더 나은 계획을 가지고 계실 것이다.

나는 최선을 다해 성경을 연구했다. 계속해서 심리학 서적을 폭넓게 읽고 철학 서적도 약간 읽었다. 아우구스티누스부터 시작하여 디킨스에 이르기까지 고전 문학을 즐기기 위해 시간을 냈다. 나는 세속 사상을 더 깊이 이해하면 성경적 사고가 치밀해지고 발달 중인 나의 시각이 정통 기독교 세계관이 설정한 경계선을 넘어설 때 경종을 울려 줄 것이라고 기대했다. 여러 사람 가운데 도스토예프스키(특히 그의 고전 『죄와 벌』)와 키르케고르, 파스칼, C. S. 루이스, 그리고 J. I. 패커(Packer)가 나의 제한된 능력으로는 닿을 수 없었을 신학적 깊이로 나를 이끌었다.

나는 30대부터 60대까지 육욕을 채우는 눈부신 성공을 누렸다. 사람들은 내가 쓴 책을 읽었다. 의뢰인들이 내가 운영하는 상담실로 찾아왔다. 많은 사람이 내가 인도하는 컨퍼런스와 세미나에 참석해서 내 말을 경청했다. 학생들은 내가 가르치는 수업을 수강했다. 하지만 나는 여전히 영혼 안의 고통을 느꼈다. 내 안에서 이루어지는 하나님의 가장 심오한 사역에 열려 있으려고 항상 몸부림쳤지만 실제로는 그렇지 못해서 항상 염려했다. 성령께서 네 번째 국면에 대해 나를 준비시키고 계셨다.

나는 사람들에게 도움이 될 수 있음을 증명하기 위해, 제구실을 하고 있다는 느낌을 채우기 위해 사람들과 어울렸던 적이 너무 많았음을 깨달았다. 사람들과 어울리면서 (그들의 눈높이나 세상의 눈높이가 아니라) 하나님의 눈높이에서 볼 때 훌륭해지도록 설계된 영혼으로서 그들을 즐거워하고 기뻐했던 때는 너무나 적었다. 나는 사람들을 만나는 것이 아니라 관리하고 있었다. 그 방식은 드러나지 않을 만큼 교묘했지만 어렴풋이 느낄 수 있었다.

세 번째 국면은, 해결되지 않은 혼란을 안고 오랫동안 고심하던 기간이었다. 그 혼란은 상처입은 사람들을 자유롭게 해 줄 성경의 진리를 제시하는 데 필요한 지혜를 하나님이 내게 주실 것이라고 신뢰하도록 부채질했다. 하지만 내가 무의식중에 가장 중요하게 여겼던 자유는, 하나님을 이해할 수 없는 상황에서 그분을 신뢰하는 지고한 갈증이 아니라, 저급한 갈증을 만족시키는 자유였다. 나는 여전히 신뢰하기 전에 전율해야 할 필요가 있음을 이해해야 했다. 그렇다. 나는 전율했다. 하지만 나는 하나님이 그 원인을 없애 주실 것이라고 믿었다.

네 번째 국면

성령께서는 하나님을 향해 가는 여정에서 내가 머물던 곳에 나를 그냥 두는 데 만족하지 않으셨다. 여기서 내가 찾던 하나님은 내가 더 이상 혼돈으로 인해 괴로워하거나 전율할 이유가 없는 상태에서 그분의 임재 안에서 안식할 만큼 넉넉한 복을 주실 하나님이다. 그러나 하나님께서는 다른 계획이 있었다. 하나님은 도달하기 힘든 목적지로 나를 인도하려고 계획하셨다. 그곳은 하나님이 내 인생에서 계속되도록 허락하신 일로 인해 내가 슬픔과 불확실성, 혼돈 가운데 전율할 때에도 확신 있게, 심지어 기쁨으로 그분을 신뢰하는 자리였다.

하나님은 이제 치유되지 않은 암, 노화의 진행 및 그에 따르는 모든 것 그리고 영혼의 피로를 통해 지금까지의 여정을 뒤돌아보는 방향으로 나를 이끌고 계신다.

- 첫 번째 국면, 어린 시절부터 10대 중반까지 순진한 신뢰 덕분에 단기간이나마 **즐거운 기독교**가 가능했다. 전율은 필요하지 않았다. 오직 신뢰와 각양각색의 어설픈 모습이 있었다.

- 두 번째 국면, 10대 후반부터 20대 후반까지 10년의 **불안정한 기독교** 시절. 하나님은 내 생각에 마땅히 주셔야 할 것을 주지 않으셨다. 하나님의 옹고집은 신뢰 상실, 사실상의 성난 불신, 혼돈으로 인한 이기적 전율로 나를 몰아갔다.
- 세 번째 국면, **복된 기독교**의 40년 여정. 실패로 인해 내가 겪은 고뇌를 막아 준 복. 넉넉한 복이 계속 이어지면서 나는 하나님을 신뢰하게 되었고, 이 신뢰는 전율을 가라앉혀 주었다.

앞서 8장에 나온 문장을 기억해 보라. "소망 속에 형성되고 있는 그리스도인으로 살아온 나의 인생 여정에서 어느 정도 구별된 세 국면이 지금 있는 곳까지 나를 데려왔다(10장에서 이 세 국면을 설명하겠다). 나의 경험은 이곳이 힘들다고 말하지만 나의 느낌은 분명 이곳이 선하다고 말한다." 나는 네 번째 국면에 접어들었다.

나는 하나님의 생각과 길이 나의 생각이나 길보다 훨씬 높다는 위험천만한 진리를 파악하고 있다. 과연 예수님이 제자들에게 주겠다고 약속하신 풍성한 생명이 두려움이나 실망과 씨름할 필요 없이 우리의 행복을 지켜 주는 복으로 풍성한 상태일까? 결국 무엇이 선인가에 대한 나의 이해와 하나님의 이해가 서로 맞지 않는다는 생각이 불안을 일으키며 내 안에서 싹트기 시작했다. 하나님이 주셔야 한다고 생각했던 선에 대한 나의 이해는, **지금 당장** 충만감을 느끼는 데 혈안이 된 타락한 세상에서 살고 있는 나의 오만하고 맹목적인 이기심에 의해서 심하게 잘못된 방향으로 형성되었다. 너무나 오랫동안 나의 잘못된 생각이 타당하고 거기에 의문을 품을 이유도 없고 수정할 필요도 없다고 여겼다.

　나의 생각에만 하자가 있었던 것이 아니다. 또한 좋은 시절과 나쁜 시절을 다루는 나의 방식이 내가 세상에서 옳다고 여긴 모든 것과 잘못되었다고 여긴 모든 것을 다루시는 하나님의 방식과 서로 맞지 않는다는 점도 깨달았다. 이사야 55:8의 진리, 곧 삶에 대한 하나님의 생각과 우리의 삶에 개입하시는 하나님의 길은 나의 생각이나 길보다 측량할 수 없을 만큼 월등히 높다는 진리가 벼락처럼 나를 강타했다. 당연히 나는 벼락을 맞은 듯 충격을 받았다. 나는 의도적으로 하나님의 생각과 길을 대할 때 겸손한 태도를 거부했다. 내가 이해한 대로 나에게 가장 좋은 것을 위해 협력하시는 하나님을 원했다. 나를 전율하게 만들 하나님의 이야기는 듣고 싶지 않았다.

　3부에서 나는 이해할 수 없는 하나님 앞에서 전율할 때 신뢰가 자라난다는 말이 어떤 의미인지, 또 그런 신뢰에 가치를 두기 위해 무엇이 필요한지 짚어 보고 싶다. 이해하기 힘든 하나님 앞에서 전율할 때, 우리의 생각과 길보다 훨씬 높은 생각과 길을 지닌 선하신 사랑의 하나님을 의지할 수 있고 신뢰할 수 있다. 그런데 무엇에 대해 신뢰할 수 있을까?

3부

하나님의 길을
이해할 수 없을 때

하나님의 꺾이지 않는 주권을 신뢰하라

하나님의 길을 이해할 수 없을 때, 사람들은 세 가지 반응을 보인다. 거부하고 달아나거나, 왜곡하고 부정하거나, 전율하고 신뢰하거나. 오직 한 가지 반응만 흠이 없다. 오직 한 가지 반응만 기쁨으로 이끈다. 1부에서는 세 사람, 요나와 사울과 하박국의 삶에서 각각의 반응을 예시했다. 2부에서는 하박국의 반응에 초점을 맞추어, 우리의 사고방식으로는 이해할 수 없을 때가 너무 많은 하나님 앞에서 전율하는 것이 어떤 의미이고, 왜 그래야 하는지 살펴보았다.

또한 2부에서 나는 하나님이 온전히 다스리신다는 나의 믿음을 고민해 보았고, 하나님은 자신이 전하시는 더 큰 이야기를 온전히 다시리고 계신다고 주장했다. 그분의 선과 사랑의 이야기는 이해하기가 힘들어서 가끔―심지어 한동안―맹목적인 고생 이야기처럼 보일 수도 있다. 우리 눈이 우리의 작은 이야기에만 고정된 채로 살아갈 때, 하나님은 가끔 방임하시는 하나님, 자신의 선하심을 변덕스럽게 거두시고 정작 가장 필요한 순간에 뒤로 물러나시는 것처럼 보이는 하나님으로 나타나실 수 있다.

3부에서는 두 가지 도전을 다룬다.

먼저, 전율이 사라진 오늘의 안일한 기독교 문화에서 우리 대다수에게 낯설어 보이는 종류의 신뢰를 이해하고자 시도한다. 이런 신뢰는 역사 속의 가장 훌륭한 성인들과 오늘날 몇몇 사람 곧 그리스도를 위해 목숨을 바친 모든 순교자에게서 나타나는 신뢰다. 이런 사람들은 (예수님을 따른다는 이유로 화형을 당한 경우를 포함하여) 혹독한 시련에서 하나님이 자기들을 구해 주지 않으실 때에도 기꺼이 그분이 선하시다는 확고한 신뢰를 견지했다. 이것은 우리가 고통스러운 삶이나 죽음에서 순교에 맞닥뜨릴 때 성령께서 당신과 나에게, 특히 성인들에게 부여하시는 종류의 신뢰다.

둘째, 나는 선하고 온유하신 하나님이 어떤 일(그 당시에는 선하지도 않고 온유하지도 않은 것처럼 보이는 일도 있다)을 하셔야, 하박국처럼 전율이 흙 속에 심긴 씨앗이 되어 아름다운 신뢰의 꽃을 피우게 되는지 궁금하다.

이렇게 1부와 2부를 간단히 정리하고 3부를 더 간단히 소개했으니, 이제 다음 교훈의 의미를 다루는 논의로 들어가 보자.

하나님의 길을 이해할 수 없을 때,
하나님의 꺾이지 않는 주권을 신뢰하라.

11장

신뢰하라는 숭고한 부르심

너무 숭고한가?

진지하게 또 끈질기게 하나님을 찾는 그리스도인을 위해, 삶은 조건 없는 순복이라는 바람직한 필연으로 우리를 데려갈 것이다.

오늘 아침 기도하면서 꽉 막힌 느낌을 받았다. 내 마음과 하나님 사이에 무관심의 벽이 세워졌다. 나는 하나님과 대화를 나누는 데 흥미를 잃었다. 아마 이 벽은 실망감과 더 깊은 관련이 있을 것이다. 기도하면서 시간을 허비하는 이유를 알 수 없었다.

새벽 세 시가 조금 못 되어 돌연 단잠에서 깨어났다. 친하게 지내던 헌신적 그리스도인 친구 두 명의 이름과 얼굴이 마음속에 떠올랐다. 즉각 한 가지 생각이 반사적으로 떠올랐다. '성령께서 그들을 위해 기도하라고 나를 건드리고 계시는구나.'

두 친구는 힘든 시절을 견디는 중이다. 고통스러운 실망감이 두 친구를 짓눌렀다. 최근 한 친구는 최고 전문의가 집도한 섬세한 수술을 받았다. 그녀는 간절히 바라고 뜨겁게 기도했지만 수술은 삶의 질을 의미 있게 높여 주는 결과를 낳지 못했다. 다른 친구는 신학교에서 훈련받은 재능 있는 성경 교사인데 장래성 없는 일자리에 갇혀 있다. 간절히 바라는 사역을 위해 몇 년 동안 끈질기게 기도했지만, 그가 보낸 이력서 수십 통은 아무런 기회도 얻어내지 못했다.

나는 정신이 말똥말똥한 상태에서 이제 침대에 앉아 이 두 친구가 어떤 일을 겪고 있는지 생각했다. 마음 깊은 곳에서 긍휼이 넘쳐흐르는 것 같았다. 분명 하나님은 나보다 훨씬 더 긍휼히 여기고 계실 것이다. 신기하게도 기도를 시작하자, 기도는 인과율의 특권(dignity of causality)을 우리에게 선사한다는 파스칼의 설명이 기억났다. 우리는 다른 사람의 삶에 차이를 가져다줄 수 있다. 부푼 희망이 조용히 밀려오면서, 바라던 수술 결과가 기적처럼 갑자기 나타나서 내 친구가 놀라게 해 달라고 기도했다. 아멘, 그렇게 될 줄 믿습니다.

흥분은 금방 사라져 버렸다. 1분도 채 되지 않아, 기도를 지탱하던 에너지가 빠져나간 것을 느낄 수 있었다. 기도를 이어 가기 위해서는 새로 시작된 믿음(아마 순진한 믿음?)이 필요했다. 하지만 그런 믿음은 없었다. 나는 혼잣말로 중얼거렸다. "그래 봐야 무슨 소용이 있겠어?" 답을 바라는 질문이 아니었다. 그냥 체념의 말이었다.

아직 이른 아침 시간에 내 생각은 불안정한 고용 상태에 있는 친구ㅡ하나님에게 버림받았다고 느끼는 암흑 시절을 거치고 있는 경건한 남성ㅡ에게로 향했다. 나는 억누를 수 없는 격한 열망ㅡ어쩌면 요구에 더 가까운ㅡ이 내 안에서 솟구치는 것을 느꼈다. 하나님이 사역의 문을 열어 주셔서, 친구가 그분에게서 받았다고 여전히 확신

하는 부르심을 따라 살아가는 모습을 보고 싶은 열망이었다. 하나님은 당연히 그런 기회를 마련해 주실 수 있었다. 왜 그렇게 하지 않으시겠는가?

그래서 간절히 기도했다. 내 친구가 적합한 사역에 부임할 수 있게 해 달라고. 다시 1분이 채 되지 않아, 간절함은 냉소의 안개 속으로 자취를 감추었다. 예수님은 하나님의 선하심을 신뢰하면서 "내 뜻대로 되게 하지 마시고, 아버지의 뜻대로 되게 하여 주십시오"(새번역)라고 기도하셨다. 내 기도는 다른 형태를 취했다. "왜 하나님의 뜻은 제 뜻과 같지 않은 겁니까?"

나는 기도를 중단했다.

그러지 말았어야 했다. 나는 누가복음 18:1-8에서 예수님이 인내하지 못하는 제자들에게 전해 주신 이야기를 알고 있다. 기도를 중단하지 않았던 과부의 이야기다. 응답이 없었는데도, 그녀는 무자비한 재판관에게 정의를 베풀어 달라고 끈질기게 간청했다. 끈기에는 보상이 주어졌다. 과부는 구하던 바를 얻었다. 예수님은 우리에게 끈질긴 기도가 항상 응답받을 것이라고 말씀하고 계실까? 아니면 중단하지 않는 기도는 하나님의 선하심에 대한 신뢰를 담고 있으며, 응답을 받든 아니든 하나님이 보시기에 가치를 지닌다는 사실을 배워야 할까?

나는 확신의 단서를 감지했다. 예수님이 말씀하시는 바가 무엇이든 그분은 단순한 내용을 주장하셨다. 예수님의 제자들은 "항상 기도하고 낙심하지 말아야" 한다는 것이다(눅 18:1). 예수님은 우리가 무자비한 재판관이 아니라 긍휼이 풍성하신 아버지께 기도한다는 사실을 알기 바라셨다. 나도 그렇게 믿는다. 하지만 하나님께 계속

11장 신뢰하라는 숭고한 부르심 **187**

간청하기 위해 필요한 확신은 약했다. 나는 계속 기도하지 않고 포기했다.

나는 다시 베개에 털썩 누웠다. 나의 생각은 실망과 혼란으로 뒤엉켜 있었다. **하나님을 신뢰한다는 것은 어떤 의미일까?** 물론 나는 하나님의 선하심과 사랑을 확신한다. 그분은 나의 확신에 어울리는 분이시다. 십자가는 의심의 여지를 남기지 않는다. 나는 그분을 신뢰해야 한다. 항상 내게 선을 행하겠다는 약속을 지키실 하나님을 신뢰하라는 숭고한 부르심을 존중해야 한다. 하나님은 이스라엘에 대해 이렇게 말씀하셨다. "나는 그들에게 선을 행하기를 결코 멈추지 않겠다.…나는 그들에게 선을 행하기를 기뻐할 것이다"(렘 32:40-41). 다른 곳에서 이번에 하나님은 이스라엘에게 직접 이렇게 말씀하셨다. "너희를 위한 나의 계획을 내가 안다.…그 계획은 선을 위한 것이요 재앙을 위한 것이 아니다. 너희에게 미래와 희망을 주는 것이다"(29:11, 이상 NLT). 나는 이 약속이 오늘의 하나님의 백성에게도 유효하다고 받아들인다.

믿음으로 뒷받침된 확신

나는 하나님을 신뢰해야 한다. 그리고 그분을 신뢰하고 싶다. 알다시피, 하나님은 선하시다. 하지만 수술이 실패한 뒤 혹은 만족스럽지 못한 일자리에 머무는 동안, 내가 누군가를 위해 기도할 수 있고 하나님의 일하심을 신뢰할 수 있다는 것이 무슨 소용이 있을까?

> 과연 하나님이 주실 것이라고 확신하면서 간구할 수 있는 선이 세상에 존재하는가?

이런 질문이 엄습하는 가운데, 나는 잠을 포기하고 침대 밖으로 기어 나와 옷을 챙겨 입었다. 그리고 성경책으로 손을 뻗었다. 다윗이 어려움에 맞닥뜨렸을 때 어떻게 기도했는지 전해 주는 시편 25편을 펼쳤다. "오, 주님, 내 영혼을 주님께 높이 듭니다." 왜? 무엇을 위해? "오, 나의 하나님, 내가 주를 신뢰합니다"(시 25:1-2, NLT). '다윗이여, 당신은 하나님이 무엇을 하실 것이라고 신뢰했습니까?' 나는 알고 싶었다. 확신이 없었다.

계속 읽어 나갔다. 다윗은 "수치를 당하지" 않게 해 달라고, 원수들이 "승전가를 부르지 못하게" 해 달라고 기도했다. 다윗은 믿음이 거짓으로 판명 나서 당황하는 일이 결코 없게 해 달라고, 하나님의 선하심을 믿는 다윗의 확신을 조롱하는 원수들이 정당성을 얻지 못하게 해 달라고 간구했을까? 5절에서 그는 "내가 종일 주를 기다립니다"라고 밝혔다(이상 NLT). 왜 오래 기다려야 할까? 하나님을 신뢰하라는 그분의 숭고한 부르심. 나는 그것이 무엇인지 알고 싶었다. 내 생각에, 이 부르심은 너무 숭고해 보였다. 하나님이 다음번 검사에서 암이 완치되었음을 보여 주실 것이라고 믿기 위해 나는 어떻게 해야 할까? 그것은 하나님이 주겠다고 약속하신 선이 아닐 수도 있다.

그런 다음 몇 장을 넘겨 시편 37편으로 가서 다윗의 친숙한 말을 읽었다. 여기서 다윗의 초점은 **자신의** 신뢰에서 하나님을 신뢰하라고 우리를 다독이는 격려로 옮겨 간다. 다윗의 권고는 직설적이다. "주님을 신뢰하고 선을 행하라.…주님을 기뻐하라. 주님이 네 마음의 열망을 주실 것이다"(37:3-4, NLT). 또 다른 확신의 단서. '나는 주님을 기뻐하는가?' 아니면 '하나님이 내가 바라는 대로 하실 때에만 그분을 **좋아하는가?**'

이 시편에서 나는 확신을 주는 다윗의 말을 들을 수 있었다. 곧 하나님은 무엇이든 내 마음속에 살아 있는 열망을 허락하실 것이고, 이렇게 허락된 열망은 하나님이 가장 실현하기 원하시는 일을 성취할 것이다. 사랑의 하나님이라면 경건한 여성에게 합당한 건강을 주시고, 목사로 훈련받은 경건한 남성에게 하나님 나라를 성취할 일자리를 주시지 않을까? 그렇지 않다면 이유는 무엇일까? 나는 이 성경 구절에 대한 일반적 이해를 알고 있고 거기에 동의한다. 즉 주님을 기뻐할 때―다시 말해, 이해할 수 없는 순간에도 그분의 생각과 길이 인도하는 결과에 순복할 때―우리의 열망은 하나님이 가장 충족시켜 주고자 하시는 열망으로 변할 것이다. 나는 다시 묻는다. 내가 확신하며 바랄 수 있는 소원, 하나님이 가장 충족시켜 주고자 하시는 소원은 무엇일까? 주님이 강인한 선과 무한한 사랑으로 행하시는 일을 신뢰할 때 우리는 주님을 기뻐한다.

내가 보기에 대부분의 그리스도인이 긍정적으로 반응하는 가르침은 이것이다. 주님을 기뻐하고 그분이 우리에게 선을 행하실 것을 신뢰하라. 그런 다음 하나님이 풍성한 삶을 주시고자 한다고 믿으면서 우리가 바라는 바를 얻기 위해 기도하라. 그러면 하나님은 그렇게 하신다. 그런데 풍성한 삶이 우리가 가장 바라는 것으로 가득하지 않다고 생각하기란 힘들다. 내가 두려워하는 것은, 성경의 확고한 가르침—하나님은 우리를 사랑하시고 우리의 삶을 위해 놀라운 계획을 가지고 계신다—을 들으면서 그것을 달콤한 진리로 열렬히 받아들이는 경우가 너무 많다는 사실이다. 물론 맞는 말이다. 하지만 달콤한 진리가 언제나 즐거운 경험으로 다가오지는 않는다. 수술을 해도 낫지 않는다. 우리가 원하는 일자리를 얻을 기회는 저절로 나타나지 않는다. 하지만 우리는 기도에 응답하시는 하나님을 기뻐한다. 알다시피, 하나님은 우리를 사랑하신다. 그분의 선하신 사랑이라는 진리는 우리 귀에 달콤하게 들린다—어려움이 오기 전까지만. 우리는 인생의 좋은 것들이 가장 알찬 만족을 준다고 생각하면서 풍성한 복을 달라고 기도한다. 그런데 그 대신 어려움이 무더기로 몰려온다.

    삶에 어려움이 없을 때와 똑같이 삶이 힘들 때에도 우리에게 선을 행하시는 사랑의 하나님을 기뻐하는가? 시련이 올 때 하나님은 우리에게 선을 더 많이 행하실 수 있을까? 그렇다면 더 나은 선이란 무엇인가? 우리가 쉽게 받아들이는 달콤한 진리는, 힘든 시절에 하나님의 선하심의 증거를 거의 보지 못할 때에도 참된 진리로 받아들여져야 한다.

    친한 세 번째 친구가 말기 암 진단을 받았을 때 그는 시편 37편의 진리에 매달렸다. 그는 사랑의 아버지요 살아 계신 주님이신 하나님을 기뻐하기로, 그분을 신뢰하고 선을 행하면서 마음의 열망을 주시도록 그분께 간구하기로 마음먹었다. 나는 친구를 잘 알았다. 그는 본향에 가서 예수님을 보고 싶었지만, 자신은 물론이고 아내와 자녀들을 위해서도 살기를 염원했다. 천국에 대해 얼마나 자주 생각하느냐고 친구에게 물었다. 친구의 대답은 내가 기대한 것과 달랐다. "그다지 많이 생각하지 않아. 나는 지금 살아 있는 현재의 삶에 초점을 맞추고 싶어."

항상 즐겁지만은 않았던 이런저런 치료를 견디는 동안, 그 친구와 접촉했던 사람 수백 명이 기적적인 치유가 일어나도록 기도했다. 그는 점점 기력을 잃었고 고통은 심해졌다. 그렇게 몇 달을 지내다가 그는 사망했다. 하나님은 그에게 선하셨을까? 하나님은 내 친구의 마음의 열망을 허락하셨을까? 하나님이 빚으신 가장 강한 열망이 죽음이었을까? 질문이 꼬리를 물고 이어졌다. 인생이 산뜻하게 흘러갈 때는 실로 진지하게 던지지 않았던 질문들이다. 그 기나긴 아침에 내 생각은 이런 질문들에 골몰했다.

하나님의 숭고한 부르심은, 힘든 시절을 견딜 때 그분이 선한 일-아마 그분의 최고의 사역-을 행하고 계심을 믿으라고 우리에게 강요할까? 수술이 실패한 뒤 그 결과를 안고 살아가는 동안, 더 나은 일자리를 얻을 수 있다는 희망이 보이지 않는 불안한 일자리에 계속 머무르는 동안, 죽음이 임박한 시간에 하나님이 실은 우리 안에서 선한 일을 행하고 계신다는 참된 진리를 받아들일 수 있을까? 또한 이것을 달콤한 진리로 받아들일 수 있을까?

쓴맛과 단맛

뜨거운 찬양 예배 중에 손을 들었다가, 인생길에서 만나는 모든 어려움을 통해 하나님의 선한 이야기가 펼쳐진다는 목사의 말을 듣고 나서 손을 내린 적이 얼마나 많은가? 우리는 시험받기 전까지만 목사의 메시지를 달콤한 진리라고 여기는가? 그 뒤에는 어떻게 되는가?

하나님은 에스겔에게 "네 입을 벌리고 내가 네게 주는 것을 먹으라"라고 말씀하셨다. 그때 두루마리를 든 손이 나타나 그에게 다가왔다. 두루마리가 펼쳐졌을 때 에스겔은 "그 안팎에…애가와 애곡과 재앙의 말이 기록[된]"것을 보았다(겔 2:8, 10). 하나님은 그분을 신뢰하라고 에스겔을 부르셨다. 그 부르심은 숭고했다. 하나님은 "이 두루마리를…네 창자에 채우라"라고 명령하셨다(3:3). 그러자 에스겔은 순종하여 애가와 애곡과 재앙의 말이 기록된 두루마리를 먹었다. 아마 에스겔이 이 혹독한 말이 선하신 하나님에게서 왔음을 알았기 때문에 그 말씀은 에스겔의 입에서 "달기가 꿀 같[았을]"것이다. 하나님이 더 이상 말씀하시지 않았다면, 에스겔이 친구들과 함께 커피를 마시러 나갔다면 내 생각에 입에서 달았던 것이 뱃속을 쓰리게 하지는 않았을 것이다.

그런데 그때 하나님은 에스겔에게 말씀하셨다. "인자야, 내가 네게 이를 모든 말을 너는 마음으로 받으며 귀로 듣고 사로잡힌 네 민족에게로 가서 그들이 듣든지 아니 듣든지 그들에게 고하여 이르기를 주 여호와의 말씀이 이러하시다 하라"(10-11절). 아마 에스겔은 하나님의 모든 권고를 물러서지 않고 전하기로 결심한 목사와 비슷한 느낌이었을 것이다(그리고 그 권고에는 하나님이 자녀들을 온갖 어려움으로부터 보호하겠다고 약속하지 않으셨다는 진리가 포함된다). 에스겔에게 달았던 맛이 쓴맛으로 돌변했다. 하나님의 진군 명령을 들은 뒤 에스겔은 이렇게 말한다. "주의 영이 나를 들어올려 데리고 가시므로 내가 근심하고 불안해하자 여호와의 손이 나를 강하게 붙들어 주셨다"(14절, 현대인의성경).

우리의 삶에서 이루어지는 하나님의 주권적 활동—안락함을 추구하는 우리의 특권적 사고방식으로는 때때로 이해할 수 없는 활동—을 주관하는 하나님의 모든 생각과 길에 담긴 매우 선하고 따라서 달콤한 진리만이, 삶이 힘들어질 때 우리를 지탱해 주는 참된 진리가 될 수 있다. 그때 하나님은 우리에게 신뢰 가운데 그분을 바라보라고—우리에게 선을 행하려는 계획 속에서 "자기 아들을 아끼지 아니하시고" 따라서 자애롭게 "그 아들과 함께 모든 것을 우리에게 주[실]" 하나님의 영원한 사랑을 확신하면서(롬 8:32)—당부하시지 않을까? 예상 밖의 어려움을 겪더라도 하나님이 우리를 강하게 붙들어 주실 것이라고, 그분이 계획하신 진리에서 쓴맛을 느낄 때에도 우리가 신실함을 유지하도록 붙들어 주실 것이라고 신뢰해야 하지 않을까?

에스겔 이후 몇 세대 뒤에, 하나님의 천사가 또 다른 두루마리를 하나님의 사람에게 주었다. 이 두루마리에는 지상에 있는 하나님의 도성이 유린당할 것이라고 적혀 있었다. 사도 요한은 이 작은 두루마리를 받아서 먹었다. 그의 경험은 에스겔의 경험과 일치했다. "내 입에는 꿀같이 다나 먹은 후에 내 배에서는 쓰게 되더라"(계 10:10). 요한도 고통스러운 메시지를 하나님의 백성에게 전하라는 명령을 받았다.

신약 성경 곳곳에서 우리는 예외 없이 단맛 나는 메시지를 듣는다. 이 메시지가 우리를 사랑하고 구원하는 인자하신 하나님에게서 오기 때문이다. 하지만 그 메시지의 일부는 쓴맛이 나고, 애가와 슬픔의 말 그리고 좋은 시절보다는 재앙이 앞에 놓여 있다는 선언과 더 깊이 관련되어 있다. 우리는 스스로의 행동을 의식하지 못한 채,

안락한 삶은 중요하게 여기는 반면 난감한 소식은 받아서 삼키지 않고 입에 물고 있다가 성경을 덮을 때 뱉어 낸다. 그리고 교회를 나와 친구들과 어울려 주일 점심 식사를 하고 그다음 집으로 돌아와 야구 경기를 시청한다.

안락을 갈구하는 우리 기독교 문화가 뱉어 내기 좋아하는 메시지를 귀담아 들어 보자.

- "우리가 여기에는 영구한 도성이 없으므로 장차 올 것을 찾나니"(히 13:14).
- "사랑하는 자들아, 너희를 연단하려고 오는 불 시험을 이상한 일 당하는 것같이 이상히 여기지 말고 오히려 너희가 그리스도의 고난에 참여하는 것으로 즐거워하라. 이는 그의 영광을 나타내실 때에 너희로 즐거워하고 기뻐하게 하려 함이라"(벧전 4:12-13).
- "너는 이것을 알라. 말세에 고통하는 때가 이르러"(딤후 3:1).
- "세상에서는 너희가 환난을 당하나"(요 16:33).
- "오직 하나님의 능력을 따라 복음과 함께 고난을 받으라"(딤후 1:8).
- "우리가 하나님의 나라에 들어가려면 많은 환난을 겪어야 할 것이라"(행 14:22).

수술 실패와 실망스러운 일자리, 임박한 죽음뿐만 아니라 교회 안의 갈등과 수그러들지 않는 유혹, 깨어진 가정, 친구들의 배신, 염려, 숱하게 많은 다른 고투가 우리의 삶을 괴롭힐 것이다. 신뢰하라는 숭고한 부르심에는 인내하라는 부르심이 들어 있다. 벗어날 것을 기대하지 말고 시련을 받는 동안 인내하라고 촉구하는 여러 성경 구절의 간단한 예를 들어 보자.

- 끔찍한 고난을 예상하면서 "성도들의 인내가 여기 있나니"라고 딱 잘라 말한다(계 14:12).
- "너희에게 인내가 필요함은"(히 10:36).
- "하나님의 전신 갑주를 취하라. 이는 악한 날에 너희가 능히 대적하고 모든 일을 행한 후에 서기 위함이라"(엡 6:13).

어려움은 피할 수 없다. 인내는 필연이다. 하나님이 주신 숭고한 부르심은 그분을 신뢰하고, 사랑으로 가득한 그분의 마음을 신뢰하는 것이다. 하나님이 우리의 선을 위해 합력하실 수 없는 일은 우리에게 혹은 우리 안에서 결코 일어날 수 없다. 이 부르심이 너무 숭고한가? 하나님이 내게 복을 부어 주실 때만이 아니라 고난을 당할 때에도 나는 그분을 기뻐하는가? 우리는 하나님이 전하시는 이야기를 좋아하는가? 우리는 하나님의 계획을 변질시켜 (선하신 하나님이라면 온갖 능력을 다해 이런 일을 하셔야 한다는) 우리의 기대에 더 잘 부합하는 계획으로 왜곡시킨 적은 없는가? 그리고 어려움이 올 때, 우리 인생에 얼마나 더 많은 고난이 오든 하나님의 사랑을 신뢰하라는 숭고한 부르심을 듣는가? 다시 물어보겠다. 이 부르심이 너무 숭고한가? 아니면 삶의 정황과 영혼의 상태가 어떻든 하나님을 신뢰하라는 부르심이 우리가 가장 되고 싶어 하는 인물이 되도록 우리를 이끌게 하겠는가? **그러한 신뢰에 이르는 길은 무엇인가?** 이제 이 질문에 답해야 한다.

12장

우리는 하나님을 신뢰한다

하나님이 주시는 선에 대해? 아니면 우리가 원하는 선에 대해?

하나님은 성령께서 거하시는 우리 마음이 가장 원하는 것을 우리에게 주기를 바라신다. 하지만 지금은 전채 요리일 뿐이고, 잔치상은 나중이다. 그렇다면 질문이 제기된다. 우리가 무엇을 가장 즐거워하도록 창조되었는지 알고 있는가?

최근에 신문에 실린 역사 기사에서 읽은 내용이다. 존 F. 케네디 대통령이 인생의 전성기에 성공을 구가하다 암살을 당했을 때, 경건한 가톨릭교인이던 아내 재키는 당혹감과 고뇌의 눈물 속에 전율하면서 친구에게 이렇게 물었다. "사랑의 하나님이 어떻게 이런 끔찍한 일이 벌어지도록 묵인하실 수 있어?" 그토록 많은 이의 마음을 찢어 놓은 케네디 대통령의 때 이른 죽음은, 하나님이 어떤 분이시고 무슨 일을 하시는지에 대한 재키의 사고방식으로는 이해할 수 없는 일이었다.

나는 이 고통스러운 질문 하나 아래에 있는 다른 두 질문이 재키의 마음속 어딘가를 들쑤셨을 것이라고 짐작한다. 하나님이 정말 이 세상에서 일어나는 모든 일을 다스리실까? 그리고 만약 하나님이 계신다면 (그분이 존재한다고 가정할 때) 어떻게 그분이 스스로 주장하시듯이 사랑의 하나님이시라고 믿을 수 있을까? 당시에 의식하고 있었든 아니든 케네디 여사는 하나님이 주권자시라는 말의 의미를 이해하려고 씨름하고 있었다. 이에 대해서는 나중에 더 다루겠다.

우리도 이 비통한 미망인과 별반 다르지 않다. "우리는 하나님을 신뢰한다"(In God We Trust). 의미가 모호하지만 미국 전체에 퍼져 있는 이 슬로건은, 그 말을 되뇌는 많은 사람에게 하나님이 더 멋지게 세상을 운영하실 것이라는 희망을 준다. 아마도 가끔씩 기도한다면 그분의 협력을 얻어내서 우리 입맛에 맞게 상황이 정리될 것이다.

물론 그리스도인들은 이 슬로건에 담긴 메시지를 더 많이 신봉한다. 하지만 현대의 이른바 '모든 것의 중심은 나'(It's all about me) 문화에서 우리 복음주의자들은 하나님-하늘에 계신 우리 아버지, 십자가에 달리신 주님, 내주하시는 성령-이 은혜를 좋아하는 우리 인생에서 비극을 막아 주시고 넉넉한 의식주의 복을 내려 주셔서 아침에 깨어나 누리게 해 주실 것이라고 곧이곧대로 믿는다. 둘 다를 위해 기도하는 것은 당연하다. 하지만 어느 쪽이든 그것을 얻을 권리는 우리에게 없다. 그리고 그리스도인의 삶에서 승리는 이런 것들에 의해 규정되지 않는다.

때때로 하나님은 우리가 바라는 대로 복을 주신다. 하지만 때때로 그렇게 하지 않으신다. 때로는 사랑하는 사람이 건장한 사람도 죽기 마련인 지긋한 고령까지 건강하게 산다. 유족들의 마음은 아프겠지만, 우리는 사랑하는 사람이 행복하게 장수했다는 사실을 두고 자비로운 하나님께 진심으로(또 당연히) 감사한다. 좋은 추억을 간직한 채 슬프지만 고마운 마음으로 장례식장을 빠져나온다.

때로는 죽음의 사자가 올 때가 되지 않았는데도 가장 사랑하는 사람이 목숨을 잃는다. 우리가 믿는 주권적인 사랑의 하나님은 그때 책임을 다하셨을까? 하나님이 지켜보시는 가운데 늘 그렇듯이 삶이 요동친다면, 우리는 예측할 수 없는 변덕쟁이 하나님이 우리의 보호와 행복보다 더 고상한 우선순위를 좇으시는 것은 아닌지 의문을 품지 않을 수 없다. 하나님은 자신이 사랑한다고 주장하시는 이들의 행복을 거의 혹은 전혀 고려하지 않은 채, 우리가 엉뚱한 결정이라고 받아들일 수밖에 없는 일을 하시는 것 같다.

하나님을 예배하는 그리스도인으로서 우리는 이런 식의 신성 모독에 빠져들고 싶지 않다. 하지만 이런 엉뚱한 생각을 뒷받침하는 사례들은 불편할 만큼 설득력을 가질 수 있다. 속을 뒤집어 놓는 인생의 재난을 연달아 겪은 50대의 성숙한 그리스도인 여성이 최근 나에게 이렇게 말했다. "하나님이 정말 모든 것을 주권적으로 다스리신다면 그분은 학대 죄로 유죄 평결을 받으셔야 한다는 생각을 하곤 해요."

이렇듯 하나님의 명예를 깎아내리는 사상을 신봉하는 잘못에서 벗어나는 유일한 길은, 현대 기독교의 근간을 뒤집어 우리의 오만을 꺾고 우리를 상심하게 만드는 진리를 받아들이는 것이다.

우리를 사랑하신다는 말의 의미에 대한 하나님의 이해는 우리의 이해와 근본적으로 다르다. 게다가 우리를 향한 사랑을 입증하시

는 하나님의 방식은 우리의 타락한 인식에 불쾌하게 다가온다.

그런데 하나님은 그분의 사랑을 신뢰하라, 즐거운 순간이든 견디기 힘든 순간이든 인생의 모든 순간에 그분이 신실한 사랑을 '우리 마음에' 부어 주심을 믿으라는 숭고한 부르심을 발하신다(롬 5:5). 한 서던 가스펠 송(Southern gospel song: 미국 남부 지역을 중심으로 발전한 컨트리 음악 풍의 복음성가-역주)은 하나님이 우리에게 주신 부르심을 상당히 잘 포착했다. "주님의 손을 따라갈 수 없을 때 주님의 마음을 신뢰하라"(When you can't trace His hand, trust His heart).[1] 살아 내기보다는 노래하기가 훨씬 쉽다.

어린 시절 이후로, 나는 그리스도인이 결코 해서는 안 될 일을 생각하고 행하라는 불경한 유혹에 시달려 왔다. 그리스도인의 삶과 맞지 않는 육신에 사로잡힌 충동이다. 나도 한심한 처지다. 그런데 유감스럽게도, 똑같이 부끄러워해야 할 욕망이 모든 그리스도인 안에 여전히 살아 있다고 나는 확신한다.

내 생각에, 사도 요한도 이에 동의할 것이다. 그는 3년 동안 예수님의 삶에서 드러난 그분의 마음속 순결을 목격했고, 자신의 마음과 자신이 알던 많은 그리스도인의 마음 안에 있는 불순함을 눈여겨보았다. 그리고 노년에 이르러 요한은 여러 교회에게 보낸 편지에 이런 말을 적었다. "만일 우리가 죄가 없다고 말하면 스스로 속이고 또 진리가 우리 속에 있지 아니할 것이요"(요일 1:8). 모든 그리스도인 안에 영적 암이 살아 있다. 사악한 충동이 우리의 최선을 망쳐 놓는다.

내 경우처럼, 이런 여러 가지 충동은 세월이 흐를수록 더 강해져서 만족시키기가 어려워지기만 한다. 나는 내 안에 있는 충동을 미워한다. 나는 주체할 수 없을 것 같은 충동의 힘을 미워한다. 이내 충동을 사랑하도록, 거룩하신 하나님이 주시지 않을 강렬한 쾌락을 위해 충동이 제공하는 기회를 사랑하도록 나를 몰아가기 때문이다.

유혹의 강도를 관리하기 쉬운 수준으로 낮춰 달라고 간청하는 기도도, 그 강압적인 힘에 맞설 수 있는 근성을 내 안에 키워 달라고 비는 탄원도 응답되지 않았다. 왜 그럴까? 내가 그토록 열망하는 승리로 가는 다른 길이 있는 걸까? 하나님은 절실한 순간에 나의 도움, 나의 "피난처시요 힘이시니 환난 중에 만날 큰 도움"이 되겠다고 약속하셨다(시 46:1). 그런데 유혹이 나를 짓눌러 굴복시키려고 하는 순간에 하나님께 도와달라고 울부짖어도 그분의 부재를 느끼곤 하는 이유는 무엇일까? 하나님은 무관심하실 수 없다. 그러나 하나님은 나의 필요를 외면한 채 나의 어려움에서 멀리 동떨어져 계신 것 같을 때가 너무 많다.

힘겨운 순종

아마 C. S. 루이스는 하나님을 멀리 계신 분으로 경험하는 그리스도인들에게 무언가 할 말이 있을 것이다. 『스크루테이프의 편지』(The Screwtape Letters, 홍성사 역간)에서 루이스는, 하나님의 생각과 길이 그분을 찾는 그리스도인들만이 아니라 그분을 미워하는 악마에게도 당황스럽다고 주장한다. 이 책에서 삼촌 스크루테이프는 선배 악마로서 조카인 후배 악마 웜우드의 멘토로 배정되었다. 그는 어떻게 인간이 하나님(즉 지옥의 대적)을 신뢰하지 못하게 할 수 있는지 웜우드에게 충고한다. 그 내용은 이렇다.

틀림없이 너는 자주 의문을 품었을 게다. 대체 왜 우리의 대적이 자신의 능력을 더 많이 사용하여 자기가 정한 만큼 모든 순간에 인간의 영혼이 느낄 수 있도록 임재하지 않는지 말이다.…우리의 대적은 피조물이 자기 발로 서도록 남겨 둔단다. 온갖 재미를 잃어버린 의무를 오직 의지에 의해 수행하도록 말이다.

가령 기도 같은 의무를 말하는 걸까? 스크루테이프는 이어서 말한다.

인간은 꼭대기에 있을 때보다 이렇게 골짜기에 처박혀 있을 때 오히려 그 작자가 원하는 종류의 피조물로 자라 가는 거야. 그러니 이렇게 메마른 상태에서 올리는 기도야말로 원수를 가장 기쁘게 할 수밖에.[2]

정말일까? 우리는 복된 시기의 절정에 기쁨으로 하나님께 드리는 감사 기도가 그분을 가장 기쁘시게 한다고 생각할 것이다. 스크루테이프의 말이 사실이라면, 우리 영혼이 메마른 상태에서 드리는 확고한 신뢰의 다부진 기도가 하나님께 더 큰 기쁨을 드리고, 즐거운 호시절에 드리는 감사 기도가 이룰 수 있는 것보다 더 나은 것을 우리 안에 이룬다.

병약한 친구의 건강이 회복되고 낙심한 친구에게 만족스러운 일자리가 마련되고 고투하는 자아를 끌어당기는 유혹이 약화되도록 하나님께 기도해도 아무런 의미도 깨닫지 못할 때가 있다. 이때 **기도가 응답되지 않더라도 하나님이 선을 행하고 계신다고 신뢰하며** 기도하지 못한다면, 나는 하나님이 원하시는 모습의 피조물이 될 기회를 놓치는 것이다.

스크루테이프는 그 뒤에 이 문장을 덧붙이는데, 이 문장은 상당히 설득력 있게 다가온다.

> 인간이 우리 원수의 뜻을 따르겠다는 의도를 여전히 가지고 있다면(비록 그렇게 하고 싶은 열망을 잃었더라도), 세상을 아무리 둘러보아도 우리 원수의 모든 흔적이 사라져 버린 것 같고 왜 그가 자기를 버렸는지 계속 의문이 생기는 데도 **여전히 순종한다면**, 그때보다 더 우리의 대의가 위협받을 때는 없다.[3]

하지만 하나님의 선하심의 "모든 흔적"이 사라져 버린 것 같을 때에도 그분의 사랑을 신뢰하기로 선택하는 순종은 쉽지 않다. 하지만 아버지에게 완전히 버림받았다고 느낀 세 시간 동안 바로 그렇게 하신 예수님의 고난 속에서 그분을 본받으라는 명령이 우리에게 주어진다. 바로 그 순간 "하나님께서 그리스도 안에 계시사 세상을 자기와 화목하게" 하셨다(고후 5:19). 최악의 순간에 하나님의 사랑을 신뢰한다면 성령께서 우리 안에서 무엇을 하실 수 있을지 상상해 보라.

물론 우리의 의지가 활성화되기 위해서, 우리의 의지가 선한 결과를 향한 활동을 개시하기 위해서 믿음이 필요하다. 믿음이 없으면 하나님을 기쁘시게 하기란 실로 불가능하다(히 11:6을 보라). 결과적으로, 하나님의 선하심을 믿지 않는 순종, 그분에게서 '당연한' 복을 얻어내기 위해 의도된 순종은 그분을 기쁘시게 하지 못한다. 하지만 믿음이 있으면, 심지어 작은 겨자씨 크기의 믿음만 있으면 불가능한 일은 없을 것이다(마 17:20-21을 보라). 하지만 혼자 힘으로 진정한 믿음을 북돋울 수 없다는 점은 분명하다. 바울은 믿음이 하나님의 선물이라고 말했다(엡 2:8을 보라). 하나님은 가끔 그분이 정하신 기간만큼 이 선물을 보류하셔서, 그분의 사랑을 신뢰할 수 없게 하시는 걸까? 그 결과로 생긴 실패는 어쨌든 우리의 선을 위해 일한다고 할 수 있을까?

그런 것 같다. 어려움은 비그리스도인이나 그리스도인을 똑같이 괴롭힌다. 가끔 그리스도인을 더 괴롭히기도 한다. 우리 안에서 하나님의 사랑의 의지를 믿는 확고한 신뢰를 찾을 수 없는 때가 있다. 아마 그런 이유로 아우구스티누스는 이런 유명한 기도를 올렸을 것이다. "주님이 바라시는 것을 명하소서. 그리고 주님이 명하신 것을 주소서."[4] 이것은 우리가 다음과 같은 상황을 겪을 때 드려야 할 기도라고 할 수 있다.

외부의 어려움. 사랑하는 이에게 닥친 예상 밖의 때 이른 죽음, 수술 실패, 장기간의 불완전 고용 혹은 실업과 그에 따른 온갖 재정 압박, 심각한 부부 갈등과 어쩌면 이혼, 부모의 마음을 찢어 놓는 자녀들, 실망을 안겨 주는 친구들, 헤어진 배우자를 들볶는 악취미를 가진 사람 등.

내부의 어려움. 악한 일을 하라는 유혹, 기도도 상담도 고치지 못하는 학대의 상처, 하나님의 임재가 가장 필요했던 순간 그분에게서 멀어진 느낌, 견딜 수 없는 외로움, 중대한 결단을 내려야 할 때 하늘의 명확한 인도가 없는 것, 멈추지 않는 편두통, 의사가 내린 섬뜩한 진단, 알츠하이머가 발병하고 있는 조짐 등.

어리둥절하다. 하나님의 사랑받는 자녀들을 난타하는 어려움의 목록은 길다. 하나님은 이런 모든 어려움을 예방하거나 해결하실 수 있었다. 그런데 왜 그러지 않으실까? 다시 익숙한 질문이 대답해 달라며 소리를 지른다. **하나님은 어떤 의미에서 선하신 걸까?**

∽

나는 이 질문을 반복한다. 그리고 헌신적 그리스도인들로 하여금 그 질문을 던지지 않을 수 없게 만드는 어려움을 강조한다. 첫 번째 이유, **인생이 복으로 가득한 그리스도인들은 대체로 이런 일들에 대해 생각조차 하지 않는다.** 결국 그들은 미지근한 그리스도인이 되는 위험에 처한다. 그들은 하나님의 자녀이지만, 성부께서 그들의 삶에서 행하기를 가장 원하시는 선을 구하지 않는다. 그 선은 그들이 살면서 외면하고 싶은 힘든 시절에만 성취될 수 있는 최고의 선이다.

이 질문을 다시 던지는 두 번째 이유가 있다. 안락함을 추구하는 그리스도인의 삶에 아니나 다를까 고난이 엄습할 때, 어려움을 겪는 그리스도인들은 그 곤경을 해결해 주지 않으시는 하나님에게서 느껴지는 외견상의 무관심 앞에서 체념할 것이다. 그냥 하나님을 완전히 거부하는 사람도 있다. 내가 아는 그리스도인 여성은 오랫동안 친구들에게 성숙한 믿음의 사람으로 인정받았다. 하지만 목회자였던 남편이 불륜을 저질렀고 그녀는 예상하지 못했던 고통스러운 이혼을 겪었다. 그 후 그녀는 기독교를 버렸고 자신이 무신론자라고 선언했다. 지금 그녀는 친절하게 대해 주는 부유하고 반듯한 비그리스도인 남성과 결혼했고, 그리스도인 친구들에게 분노에 차서 이렇게 말한다. "지금 나는 늘 바랐지만 너희가 믿는 하나님이 한 번도 주지 않은 삶을 누리고 있어."

이 여성은 하나님만이 만족시키실 수 있는 가장 깊은 열망, 그분이 창조하고 계획하신 모습의 여성으로 바뀌는 변화와 용서의 중심에 있는 열망을 한 번도 인식하지 못했다.

그녀가 위의 문장을 읽는다면, 짐작하건대 그녀는 이렇게 대답할 것이다. "생명수가 사람들의 영혼 안에 있는 깊은 갈증을 해소해 준다는 요한복음 7장의 구절을 알고 있어요. 또 누구든 갈증을 느끼며 찾아오는 사람에게 그 물을 주겠다는 그리스도의 말씀도 알고 있고요. 그런데 그분이 제게는 물 한 모금도 주지 않으셨다는 사실을 알려 주고 싶군요. 저는 그분 없이 훨씬 행복합니다."

가장 원하는 것

나는 이제 한 가지 가정을 소개하고 싶다. 만약 이 가정이 사실이고 우리가 충분히 생각해 본다면, 제아무리 심각한 온갖 시련 속에서도 하나님의 사랑을 신뢰할 이유를—하나님에게서 벗어나 행복을 누리는 여성을 포함하여—우리 모두에게 줄 것이다.

그 가정은 다음과 같다.

하나님은 바로 우리가 가장 원하는 바를 주시려고 한다. 성령께서는 우리가 가장 원하는 바 가운데 현세에 채워질 것으로 우리를 인도하여 풍성한 만족을 주실 것이다. 하지만 현세의 만족은 우리가 가장 원하는 바 가운데 성령께서 계획하신 대로 오직 내세에만 만족될 수 있는 것에는 훨씬 못 미친다. 하나님은 둘 다를 우리에게 주시되, 각각 제때에 주시려고 한다. 또한 하나님은 그렇게 하실 것이다.

이 말을 읽을 때, 내 생각에 당신은 다음 세 가지 중에 하나로 반응할 것이다.

선택 1. 만약 당신이 하나님이 전하시는 큰 이야기의 플롯을 이해하지 못한다면, 만약 하나님이 선하심 속에서 지금 하고 계신 일과 내세에 모든 그리스도인을 기다리고 있는 바가 무엇인지 간파하지 못한다면, 당신은 이 가정을 실체도 없고 현실성도 없는 종교적인 예수쟁이의 용어라고 치부하면서 냉소적 미소와 함께 일축할 가능성이 높다.

선택 2. 만약 당신이 영적 여정에서 고통보다 죄를 더 미워하는 법을 아직 배우지 못했다면, 당신은 아직은 이 가정을 환영하고 그 안에 담긴 메시지를 믿는다고 생각할 것이다. 하지만 어려움이 닥쳐와서 죄보다 고통을 훨씬 깊이 인식하게 될 때, 당신은 이 가정에서 물러나 생각조차 하지 않을 것이다. 그러면서 당신의 삶을 꾸려 나가기 위해, 복을 회복하고 고통을 줄이기 위해 당신이 할 수 있는 일을 계속할 것이다.

선택 3. 만약 지식과 지혜를 가지고 하나님의 큰 이야기에 시선을 고정한다면, 당신은 이 가정이 가르쳐 주는 방향을 따라갈 기회를 받아들여 일렁이는 파도 속으로 나아갈 것이다. 당신이 가장 되고 싶어 하는 모습이 되고 있다는 벅찬 기대를 품고 자신 있게 말이다.

하나님이 **나중에** 내게 주시려고 하는 바를 바라는 나의 가장 깊은 열망은, 내가 죽음을 맞기 전 곧 내가 살아 있는 동안에는 **지금은** 해소하지 못할 갈망으로 경험될 것이다. 루이스는 이렇게 적는다.

그리스도인들은 이렇게 말한다. "피조물이 태어날 때부터 느끼는 열망이 있다면, 그 열망을 채워 줄 대상도 있는 것이 당연하다. 아이는 배고픔을 느낀다. 그러니까 음식이란 것이 있다. 새끼 오리는 헤엄치고 싶어 한다. 그러니까 물이 있는 것이다.…만약 이 세상에서의 경험으로 채워지지 않는 열망이 내 안에 있다면, 그것은 내가 이 세상이 아닌 다른 세상에 맞게 만들어졌기 때문이라는 것이 가장 그럴듯한 설명일 것이다. 지상의 쾌락으로 그 열망을 채울 수 없다고 해서 우주 전체를 가짜라고 볼 수는 없다. 아마 지상의 쾌락은 이 열망을 채우기 위해 생긴 것이 아니라, 다만 이 열망을 일깨워 주고 참된 것이 무엇인지 암시해 주려고 생겼을 것이다."[5]

다른 곳에서 루이스는 천국에서만 충족될 수 있는 열망이라는 의미를 담아 "해소하지 못할 갈망"(inconsolable longing)이란 어구를 만들어 냈다.

나는 무한하게 선하고 강한 하나님이 창조하고 다스리시는 세상에서 모든 것이 **본연의 모습대로** 되기를 염원한다. 나의 불완전함 탓에 지금은 불가능하지만, 하나님과 완벽하게 친밀한 관계를 누리기 원한다. 삼위일체의 세 구성원이 서로 관계를 맺는 것과 똑같은 열정과 동기를 가지고 다른 사람과 관계를 맺기 원한다. 가난, 난민촌, 테러 위협, 전쟁, 시기심, 질병이 없는 세상에서 살기를 원한다. 죽음과 슬픔과 울음과 고통이, 심지어 죄를 범하려는 충동까지도 죄다 사라져 버리기를 원한다. 이것과 그 외에 더 많은 것이 나의 그리고 아마도 당신의 해소하지 못할 갈망에 해당한다.

하지만 지금 내 안에는 즐거운 만족을 바라는 **해소할 수 있는 갈망**(consolable longing)이 있다. 그 갈망은 천국에서 소유하여 누리게 될 바를 바라는 열망을 일깨우는 것 같다. 그 열망은 내 영혼 안에 있는 해소하지 못할 갈망으로서 지금 여기서 누리는 즐거움으로는 결코 충족되지 않는다. 하나님만이 채우실 수 있을 뿐 그분이 주시는 복으로는 채울 수 없는 만족을 바라는 열망이 죽음을 맞기 전까지 지금 내 안에 있을 것이다. 가끔 하나님은 튼튼한 건강과 행복한 가족, 좋은 친구, 번듯한 직업 등 우리가 기대하는 인생의 복을 주신다. 하지만 확실히 보장되거나 영원한 것은 아무것도 없다.

하나님이 존재하시고, 또 은혜 덕분에 그분이 우리와 함께하신다는 쌍둥이 진리에 전적으로 의존하면서, 우리가 지금 의미 있고 십오하게 누릴 수 있는 바가 있을까?

꿈은 부서지고 안전은 불확실하고 좋은 시절은 결코 오래 지속되지 않는 세상에 살면서 나는 유혹과 실패가 몰려올 때 넘어지는 부족하고 연약하기 짝이 없는 사람이지만, 어려움 한복판에서 나를 지탱해 주고 활력을 불어넣어 주는 무언가를 지금 누릴 수 있다. 주권적인 하나님이 지금 우리에게 주신다고 확신할 수 있는 그것은, 좋은 시절과 나쁜 시절이 교차하는 동안 기쁨과 목적과 안정을 가져다줄 것이다. 해소할 수 있는 갈망의 만족은 현세에 채워질 것이라고 기대할 수 있다.

하지만 내가 가장 원하는 바는 하나님의 창조적 아름다움으로 가득한 순수한 세상에서 살아가는 것이다. 그리고 하나님의 사랑을 깨달아서, (다른 사람들과 더불어) 순전한 동기로 하나님과 다른 사람들을 사랑할 수 있는 사람으로 살아가는 것이다. 이런 일은 천국에서나 가능할 것이다. 그때까지 우리는 여전히 자기 중심성으로 오염된 타락한 세상에 살면서 현세에 온전히 충족될 수 없는 열망을 인식한다. 이 열망이 바로 해소하지 못할 갈망이다.

그렇지만 기쁨은 지금 누릴 수 있다. 그 기쁨은 순전하지는 않지만 **실재한다**. 나의 구속받은 마음에 성령께서 심으신, 제대로 사랑하려는 열망이 바로 해소할 수 있는 갈망이다. 지금으로서는 그리스도께서 우리를 사랑하셨듯이 다른 사람을 사랑하라는 그분의 명령에 순종하는 완벽한 수준까지 미치지 못하더라도, 이 정도만으로도 의미가 있다(요 13:34을 보라).

∽

나는 그동안 10여 차례 이상 이런 질문을 던졌다. 현세에서 하나님은 어떤 의미에서 선하신 걸까? 내가 보기에, 이 질문에 대한 대답은 지극히 많은 오해를 불러일으키고 지극히 인색한 평가를 받는다. 가장 단순하게 표현해서, 그 대답은 이렇다. 우리의 삶이 아무리 힘들고 고통스럽더라도, 우리는 다른 사람과 관계 맺는 방식을 통해 예수님의 사랑을 보여 줌으로써 아버지께 기쁨을 드릴 수 있다. 그리고 우리는 성령의 능력으로 그렇게 할 수 있다.

현세에서 하나님은 해소할 수 있는 갈망, 즉 제대로 사랑하려는 열망을 충분히 만족시켜 주실 수 있다.

"현세에서 하나님은 어떤 의미에서 선하신 걸까?" 그 대답은? 해소할 수 있는 갈망이 지금 경이로운 만족을 얻는다는 의미에서 그렇다는 것이다. 오직 우리가 전율하고 신뢰할 때에만. 그렇다면 하나님이 지금 나를 위해 무엇을 하실 것이라고 즐겁게 기대할 수 있을까? 우리의 해소할 수 있는 갈망은 무엇일까? 이 질문의 대답을 이해하고 받아들이고 기뻐할 때 우리는 예수님이 우리에게 주기 위해 오신 풍성한 삶에 다다를 것이다. 이 대답이 지닌 뜻밖의 위력을 이해하기 위해 이 대답에 대해 더 깊이 생각해야 한다.

나는 케네디 대통령이 사망한 뒤에 누군가가 영부인에게 성경의 대답을 가르쳐 주었기를 바랄 뿐이다. 나 자신을 위해 그 답을 알고 싶고 그것을 다른 사람과 나누고 싶다.

13장

해소할 수 있는 갈망

모든 그리스도인이 가장 원하는
선한 삶을 위한 하나님의 방침

훌륭하게 마무리할 수 있다는 것, 다시 말해 하나님의 길을 이해할 수 없을 때 전율하지만 여전히 그분의 길이 선하다고 믿는 굳건한 신뢰가 가능하다는 것을 우리보다 앞서서 증명한 사람들의 본보기가 없었다면, 거부하고 달아나라는 유혹이나 왜곡하고 부정하라는 유혹을 이겨 내기가 한층 더 힘들었을 것이다.

구하라. 그리하면 너희에게 주실 것이요. 찾으라. 그리하면 찾아낼 것이요. 문을 두드리라. 그리하면 너희에게 열릴 것이니.

마태복음 7:7

마태복음 7:7은 그리스도인들의 생각에 분명한 문제 하나를 제기한다. 이것은 예수님의 말씀이고, 제자들은 그분이 하신 모든 말씀을 믿는다고 공언한다. 하지만 이 구절에서 예수님은 우리의 경험상 사실과 맞지 않는 내용을 전하신다. 이럴 때 우리는 어떻게 해야 할까? 우리는 예수님의 말씀을 묵살할 수 없다. 더없이 명확해 보이는 어휘를 우리가 오해한 것일까? 어쩌면 그럴 수도 있겠다.

당신에게 중요한 어떤 것을 하나님께 요청했다가 받지 못한 적이 얼마나 많았는가? 어린 시절에, 또 최근에도, 하나님은 항상 기도에 응답하시지만 가끔 '아니다'로 응답하신다는 목사의 말을 듣곤 했다. 사실이든 아니든 이런 대답은 곤란한 질문을 차단하는 편리한 방법이라는 생각이 든다. 당신은 마땅히 간절히 열망해야 할 복을 진심으로 구했지만 결국 찾지 못했던 적이 있는가? 지금도 계속 구하고 있는가? 얼마나 오래되었는가? 끈질기게, 더 나아가 필사적으로 두드렸지만 한 번도 열리지 않는 문은 무엇인가? 당신은 무심한 재판관이 계속 문을 걸어 잠그고 있다고 생각할 수도 있다. 하지만 사랑하는 아버지라면 어떻게 하실까? 우리는 하나님께 훨씬 좋은 것을 기대해야 하지 않겠는가?

우리는 모두 자신의 이야기를 가지고 있다. 우리는 모두 하나님의 초대에 응하여 무언가를 얻으러 그분께 나아갔지만 아무것도 얻지 못해 혼란과 실망 속에 전율한 경험이 있다. 앞서 인용한 구절에서 예수님이 하신 말씀은 우리에게 한 번도 일어난 적 없는 결과를 기대하게 만든다. 그렇게 되면 헌신적 그리스도인이라도 의심과 의문을 빽빽한 벽장 속에 밀어 넣고 문을 걸어 잠근 다음, 그리스도인의 삶을 계속하고픈 유혹을 받을 수 있다. 하지만 문을 열고 벽장 속을 뒤져서 더러운 옷 무더기를 한쪽으로 치우지 않으면 지저분한 세탁물 아래 한구석에 숨어 있는 보석을 발견하지 못할 것이다.

두 가지 실수

이 벽장 안에 들어가는 것은, 우리가 주님의 말씀에 잘못 반응하고 있을지 모른다는 사실을 인정하는 것이다. 우리는 두 가지 실수를 범할 수 있다. 더 보편적인 실수일수록 자연스러운 반사 행동이라고 느껴서 실수라고 인식하기 어렵다. 첫 번째 실수는, 안락함과 편안함을 주는 인생의 좋은 것들을 하나님께 당당하게 구하는 것이고, 또한 기도할 때 예수님이 하신 약속을 이행하실 것이라고 믿는 것이다. 우리는 마태복음 본문에서 예수님이 우리에게 하시는 말씀을 이해한다고 여긴다. 의미는 명백하다. 우리는 구하고, 주님은 주신다. 우리는 찾고, 주님의 사랑의 섭리 가운데 발견한다. 우리는 우리가 원하는 곳으로 들어갈 수 있는 문을 두드리고, 주님은 그 문을 열어 주신다.

우리의 간청이 수락될 때 하나님이 전하시는 이야기가 전진하지 못할 수도 있다는 생각 따위는 떠오르지 않는다. 우리의 간청이 수락된 결과가 심지어 걸림돌이 될 수도 있다. 하나님의 선한 이야기에 우리의 고난이 포함될 수 있을까? 얼토당토않다. 그래서 우리는 계속 구하고 찾고 두드린다. 예수님이 말씀하신 대로 행하실 것이라고, 우리가 바라는 대로 우리 인생에 복을 주실 것이라고 믿으면서.

그런데 때때로 하나님은 그렇게 하지 않으신다. 우리는 혼란을 겪고 생각하기 시작한다. 예수님은 우리가 원하는 복을 풍성히 주셔서 우리의 삶을 더 수월하고 행복하게 만들어 주겠다고 약속하셨을까? 약속하지 않으셨을까? 표면상 마태복음 본문은 예수님이 그렇게 약속하셨다고 말하는 것 같다. 우리는 그분의 말씀을 존중한다고 여기면서, 이로써 의심을 억누르고 의문을 접어 두고 하나님은 우리가 원하는 바를 주신다고 계속 믿는다. 첫 번째 실수다.

또 다른 실수는 훨씬 성숙한 신자들이 종종 저지르는 것이다. 그리스도인의 믿음이 더 깊이 성장하고 하나님을 누리는 것이 우리에게 약속된 가장 중요한 선이라는 사실을 뚜렷이 인식하게 되면서, 우리는 하나님의 온유한 임재를 풍성히 경험하고픈 열망을 발견할 수 있다. 그 임재는 우리의 두려움을 가라앉히고 탄식을 잠재우고 흔들림 없는 기쁨으로 우리를 채우기에 충분하다. 우리는 하나님을 알고 싶은 간절한 목마름을 느끼는 상태로, 천국에 이르기 전까지는 결코 소유하여 온전히 누릴 수 없는 그것을 경험하기를 기대하면서 구하고 찾고 두드린다. 우리는 영적 훈련을 성실히 수행하면서, 텅 빈 영혼을 열어 그분의 강력한 임재로 채우려고 할 것이다. **하나님을 기쁘시게 하기보다는 그분을 경험하게 되기를 더 염원하면서.**

이것도 실수다. 의식적이든 무의식적이든, 해소하지 못할 갈망과 접촉할 때 느끼는 공허함을 거부하는 행위의 중심에 그러한 염원이 자리잡고 있다. 우리의 공허함이 우리가 메마른 상태에서도 계속 하나님을 섬김으로써 그분을 기쁘시게 할 기회라고 받아들이기는 힘들다. 우리는 어떠한 영적 노력을 해도 우리가 가장 원하는 바를 온전히 얻지 못한다는 진리를 받아들이지 못한다. 천국의 기쁨을 바라는 갈망은 우리가 그곳에 이를 때까지 해소될 수 없다.

실수 1. 하나님이 최대한의 복과 최소한의 시련으로 이루어진 좋은 삶을 주실 것이라고 신뢰하라. 당신이 기대하는 바는 예수님이 약속하신 풍성한 삶이기 때문이다. 삶이 순탄하게 흘러가거든 더 이상 아무것도 구하지 말라. 당신은 바울조차 거기에 도달했다고 한 번도 주장하지 못한 곳에 이르렀다고 믿으라. 만약 삶이 끔찍하게 흘러가거든 **둘 중 하나**를 선택하라. 하나님이 당신이 원하는 바 곧 **어려움 없는 삶**을 주실 것이라고 믿으면서, 줄기차게 구하고 찾고 두드리라. **아니면** 하나님을 포기하고, 그분의 도움이 있든 없든 만족스러운 삶을 꾸려 가기 위해 당신이 할 수 있는 모든 일을 하라.

실수 2. 하나님이 계속되는 의심을 끝내고 두려움을 박살내고 마음을 어루만지는 사랑의 임재를 누리게 해 주실 것이라고 신뢰하라. 그 경험은 공허한 영혼을 당신이 염원하는 충만함으로 계속 채워 줄 것이다. 그분이 다시 오실 때까지 누구에게도 주지 않으실 그것 곧 **어려움 없는 영혼**, 온갖 슬픔과 비애로부터 벗어난 내면 세계의 자유를 지금 당장 당신에게 주실 것이라고 신뢰하라.

이 두 가지 실수는 마태복음 7:7에 있는 그리스도의 말씀을 엉뚱하게 받아들인 데서 기인한다. 하나님이 현세에 약속하지 않으신 것을 주신다고 믿는 오만한 어리석음을 깨달을 때에야 비로소 우리는 해소할 수 있는 갈망을 발견할 수 있을 것이다. 해소할 수 있는 갈망, 예수님이 우리를 사랑하셨듯이 다른 사람을 사랑하고 그 과정에서 하나님을 기쁘시게 하려는 갈망은 성령께서 침투하신 우리 영혼 안에 깊숙이 묻혀 있다. 이것은 우리가 천국에 이르기 전에 하나님이 가라앉혀 주실 갈증이다. 이 갈증에 자극받은 우리가 갈증을 만족시키기 위해 구하고 찾고 두드린다면 말이다.

천국에 다다르기도 전에 하나님이 우리를 천국으로써 만족시켜 주실 것이라는 기대(해소하지 못할 갈망)를 포기할 때에만, 우리는 예수님처럼 지금 올바로 사랑하려는 간절한 열망(해소할 수 있는 갈망)을 발견하게 될 것이다.

이 장에서 나는 해소할 수 있는 갈망을 조사하고, 또 하나님이 그 갈망을 만족시켜 주실 것임을 신뢰하도록 우리 모두를 격려하기 위해 혼신의 힘을 다하고 있다. 지금 내가 하려고 하는 일에는 상당한 수고가 들어갈 것이다. 나르시시즘적 기독교 문화에서 살고 있는 그리스도인 가운데 상당수는, 하나님이 풍성한 복을 주시는 좋은 삶 혹은 그분을 풍성하게 경험하는 좋은 삶을 즐길 당연한 권리가 우리에게 있다는 주장을 완고하게 고수한다. 우리 기호에 맞추어 만족할 자격이 있다는 특권 의식에 에워싸인 까닭에, 하나님이 만족시켜 주실 또 다른 갈망을 우리가 정말로 더 좋아할 것이라고는 상상조차 하기 힘들다.

∞

예수님이 어려움 없는 삶이나 어려움 없는 영혼을 허락하겠다고 약속하지 않으셨다고 쳐 보자. 그렇다면 우리 안에 우리가 죽기 전에 하나님이 만족시켜 주겠다고 보장하신 갈망은 없다는 암담한 생각을 어쩔 수 없이 받아들여야 할까? 아니면 성령께서 우리 안에 두신 해소할 수 있는 갈망이 거기 깊숙이 묻혀 있고, 예수님이 그 갈망을 만족시키기 원하신다는 확신을 가지고 그것을 그분께 가져갈 수 있을까? 이 말이 사실이라면, 이 갈망의 만족은 힘든 시절에 우리가 하나님의 선하심을 계속 신뢰하도록 해 줄 수 있다는 사실을 이해하는 것이 중요할 것이다.

하나님이 정하신 대로의 선한 삶, 하나님이 우리 안의 해소할 수 있는 갈망을 만족시켜 주실 때에만 가능한 삶을 살았던 하나님의 제자 몇 명을 간략히 살펴보면, 그 갈망이 무엇인지 이해하는 데 도움이 될 것이다. 히브리서 저자는 이렇게 말했다. "하나님의 말씀을 너희에게 일러 주고 너희를 인도하던 자들을 생각하며 그들의 행실의 결말을 주의하여 보고 **그들의 믿음을 본받으라**"(히 13:7, 저자 강조).

내가 지금 언급하려고 하는 남성과 여성(수없이 많은 사람이 더 있다)은, 우리가 인정하든 하지 않든 모두가 가장 살고 싶어 하는 선한 삶을 살았다. 그러나 우리 가운데 너무 많은 사람이 즐거운 복으로 풍성한 삶 혹은 풍성한 영적 경험을 지금 누릴 수 있다고 생각한다. 그리고 이것이 우리가 가장 원하는 삶이라고 생각한다. 이 어려움 많은 세상에 사는 동안 우리가 가장 가라앉히고 싶은 갈증을 하나님이 만족시켜 주실 것이라고 믿는다. 우리는 대개 그 외의 것을 바라는 열망을 인식하지 못한다. 심한 어려움 한복판에서 제대로 살아감으로써 고되게 얻는 기쁨을 갈구하기보다는, 이러한 풍성한 삶의 두 가지 변형에서 누리는 만족을 열망하는 편이 훨씬 쉽다. 제대로 된 삶이란, 제대로 사랑함으로써 하나님을 기쁘시게 하는 것이다.

나는 오늘날 세계 곳곳에서 얼마나 많은 그리스도인이 지상에서 마지막 날을 맞을 때까지도 해소할 수 있는 갈망에 무지한지, 그 갈망이 만족될 때에야 열매 맺는 삶(우리가 구원받고 천국에 들어갈 때까지 살아 내도록 하나님이 의도하신 삶)이 가능하다는 사실에 무지한지 궁금하다. 설명하기 어려운 내용은 실제 사례를 통해 이해하는 편이 더 쉽다. 그래서 나는 해소할 수 있는 갈망이 일깨워져 만족될 때 어떤 일이 가능한지 보여 주는 일곱 사람의 생애를 살펴보려고 한다.

해소할 수 있는 갈망이 만족을 얻은 일곱 가지 사례

1) 아브라함

이 믿음의 영웅은, 하나님이 짐을 싸라고 말씀하셨을 때 자기를 어디로 데려가실지 알지 못한 채 고향에서의 유복한 삶을 포기했다. 여러 가지 역경과 실망, 한 가지 끔찍한 시험―하나님은 그에게 아들을 죽이라고 지시하셨다―을 거치면서 아브라함 안에 무언가가 살아남았다. 무언가 선한 것이. 그는 하나님이 겪어 보라고 마련하신 모든 시련을 견뎌 냈다. 완고하게 하나님을 거부하고 달아나지도 않았고, 자신이 들었던 그분의 부르심을 왜곡하거나 부인하지도 않았다. 비참하게 실패했을 때에도 아브라함은 하나님의 길 앞에서 전율했지만 결국 그분의 선하신 뜻을 신뢰했다. 아브라함의 영혼 안에 무언가가 살아남았다. 무언가 선한 것이.

2) 모세

하나님의 백성을 인도하던 이 지도자는 전성기에 사치스러운 생활 방식의 쾌락을 내던졌고, 40년 동안 소박한 목자의 삶을 살았다. 그 뒤 불만을 쏟아내는 2백만 명의 백성 곧 하나님의 선민 모두를 척박한 광야를 거쳐 더 좋은 곳으로 인도할 때, 그는 다시 40년 동안 끝없이 이어지는 시련을 견뎌 냈다. 하지만 하나님의 계획에 따라, 모세는 약속의 땅에 들어가기 전에 죽음을 맞았고, 자신의 수고에 대해 기대했던 보상을 누리지 못했다. 하나님의 모든 제자와 마찬가지로 모세는 실패했다. 하지만 이 모든 과정에서 그는 거부하고 달아나지 않았다. 그는 하나님의 계획을 변질시켜 더 안락한 것으로 왜곡하지 않았고, 그분의 계획이 힘들다는 사실을 부정하지 않았다. 모세 안에 무언가가 살아남은 덕분에, 하나님이 영원한 보상으로 데려가실 때까지 그는 계속 전율하고 신뢰했다.

3) 한나

이 경건한 불임 여성은 남편의 다른 아내 브닌나로부터 번번이 굴욕을 당했다. 아이를 낳은 브닌나는 아이가 없다는 이유로 한나를 잔인하게 조롱했다. 마침내 기나긴 불행의 시간이 지난 뒤 하나님은 한나의 울음소리를 들으셨다. 한나는 건강한 사내아이 사무엘을 낳고서 기뻐하며 이렇게 고백했다. "내가 여호와께 그를 구하였다"(삼상 1:20). 한나는 구했고, 하나님은 주셨다. 하지만 하나님은 그녀가 기뻐할 훨씬 선한 일을 염두에 두고 계셨다. 사무엘이 젖을 떼기 시작했을 때, 한나는 자기 아들이 "평생토록 여호와께 속하기를" 바라면서 "여호와께" 바쳤다(28절, NLT). 사무엘은 걸음마를 하던 시절부터 이스라엘의 대제사장 엘리의 가정에서 생활했다. 그때 한나는 1년에 한 번씩만 아들을 찾아왔는데, 이는 어머니로서 감당하기에는 버거운 대가였다. 우리가 주목할 만한 놀라운 사실이 있다. 한나가 가장 깊은 기쁨의 노래를 부른 때는, 그녀가 사무엘을 낳았을 때도 아니고 사무엘에게 젖을 먹일 때도 아니었다. 그녀는 사무엘을 향한 하나님의 계획에 따라 친아들을 내어드리는, 풍성하지만 고통스러운 기쁨을 위해 모성의 기쁨을 희생시켰을 때 그 기쁨의 노래를 불렀다. 불임과 굴욕, 임신, 내려놓음을 통해 하나님이 기뻐하실 만한 무언가가 한나 안에 살아남았다. 한나는 자기 안에 살아남은 그것에 힘입어 전율하고 신뢰했다(삼상 2장을 보라).

4) 에스더

믿기 힘들 정도로 높은 지위에 오른 이 페르시아의 황후 곧 성 도착에 빠진 이교도 왕의 아내는 하나님을 경외하는 젊은 유대인 여성으로서, 육체의 아름다움 덕분에 하나님의 백성을 위한 그분의 계획에 봉사할 수 있었다. 에스더는 불경한 왕의 왕비가 되어 하나님의 이야기의 각본을 성취할 기회를 얻게 되었다. 그것은 그녀가 기대한 적도 없고 원한 적도 없는 불편한 기회였다. 하나님이 주권적으로 상황을 통제하신 덕분에 에스더 안에 살아남은 무언가가 그녀를 붙들어 주었기에, 그녀는 자신의 생애를 위한 하나님의 계획에 순종하는 선한 삶을 살 수 있었다. 에스더가 "왕후의 자리를 얻은 것이 이때를 위함"이었다(에 4:14). 그녀는 하나님의 숭고한 부르심을 거부하지도 않았고 그 부르심에서 달아나지도 않았다. 그분의 부르심을 왜곡하거나 부정하지도 않았다. 에스더는 자기 인생을 향한 하나님의 험난한 계획에 전율했지만, 그분이 선한 결과를 의도하신다고 믿었다.

5) 예레미야

하나님이 이 눈물의 예언자(그가 이 호칭으로 널리 알려진 데는 그럴 만한 이유가 있다)에게 맡기신 사역은 그를 두려움에 빠뜨렸다. 예루살렘 시민들 곧 동족이 학살당하고 살아남은 하나님의 백성은 포로가 되어 바빌론으로 끌려갈 것임을 예고하고 직접 목격해야 하는 사역이라니. 그 사역은 예레미야에게 눈에 보이는 열매를 안겨 주지 못할 것이었다. 이 젊은 예언자는 하나님의 부르심에 순종하지 않을 때 자기에게 닥칠 어려움에서 벗어나려고 몸부림쳤다. 하지만 거부하거나 달아나지 않았다. 예레미야는 전진했다. 예상했던 대로, 그는 고난을 당했다. 하지만 그는 결코 자신이 이해한 하나님의 부르심을 변질시켜 훨씬 마음에 드는 다른 것으로 왜곡하지 않았다. 그리고 역경을 감내하라는 부르심을 부정하지 않았다. 예레미야는 하나님이 견뎌 내라고 당부하신 일이 초래한 고충을 구약의 어떤 예언자보다 더 강한 언어로 한탄했다. 그래도 쓰디쓴 눈물을 통해 그의 안에 무언가가 살아남았다. 예레미야는 계속 전율하고 신뢰하면서 유종의 미를 거두었다.

6) 바울

이 이방인을 위한 사도는 하나님을 신뢰하기 위해 유별나게 가혹한 대가를 치렀다. 오늘날 가장 헌신적인 예수님의 제자들이 치러야 할 것보다 훨씬 가혹한 대가였다. 그는 고난을 이겨 낸 자신의 인내가 다른 사람들도 인내하도록 격려하기 위한 하나님의 계획이었음을 감사하는 마음으로 깨달았다. "우리가 환난당하는 것도 너희가 위로와 구원을 받게 하려는 것이요 우리가 위로를 받는 것도 너희가 위로를 받게 하려는 것이니." 무슨 목적을 위해서? "우리가 받는 것 같은 고난을 너희도 견디게" 하기 위해서(고후 1:6). 많은 시련과 역경을 겪은 뒤, 바울은 로마 지하 감옥에서 지상의 마지막 날을 보내면서, 예수님을 따랐다는 죄목으로 받을 처형을 외로이 기다리고 있었다. 그는 감방에 앉아 믿음의 아들 디모데에게 이런 말을 적어 보냈다. "나는 선한 싸움을 싸우고 나의 달려갈 길을 마치고 믿음을 지켰으니"(딤후 4:7). 우리가 이 책의 3장에서 보았듯이 당시 사울로 알려졌던 바울은 전에는 하나님의 말씀을 변질시켜 자신의 오만한 유대적 사고에 부합하는 소식으로 왜곡했다. 또한 인생에서 어려움을 막아 주고 자신을 권력을 지닌 중요한 인물로 느끼게 해 주는 계획으로 왜곡했다. 하지만 예수님을 만난 뒤 바울은 30년 이상을 주님의 신실한 제자로 살았다. 하나님이 그의 눈을 열어 주셔서 복음이 온갖 필연적 고난을 예고한다는 사실을 깨달았을 때, 그는 하나님을 거부하지도 않았고 달아나지도 않았다. 그리고 그는 결코 복음의 좋은 소식을 변질시켜 수월한 삶을 바라는 자신의 열망에 훨씬 부합하는 소식으로 다시 왜곡하지 않았다. 또한 하나님의 좋은 소식에 내포된 험난한 진실을 부정하지도 않았다. 바울 안에 무언가가 살아남았고, 그것이 그리스도를 위해 고난받는 풍성한 삶을 살 수 있는 능력을 그에게 주었다. 바울은 전율했다. "우리가 사방으로 우겨쌈을 당하여도 싸이지 아니하며 답답한 일을 당하여도 낙심하지 아니하며"(고후 4:8). 바울 안에 무엇이 살아남았든 그로 인해 바울은 좁은 길을 걷는 선한 삶을 살 수 있었다.

7) 내 아버지

아버지의 삶은 복과 엄청난 상실이 섞여 있는 이야기다. 1917년, 다섯 살배기 아이였을 때 아버지는 유행성 독감으로 할아버지를 여의셨다. 아버지는 1991년에 장남(나의 유일한 형제)을 비행기 사고로 잃으셨다. 아버지는 일찍이 암 때문에 유일한 형제를 잃으셨다. 나이가 드신 뒤에 아버지는 6년간 진행된 알츠하이머로 아내를 잃으셨다. 아버지는 말이 없으신 분이었다(성장 배경으로 보나 기질로 보나 아버지는 영국 서민이셨다). 하지만 80대의 어느 날, 아주 드물게도 아버지는 조용히 이렇게 말씀하셨다. "나는 힘든 인생을 살았단다." 하지만 아버지는 한 번도 성경을 덮지 않으셨다. 아버지는 주일마다 주의 만찬을 거르지 않으셨다. 아버지는 있는 힘을 다하셨고, 결코 거부하거나 달아나지 않으셨고 왜곡하거나 부정하지도 않으셨다. 아버지의 영혼 깊은 곳에 무언가가 살아남았다. 아버지는 선한 싸움을 싸우셨다. 경주를 완주하셨다. 끝까지 신실함을 지키셨다. 아버지는 임종 자리에서도 전율하셨지만 여전히 신뢰하셨다. 돌아가시기 10년 전, 이른 새벽에 깊은 잠에서 갑자기 깨어나셨을 때 아버지의 마음속에 두 단어가 강한 인상을 남기며 계속 맴돌았다. **순전한 기쁨.** 하나님은 아버지에게 환상을 주셨는데, 돌아가실 때까지 예수님을 따랐던 84년 생애 동안 아버지가 받으신 세 번의 환상 중 하나였다. 환상 속에서 아버지는 70여 년 전에 마지막으로 뵈었던 할아버지를 보셨다. "아빠, 그곳은 어떤가요?" 아버지가 물으셨다. 그때 아버지는 살아 계신 듯 생생한 할아버지의 대답을 들으셨다. "나중에 네가 맛볼 경이로움을 망치고 싶지 않구나. 말할 수 없을 만큼 좋다." 아버지는 다시 잠이 드셨다. 그때까지 아버지 안에 살아남아 있던 그것은 아버지에게 남은 마지막 몇 해 동안 새 힘을 더해 주었다.

∽

나는 이 사람들의 이야기, 또한 다른 많은 사람의 이야기를 기억한다. 이들의 이야기는 잘 마무리하고픈 열망을 강화해 준다. 하지만 매일 타협하려는 유혹, 곧바로 손에 넣을 수 있는 안녕에 우선순위를 두고픈 유혹에 맞닥뜨린다. 그런 기회는 많다. 거부하기 힘든 일도 있고, 이기적인 행동임을 깨닫기 어려운 일과 그리스도를 영화롭게 하는 행동이 아님을 깨닫기 어려운 일도 있다. 하나님이 막으실 수 있다고 생각했고 또 막아 주시기를 간절히 바랐던 어려움이 나를 괴롭힐 때 가장 강한 유혹을 느낀다.

이런 순간에 나는 에스겔의 말을 떠올린다. 그는 "근심하고 불안해"했지만 "여호와의 손이 나를 강하게 붙들어 주셨다"라고 말했다(겔 3:14, 현대인의성경). 이 일곱 명의 남성과 여성—아브라함, 모세, 한나, 에스더, 예레미야, 바울, 그리고 내 아버지—이 자신들의 인생에서 당혹스러운 실망과 가혹한 역경을 경험했다는 점은 분명해 보인다. 하지만 그들은 또한 자기들을 붙들어 주시는 주님의 강한 손길도 경험했다.

무엇이 그들을 붙들어 주었을까? 적어도 이것만은 확실하다. 그들은 안락함을 보장하지 않는 하나님의 생각과 길로 인해 전율을 겪었다. 그리고 그에 응답하여 그들 모두 자신들의 영혼을 깊이 들여다보면서, 자신들을 끝까지 신실하게 지켜 주고 인내하게 해 줄 능력을 그 안에서 찾아내려고 했다. 그들은 내면에서 깊은 갈증 곧 어려움과 유혹의 순간에 그 무엇보다 더 강렬한 열망을 발견했던 것 같다. 다시 말해, 최악의 순간에도 자신들이 볼 수 있는 시야 너머에서 선한 이야기, 그 결말이 심히 좋아서 그곳에 도달하기 위해 거쳐야 하는 모든 어려움을 상쇄할 수 있는 이야기가 펼쳐지고 있다고 신뢰하며 **견뎌야 할 갈증**이다.

그들 모두 안에 무언가가 살아남았다. 선한 것, 성령께서 일깨워 주신 것이다. 이것이 **해소할 수 있는 갈망**, 앞에 있는 것을 항상 소망하면서 힘든 시절을 견디고 계속 제대로 사랑하려고 하는 갈망이다. 가장 단순하게 표현하면, **하나님과 다른 사람을 사랑하는 능력과 열망이 시들지 않고 점점 커지면서, 좋은 때나 나쁜 때를 불문하고 인내하려는 갈망**이다.

거룩하고 주권적인 사랑의 하나님이 만드신 우주에 존재하는 모든 것이 본연의 모습으로 회복되기를 바라는 갈망은 해소할 수 없는 갈망이다. 이러한 갈망으로 인해 우리는 충족되지 않는 열망을 품고 내적으로 신음한다. 구원받아 하나님의 형상을 지닌 우리 영혼 안의 모든 열망이 영원한 기쁨으로 가득 채워질 그날을 간절히 기다리면서 말이다.

그런데 해소할 수 있는 갈망, 만사가 바로잡힐 때까지 우리 자신과 세상 안의 모든 과오를 성실하게 인내하려는 갈망은, 다름 아니라 예수님이 기도에 응답하겠다고 약속하셨을 때 염두에 두셨던 갈망이라고 할 수 있다. 그렇다면 우리가 해야 할 일은, 중간에 포기하지 않고 시련을 견뎌 내려는 갈망을 충족시켜 달라고 하나님께 **구하고**, 생명에 이르는 좁은 길에 머물기 위해 우리에게 필요한 모든 것을 **찾고**, 심지어 고난이 오고 친구들이 실망할 때에도 하나님의 주권적 계획이 선하다고 신뢰하는 능력의 저장고를 여는 문을 **두드리는** 것이다. 예수님은 자신의 고난이 아버지와 공유한 목적을 성취한다는 사실을 알고 십자가를 견디셨다. 우리도 동일한 이유로 우리의 시련을 견딜 수 있다.

바로 그때 실로 우리가 구하는 바를 얻을 것이다. 우리가 찾는 바를 찾을 것이다. 우리가 가장 원하는 곳으로 가는 문이 열릴 것이다. 주권적으로 통치하는 하나님이 반드시 그렇게 해 주실 것이다.

14장

우리는 하늘에 계신 할아버지를 더 신뢰하고 싶어 하는가?

우리는 그렇게 하고 있는가?

> 실제로 우리 마음에 드는 하나님이란 우리가 무슨 짓을 하든 "네가 만족하기만 한다면 무엇이 문제가 되겠느냐?"라고 말씀하시는 하나님일 것이다. 사실 우리는 하늘에 계신 성부가 아니라 그냥 하늘에 계신 할아버지—흔히 말하듯이 '젊은이들이 즐기는 모습을 보기 좋아하는' 할아버지, 세상에 대한 계획이라고는 그저 하루가 끝날 때 "오늘도 모두 즐겁게 보냈지"라고 말할 수 있게 만드는 것이 전부인 연로하고 인자한 할아버지—를 원한다.
> —C. S. 루이스[1]

나처럼 당신도 주권적인 하나님 자신이 전하시는 이야기를 위해 더 나은 극본, 훨씬 즐거운 극본을 지어내실 수 있지 않았을까 궁금하게 여긴 적이 있는가? 전쟁은 너무나 빈번하게 벌어지고 고통스러운 일은 너무나 많은데, 정말 좋은 관계는 너무나 적다. 하나님이 사랑의 능력을 사용하여 만사가 훨씬 순조롭게 흘러가도록 조치하실 수는 없었을까? 우리는 이 이야기의 결말-영원한 천국-을 좋아한다. 그리고 지금 우리가 가진 해소하지 못할 갈망이 영원무궁히 또한 항상 넘치도록 충족될 것임을 보증하기 위해 예수님이 하신 일을 고려할 때 우리는 당연히(결코 충분하지는 못하겠지만) 감사한다. 하나님의 본래 계획은 우리가 낙원을 누리면서 사는 것이었다. 순결한 사람들이 잡초가 없는 동산에서 산다. 나무와 꽃과 생명수 샘물에 둘러싸여, 여전히 못 자국을 지니신 우리 구세주의 은혜로 사랑하는 성부의 친밀한 임재를 다 같이 누린다. 성령으로 충만해져서 하나님의 사랑이 우리에게서 다른 사람에게로 흘러간다. 이러한 낙원이 우리의 소유가 될 것이다. 그날이 오면 말이다.

그날이 오기 전 지금은 어떨까? 인생이 이렇게 힘들어야만 하는 걸까? 지금을 위한 그분의 계획은 수월하지 않다. 수월한 인생은 그분이 의도하셨던 바가 아니다. 왜 그런가? 내가 13장에서 제시한 주장은 정말로 사실일 수 있다. 하나님은 우리가 두려워하는 모든 것으로부터 우리를 보호하겠다고 약속하지 않으신다. 하나님이 약속하신 것은, 죽는 날까지 우리를 가로막는 온갖 역경을 감사하는 마음으로 견딜 만큼 충분히 그분의 사랑을 신뢰함으로써 그분을 기쁘시게 하려는 열망을 충족시켜 주시겠다는 것이다. 관건은 우리가 그 열망과 접촉하는 것이다. 베드로가 우리에게 하는 말을 정말로 믿고 진지하게 생각하는 것이 훌륭한 출발점이 될 수 있겠다. 즉 인생의 시련은 우리의 믿음이 진실함을 보여 주기 위한 것이다. 물론 가끔 시련은 우리의 믿음이 더 강해져야 한다는 점도 보여 주지만 말이다. 베드로는 이렇게 말했다. "너희 믿음의 확실함은 불로 연단하여도 없어질 금보다 더 귀하여 예수 그리스도께서 나타나실 때에 칭찬과 영광과 존귀를 얻게 할 것이니라"(벧전 1:7).

지금 내가 가장 원하는 것이 그날에 얻을 칭찬과 영광과 존귀인가? 역경을 극복하고 어려움이 적은 인생을 즐기고픈 열망보다 지금의 역경을 견디려는 해소할 수 있는 갈망이 훨씬 더 강할까? 내 안에 그런 염원이 존재하기나 할까? 생명에 이르는 좁은 길을 걷는 동안 하나님께 민감한 우리 영혼 안의 어딘가에서 그 열망이 일깨워지기를 간절히 기다리고 있을까? 하나님이 우리에게 주실 것이라고 신뢰할 수 있는 더 매력적인 무언가가 있어야 하지 않을까? 전율하고 신뢰하는 가운데 끈기 있게 인내하는 능력보다 더 매력적인 것, 하나님이 막거나 끝내지 않으시는 온갖 어려움 속에서도 올바로 사랑할 수 있는 능력보다 더 매력적인 것 말이다.

솔직히 말해서, 아직 온전히 새로워지지 못한 우리의 정신은 이러한 긴장 상태를 거부한다. 하지만 밑바닥에 자리잡은 성숙, 성령이 우리 안에서 계발하시는 성숙, 그리스도인의 모든 덕이 흘러나오는 성숙은 실로 최악의 시절에도 그리스도를 사랑하는 신적 능력이 될 수 있다. 또한 이것은 그리스도를 버리는 행위가 아주 타당해 보일 때에도 결코 그분을 버리지 않는다는 의미이자 견디기보다는 누리는 방향으로 흘러가기 쉬운 인생 경영에 결코 안주하지 않는다는 의미일 것이다.

우리가 받아들이기만 한다면, 이러한 성숙의 개념은 모든 형태의 만사형통 복음에 사형 선고를 내릴 것이다. 육신의 건강과 물질적 번영을 얻기 위해 하나님을 믿는 노골적 변형과 더불어, 끊임없는 영적 풍요의 경험(외로움을 달래 주고 공허감을 채워 주고 실패를 막아 주는 만족스럽고 영속적인 하나님의 친밀한 임재 경험)을 통해서만 얻을 수 있는 영혼의 건강을 약속하는 훨씬 교묘한 변형이 모두 해당한다.

바울은 둘 중 어느 쪽도 성령께서 이루시는 성숙이라고 보지 않는다. 그는 우리가 "그의 영광의 힘을 따라 모든 능력으로 능하게" 되기를 기도했다. 무엇을 위해? 인생의 복을 누리거나 하나님의 임재를 경험하기 위해? 나도 그랬으면 좋겠다. 하지만 바울의 말에 귀 기울여 보자. 당신을 "그의 영광의 힘을 따라 모든 능력으로 능하게 하시며 기쁨으로 **모든 견딤과 오래 참음에 이르게**" 하기 위해서다(골 1:11, 저자 강조). 견딤과 오래 참음은 바로 어려움이 찾아올 때 필요한 것이다.

바울은 본보기와 가르침 둘 다를 통해 이 점을 명확히 보여 주었다. 그리스도인의 삶에서 예수님의 제자들은, 하나님이 막으실 수 있었지만 심지어 우리가 기도하는데도 막아 주시지 않은 역경을 견뎌야 한다. 그렇다면 하나님이 우리가 견디기를 바라시는 어려움을 직접 준비하신다고 결론을 내려야 할까? 하나님이 어려움을 일으키신 걸까? 그럴 수도 있다는 생각만으로도 우리는 이런 일을 결코 하지 않을 하늘 할아버지께 매달리게 된다. 하지만 성경에서는 "범사에 감사하라. 이것이 그리스도 예수 안에서 너희를 향하신 하나님의 뜻이니라"라고 말한다(살전 5:18). 우리가 모든 상황에서 감사해야 하는 이유는, 하나님이 (실망스럽고 참담한 상황을 포함하여) 모든 상황을 주관하시면서 우리의 믿음의 진정성을 드러낼 기회를 주시기 때문일까? 하늘에 계신 성부께서 정말 이렇게 하실까?

두 가지 선택지

가능성은 두 가지뿐이다. 하나님이 만나게 하신 배우자가 당신의 마음을 아프게 하고 정기적인 혈액 검사에서 암이 발견되고 아들이나 딸이 신앙을 거부하고 그밖에 무엇이든 인생을 가로막는 어려움이 생긴 데 대해 하나님이 적극적 책임을 지셔야 한다. 그것이 아니라면 우리가 온전히 이해할 수 없는 선한 목적을 위해 하나님이 적극적으로 온갖 어려운 환경을 허락하신 것이다. 물론 이신론자는 이런 의문에 신경 쓰지 않는다. 이신론에서는 하나님이 인생의 대소사를 일으키거나 허락하지 않으신다고 주장한다. 이신론에 따르면, 하나님은 오래전에 만물을 창조하셨고 효율적 구조 안에 세상을 두셨고 그다음에는 물러나 개입하지 않으셨다. 이제 하나님은 '저기 높은 곳'에 살고 계시는 반면 우리는 '여기 아래서' 고투하고 있다.

　이신론의 사고가 맞는 것처럼 보이는 때도 가끔은 있다. 하지만 이신론은 형편없는 신학이다. 성경을 믿는 그리스도인은 결코 그런 견해를 수용할 수 없다. 예수님은 결코 우리를 떠나거나 버리지 않겠다고 약속하셨다. 갈보리를 견디신 주님이 자신이 한 말씀을 지키지 못하실 것이라고는 상상조차 할 수 없다. 어떤 의미에서, 주님은 우리와 함께 계시고, 또 우리가 주님과 함께 머물 수 있게 해 주셨다. 그렇다면 주님이 능력의 손으로 붙들고 계신 세상이 무너질 때―우리의 작은 세상이 무너질 때―우리는 무슨 생각을 해야 할까?

　영원에 다다를 때 주권적인 하나님은 반드시 모든 것을 완벽하게 정리하실 것이다. 그때까지, 에덴동산의 타락에서부터 그리스도의 재림까지 주권적인 하나님은 반드시 만사가 선한 목적을 위해 쓸모를 가지게 하실 것이다. 하나님은 자신이 전하시는 이야기를 계속 다스리신다.

하나님이 우리와 함께 계시고 지금도 다스리시고 언제나 우리를 사랑하신다고 믿는다면, 우리에게는 두 가지 사고방식만 남는다. 첫 번째, 하늘에 계신 성부께서는 모든 일을 적극적으로 일으키신다. 아니면 두 번째, 하나님은 모든 일을 적극적으로 허락하신다. 성경의 하나님을 믿는 믿음은 다른 선택지를 허용하지 않는다. 내가 보기에, 지금 이 순간 이 질문은 나 자신에게 중요하다. 나는 지금 영적 불모지와 같은 시절을 보내고 있다. 나는 많은 것을 믿지만, 지금 당장 나를 들뜨게 하는 것은 거의 없다. 생명수의 샘이 말라 버린 것 같다. 하나님이 주권적으로 이런 시절을 내게 주셨을까? 아니면 하나님은 그냥 나를 괴롭히기 위해 이런 시절을 허용하셨을까? 어느 쪽이 맞을까? 어느 쪽이 되었든 나는 여전히 메말라 있다.

하지만 어느 쪽으로 답하는지에 따라 하나님을 보는 방식에 약간의 차이가 생긴다. 힘든 일을 일으키시는 하나님이라면 누리는 것은 고사하고 신뢰하기조차 힘들다. 하나님이 힘든 일을 허용하시는 데는 타당한 이유가 있을 수 있다고 믿기가 조금 더 쉬운 것 같다. 물론 어려움을 일으키시는 하나님도 타당한 이유가 있어서 그렇게 하시는 것일 수도 있다. 아무튼 나는 하나님이 하늘에 계신 할아버지라고 생각하는 쪽을 더 좋아할 것이다. 제게 복을 내려 주소서! 저를 고쳐 주소서! 제가 간절히 바라는 좋은 삶을 주소서! 하지만 현실 세계에서는 이런 소망을 만끽하기가 어렵다. 어려운 질문이 남는다. 주권적인 하나님이 그분이 전하려고 하시는 이야기를 위해 작성하신 가장 너그러운 극본에 내 주위에서 또 내 안에서 보는 모든 것이 포함되어 있을까?

분명 하나님은 이혼을 미워하신다. "나는 이혼하는 것[을]…미워하노라"(말 2:16). 그렇지만 이혼 법정은 날마다 사람들로 넘쳐난다. 내 생각에, 하나님이 자신이 미워하는 일을 일으키신다고 믿기는 어렵다. 또한 하나님은 세상의 모든 잘못을 미워하신다. 예수님이 나사로의 무덤에 서서 누이 마리아가 우는 모습을 보셨을 때, 요한이 전하는 바에 따르면 예수님 안에서 "깊은 분노가 솟아올랐다"(요 11:33, NLT). 하나님은 내 몸 안의 암을 미워하신다. 그분은 당신의 불면증을 미워하신다. 그분은 무엇이든 삶을 힘들게 하는 것을 미워하신다. 하나님이 정말 우리의 고난을 미워하신다면 왜 고난을 해결하기 위해 더 많은 일을 하시지 않을까?

만약 하나님이 우리의 고난을 일으키신 것이 아니라 타당한 이유에서 그분이 미워하시는 일을 단지 허락하시는 것이라 해도, 그분이 주권적으로 허락하신 어려움을 겪으면서 그분의 변함없는 사랑을 감사하는 마음으로 신뢰하기 위해서는 여전히 작은 믿음 이상의 것이 필요하다.

사실 하늘에 계신 우리 아버지, 성자를 영원토록 사랑하는 성부께서 그리스도가 십자가에서 겪으신 고난을 일으키셨다. 이사야는 예언자의 예지력으로 "[예수님을] 짓밟고 슬픔을 주는 것"이 하나님이 "선한 계획"이었다고 말한다(사 53:10, NLT). 또한 하나님은 반드시 바빌론이 이스라엘을 멸망시키도록 하기 위해 적극 개입하셨다. 하박국은 그 점을 이해할 수 없었다. 이제 우리는 적어도 가끔씩 어려움을 일으켜 우리의 길을 가로막으시는 주권적인 하나님 앞에서 평안을 누려야 할까? 하나님이 곤경을 일으키신 것이 아니라면 분명 하나님이 곤경을 허용하신 것이다. 주권적으로 일으키셨든 주권적으로 허용하셨든 곤경은 여전히 우리의 삶을 괴롭힌다.

전능한 작가가 전하실 수 있는 이야기에 알맞은 더 나은 대본을 쓰기 위해 대단한 창의력이 필요한 것은 아니다. 나도 그런 행동을 했고, 우리 모두 마찬가지다. 나는 이것을 우리의 작은 이야기라고 부른다. 이 이야기의 플롯은 우리가 이해할 수 있다. 우리는 하나님도 이 플롯을 받아들이셔야 한다고 생각한다. 그런 다음 우리는 무의식중에 하늘에 계신 할아버지께서 우리가 고안한 계획에 만족스러운 미소를 지으며 협력하실 것이라고 믿는다. 유아기부터 우리는 그 어떤 선보다 목전의 행복을 떠받드는 어리석은 본성에 따라, 우리의 출생에서 시작하여 죽음에서 끝나는 이야기를 만들어 내기 시작한다. 현세의 모든 고통이 실로 사소해 보일 만큼 내세의 삶이 좋다는 점을 고려하지 않은 채, 우리는 하나님과 공동 저자가 되어 하나의 이야기를 만들어 낸다. 하나님이 바로 우리가 숭상하는 최고 가치 즉 복 받은 좋은 삶을 제공하는 데 협력하기로 주권적이고도 자유롭고 지혜롭게 선택하시기를 요구하는 이야기다. 우리가 할 일은 인생사를 통해 하나님을 기쁘시게 하는 것이다. 하나님이 하실 일은 우리의 삶이 반드시 우리가 쓴 대본대로 성취되게 하시는 것이다.

바울은 다른 이야기에 가담했다. 바울은 역경으로 점철된 극히 거룩한 삶을 산 뒤 처형을 기다리며 감옥에서 쓴 편지에서 디모데에게 이렇게 말한다. 나는 "하나님의 뜻으로 말미암아 그리스도 예수 안에 있는 생명의 약속대로 그리스도 예수의 사도"가 되었다(딤후 1:1). 그런 다음 바울은 이렇게 쓴다. "오직 하나님의 능력을 따라 복음과 함께 고난을 받으라"(8절). 같은 편지에서 나중에 그는 그리스도를 믿음으로 약속된 생명에는 이런 약속이 포함되어 있음을 디모데에게 상기시킨다. "참으면 또한 함께 왕 노릇 할 것이요"(2:12). 바울은 편지 말미로 가면서 주님을 위해 "고난을 받으[라]"라고 간단명료하게 말한다(4:5).

한 가지는 명확해 보인다. 우리 그리스도인에게 약속된 삶은 우리가 주권적인 사랑의 하나님이 주실 것이라고 당연히 기대하는 삶과는 다르다. 아마 우리가 가진 주권 개념을 수정해야 할 것 같다. 이 점을 마음에 새겨 두라.

시편 기자는 주권적인 하나님이 "하늘에 계셔서, 하고자 하시는 어떤 일이든 이루신다"는 사실을 우리가 깨닫기를 바란다(시 115:3, 새번역). (이해하기가 쉽지 않겠지만) 올바른 주권 개념을 가진다면, 하나님의 주권적 계획이 성취할 아름다운 선을 명확히 이해한다면 우리의 경배는 한층 고무될 것이다. 실제로 하나님이 막지 않으신 역경을 우리가 견디기 바라신다는 사실을 깨달을 때도 그럴 것이다. 주권에 대해 올바로 이해하지 못한다면, 주권적인 하나님은 우리가 편안함을 누리는 것보다 고통을 견디는 것을 원하는 사디스트 신처럼 보일 것이다. 그럼 우리는 마조히스트 인간, 우리가 견뎌야 하는 고통을 비정상적으로 즐기도록 하나님에 의해 창조된 사람이 된다. 당신은 이 말을 받아들일 수 있는가?

세 개의 이야기

전율을 경험하는 우리가 생각하기에, 주권적인 하나님이 기대하시는 일, 따라서 하늘에 계신 성부께서 행하시는 일은 절대 능력의 혹독한 남용, 심지어 부당한 남용이라는 인상을 줄 수 있다. 우리보다 예전에 살았던 다른 사람들도 비슷한 느낌을 받았다. 나는 지금 요나와 사울과 하박국을 생각하고 있다. 우리는 어떤 의미에서 하나님이 그들 각자의 삶에서 주권적 계획을 신실하게 행하셨다고 이해할 수 있을까? 하나님의 주권이 어떻게 작동하는지 볼 수 있다면 아마 그분이 주권적이시라는 말의 의미를 더 잘 이해할 수 있을 것이다. 그들의 이야기가 하나님이 쓰신 책에 기록된 이유를 되짚어 보는 것이 좋겠다. 하나님의 길을 이해할 수 없었던 세 사람, 적어도 한동안 자신의 삶을 하늘에 계신 할아버지께 의탁하기를 더 좋아했던 세 사람의 이야기 말이다. 앞 장들에 적은 내용을 간단히 되돌아보는 사이에 성령께서 들려주고자 하시는—나는 그렇게 믿는다—경고를 깨달으라.

요나는 하나님의 길을 이해할 수 없었다

하나님은 요나를 통해 고난받는 이스라엘에게 복이 올 것이라고 선언하셨다. 그리고 복이 왔다. 이는 요나가 보기에 합당한 일이었다. 당연히 요나는 하나님이 주신 좋은 것들을 누리고 싶었다. 당연히 그렇게 해야 한다. 아내와 나는 우리 두 사람의 즐거움만을 고려하면서 계획한 좋은 친구들과의 주말 여행에서 방금 돌아왔다. 하나님은 우리가 며칠 동안 좋은 시간을 보내기를 바라셨다. 바울은 "우리에게 모든 것을 후히 주사 누리게 하시는" 하나님을 신뢰하라고 격려했다 (딤전 6:17).

내가 보기에 요나는 이야기가 여기서 끝날 것이라고 예상했다. 삶은 무난하게 흘러가고 있었다. 하지만 하나님은 요나의 무난한 삶에 불청객처럼 개입하셨다. 하나님은 이스라엘을 벗어나 위험 지역을 통과하는 수백 킬로미터의 먼 길을 걸어 니느웨까지 가라고 말씀하셨고, 악한 니느웨 백성과 왕에게 그들이 받아 마땅한 파멸에서 벗어날 방법을 말해 주라고 명령하셨다. 니느웨는 이스라엘의 존재 자체를 위협했던 잔인하고 공격적인 강대국 앗시리아의 수도였다.

이스라엘을 자기 백성으로 선택한 위대하신 절대자 여호와께서 더 분명한 사랑의 계획을 만들어 내실 수는 없었을까? 하나님이 의로운 분노로 니느웨를 심판하셔서 이스라엘이 대적이 가하는 위험에서 벗어나 온전히 복을 누릴 수 있다면 훨씬 더 낫지 않았을까? 이것이 요나가 이해하기 쉬운 계획이었다. 이것이 하나님의 절대 권력을 더 바람직하게 사용하는 방식이고 하늘에 계신 할아버지가 전해 주실 이야기다.

사울은 하나님의 길을 이해할 수 없었다

예수님을 만나고 바울로 개명하기 전에 하나님을 경외하고 그분의 영예에 열중한 헌신적 유대인이었던 사울은 하나님의 유일한 선민 이스라엘이 세상에서 특권적 지위를 누릴 것이라고 단정지었다. 오순절 이후로 교회는 그리스도의 신부이자 소중한 연인이었다. 하나님이 버리신 이 세상에서 우리에게는 하나님의 특별한 보호와 풍성한 복을 받을 특권이 있지 않을까? 고통을 막을 수 있는데도 신부가 고통을 겪게 하는 남편이 있을까? 우리들 곧 그리스도의 신부는 하나님이 일으키거나 허용하신 어려움을 **반갑게 맞아야** 할까?(약 1:2을 보라) 이스라엘의 특권적 지위를 지키기 위해 사울은 이스라엘이 마땅히 누려야 할 명성을 가로막는 반대 세력을 제거할 프로그램에 가담했다. 나는 나의 필요, 나의 당연한 정의, 내가 쟁취한 명성을 부정하는 사람과 전쟁을 벌이고 있지 않은가? 사울은 새롭게 나타난 예수라는 이름의 거짓 메시아를 따르는 모독적인 제자들에게 마땅한 분노를 퍼부었다.

사울에게는 자신의 폭력적 계획을 지지한다고 여길 만한 성경의 근거가 있었다. 가말리엘의 문하생으로 지내던 시절 분명 그는 예언자 스가랴의 말을 읽고 그 말씀에 끌렸다.

> 내가 그들로 나 여호와를 의지하여 견고하게 하리니 그들이 내 이름으로 행하리라. 나 여호와의 말이니라.…땅에 있는 족속들 중에 그 왕 만군의 여호와께 경배하러 예루살렘에 올라오지 아니하는 자들에게는 비를 내리지 아니하실 것인즉 만일 애굽 족속이 올라오지 아니할 때에는 비 내림이 있지 아니하리니 여호와께서 초막절을 지키러 올라오지 아니하는 이방 나라들의 사람을 치시는 재앙을 그에게 내리실 것이라. (슥 10:12; 14:17-18)

짐작하건대, 사울의 사고방식으로 볼 때 하나님은 자신의 계획을 이보다 더 명확하게 밝히실 수는 없었을 것이다. 사울이 자기 마음대로 이해한 하나님의 이야기 대본은 그의 대본과 멋지게 들어맞았다. 하나님이 승인하신 사울의 사명은 그리스도인을 투옥하거나 살해하는 것이었다. 만약 사울이 성경에서 읽는 내용에 편견을 가지지 않았다면 그의 시선은 이사야의 말에 머물렀을 것이다. "여호와께서 그에게 상함을 받게 하시기를 원하사 질고를 당하게 하셨은즉 그의 영혼을 속건 제물로 드리기에 이르면 그가 씨를 보게 되며 그의 날은 길 것이요 또 그의 손으로 여호와께서 기뻐하시는 뜻을 성취하리로다"(사 53:10). 맹목적 시선과 오만한 마음 탓에 이사야의 예언이 예수님의 죽음과 부활에서 실현된 것은 아닌지 최소한의 의문조차 품을 수 없었다.

맹목적이고 오만한 사울은 도리어 자신의 편견에 맞추어 하나님의 메시지를 왜곡했다. 하나님의 메시아가 비천한 환경에서 태어나 성장하고 그 후에 저주받은 나무에 달려 나약하게 죽을 것이라는 생각은 사울의 신념을 넘어선 것이었다. 그리고 진짜 메시아가 멸시받는 이방인을 사랑하고 그들을 하나님의 유대인 가족의 형제와 자매로 맞아들인다는 사실은 생각조차 할 수 없었다. 그래서 사울은 하나님이 전하시는 이야기에 극렬하게 맞섰다. 그는 하늘 할아버지가 전해 줄 변조된 이야기, 자신의 오만한 자존심을 나무라지 않고 자신이 전하려고 했던 작은 이야기를 인정해 주실 하나님이 등장하는 이야기를 신뢰했다. 선하신 하나님은 자기 백성에게 선을 행하셔서 이스라엘이 유일한 참 백성임을 만천하에 보여 주실 것이다. 그것이 합당한 계획이었다. 할아버지라면 누구나 그렇듯, 하나님은 사울이 가장 원하는 바를 주기 위해 절대 권력을 사용하실 것이었다.

하박국은 하나님의 길을 이해할 수 없었다

하나님을 참으로 경외하는 이 예언자는 이스라엘 지도자에게서 목격한 노골적 부패, 백성들의 삶을 물들이던 부패에 대해 하나님이 무언가 하시기를 바랐다. 그들의 시선을 사로잡아 회개를 불러일으킬 만큼 엄중한 교정 훈련이라면 훌륭한 계획이 될 수 있겠다. 하지만 하나님은 다른 대본을 가진 이야기를 염두에 두고 계셨다. 훈련을 통해 하나님의 백성을 회복시켜 주시기를 바라는 하박국의 열망에 대한 응답으로, 하나님은 단순히 이스라엘 안에 회개를 불러일으키는 데서 그치지 않고 그들을 멸망시키겠다는 계획을 천명하셨다. 하나님이 사랑하신 민족이 바빌론 곧 머리끝부터 발끝까지 악한 민족, 이스라엘보다 더 악한 민족의 손에 사라지도록 주권적으로 조치하시겠다는 계획이었다. 이 역사 기록에 의하면, 하나님이 자기 백성에게 역경을 허용하신 데서 그치지 않고 역경을 직접 일으키셨다고 생각하는 것 외에 다른 선택은 남지 않는다.

나의 경우와 마찬가지로, 하박국의 첫 반응은 하나님의 계획에 의문을 제기하는 것, 심지어 도전하는 것이었다. "여호와 나의 하나님, 나의 거룩한 이시여. 주께서는 만세 전부터 계시지 아니하시니이까? 우리가 사망에 이르지 아니하리이다.…주께서 어찌하여 사람을 바다의 고기 같게…하시나이까?…그[바빌론]가 그물을 떨고는 계속하여 여러 나라를 무자비하게 멸망시키는 것이 옳으니이까?"(합 1:12, 14, 17) 하나님의 계획은 하박국의 정의관, 거룩한 사랑의 하나님이 집행하시는 정의의 특성에 대한 그의 생각과 거의 정면으로 상충했다. 자기가 원하는 대로 행할 수 있는 절대 능력을 지니신 거룩한 분이라면, 모름지기 자기 백성이 아닌 바빌론을 멸망시키시고, 자신의 선민 이스라엘은 구속하는 사랑으로 훈계하는 선에서 그치셔야 하지 않을까?

하박국의 계획이 선하신 하나님께 더 적절하고 어울리는 것처럼 보였을 것이다. 홀몸으로 손주들과 살아가는 할아버지는 손주들이 제멋대로 굴 때 훈육을 한다. 하지만 그 훈육은 분명 손주들이 올바로 살아가는 인생의 열매를 누리게 하려는 사랑의 계획에서 나온 것이지 결코 무자비한 벌로 그들을 짓밟기 위한 것이 아니다. 하박국의 생각을 오늘의 관점으로 풀어 보면 이렇다. 하나님을 기쁘시게 하고 근사한 배우자가 되고 훌륭한 부모가 되고 좋은 친구가 되고 유능한 직원이 되고 번듯하게 사역하기 위한 우리의 노력에 대한 보상으로 주권적인 사랑의 하나님이 (우리의 바람대로) 마련하신 성공이 따라와야 하지 않을까? 그래야만 우리의 공정성 개념에 부합할 것이다.

∞

하나님의 길을 이해할 수 없어서 전율하게 될 때 그분을 신뢰하지 못하는 우리의 온갖 저항 아래에는 한 가지 질문이 자리잡고 있다. **하나님이 주권적이시라고 믿는 것은 어떤 의미인가?** 만약 교회에서 목회자가 하나님이 주권적이시라고 믿는 사람은 손을 들어 보라고 성도들에게 말한다면, 전부는 아니더라도 대부분의 그리스도인이 손을 들 것이다. 그런 다음 손을 든 사람 열 명에게 강단으로 올라와 그 진리가 어떤 의미인지 말해 보라고 한다면, 내가 예상하기로 여덟 사람은 "주권적이라는 말은 하나님이 모든 것을 다스리신다는 뜻"이라고 말할 것이다. 두 사람은 아마 이렇게 대답할지 모른다. "저는 그렇다고 확신하지 않습니다. 제 생각에 하나님이 몇 가지 일은 다스리시지만, 제 인생과 친구들의 인생 그리고 세상에서 벌어지는 일을 감안할 때 그분이 모든 일을 다스리신다고 믿기는 힘듭니다." 두 사람 중 하나는 이렇게 덧붙일지 모른다. "제 아들은 최근에 자기 잘못이 아닌 교통사고로 목숨을 잃었습니다. 하나님이 제 아들을 죽이셨다고 믿을 수 없습니다."

그리스도인 공동체 안에 있는 다양한 분파는 하나님의 주권에 대해 두 가지 관점을 받아들였다. 각각의 견해가 주장하는 내용을 간단히-나도 더 낫게 설명할 수 없는 까닭에, 간단히-설명한 뒤, 16장에서는 다음 두 가지 기준을 만족시킨다고 보이는 세 번째 견해를 제시하려고 한다. 첫 번째이자 가장 중요한 기준은 성경이 이 견해를 지지한다는 것이다. 그리고 두 번째 기준은 이 견해가 주권적인 하나님을 더 온전히 또 감사한 마음으로 경배하게 해 주고 우리 삶에서 어떤 일이 일어나든 그분을 정말 기뻐할 수 있게 해 준다는 것이다.

15장

주권적인 하나님을 누리라

"전체 역사는 다름 아닌 하나님의 활동 이야기다"

디트리히 본회퍼(Dietrich Bonhoeffer)는 '값싼 은혜'에 대해서 경고한다. 아마 현대 그리스도인에게는 값싼 주권—주권적인 사랑의 하나님은 우리가 생각하기에 예수님을 따르면서 기쁨을 맛보기 위해 필요한 좋은 것을 무엇이든 허락하실 것이라고 믿는 것—에 대한 경고도 필요할 것이다.

"전체 역사는 다름 아닌 하나님의 활동 이야기다." 정말 그럴까? 이 문장은 사실일까? 이 문장을 쓴 장 피에르 드 코사드(Jean-Pierre de Caussade, 그는 1700년대에 하나님을 누리도록 사람들을 이끌었던 프랑스의 위대한 영성 지도자)는 오늘 우리가 귀 기울여 들어야 할 내용을 말한 것일까? 그가 명확하게 주장하는 바는 하나님이 주권자시라고 믿는 것이란 세계 곳곳에서 그리고 우리 개인의 삶에서 시간의 흐름을 따라 일어나는 모든 일의 적극적 원인이 하나님이시라고 믿는 것이다.

    C. S. 루이스도 비슷한 견해를 공유했다. 그의 형 와니(Warnie)가

열흘 동안 술판을 벌인 뒤 옥스퍼드 병원에 입원했을 때, 루이스는 친구 아서 그리브스(Arthur Greeves)에게 쓴 편지에서 상황이 "내가 두려워했던 것보다 훨씬 캄캄하다"라고 실토했다. 하지만 그 뒤 루이스는 이렇게 덧붙였다. "하나님이 우리에게 주신 것은 사랑 가운데 주신 것이고, 그것을 제대로 사용할 수 있는 은혜가 우리에게 있다면 모든 것이 최선을 위해 사용될 것이라는 사실을 의심하는 것은 아니라네. 이 점에서 내 **생각**은 흔들리지 않네. 내 **감정**이 가끔 흔들릴 뿐이지."[2] 루이스는 어둠 속에서 전율했고 진리의 빛 안에서 하나님의 사랑을 신뢰했다.

분명 루이스는 확고부동한 생각 속에서 세 가지 확신을 유지했다. (1) 하나님은 루이스의 삶에 이 캄캄한 역경을 보내셨다. (2) 하나님이 역경을 보내신 것은 그분의 사랑의 표현이었다. (3) 하나님의 사랑은 그분의 선하신 목적과 깊은 관련이 있다. 익숙한 질문 세 가지가 마음에 떠오른다. (1) 하나님이 우리 삶에 시련을 **보내셨다**고 말할 때, 우리는 그분이 그것을 **허용하셨다**고 해야 할까? 아니면 하나님이 적극적으로 시련을 **일으키셨다**고 가정해야 할까? (2) (아마 응답되지 않은 기도와 맞물려 있는) 인생의 어려움이 정말 하나님의 사랑의 표현이라면, 그분의 사랑은 우리가 지금 느끼는 평안이 아니라 맨 마지막에 누릴 행복의 실현을 약속한다고 해야 옳을까? (3) 우리가 두려워했던 것보다 훨씬 더 힘겨운 캄캄한 시련은 어떤 선한 목적에 기여한다고 인정할 수 있을까?

우리 인생에 등장하는 모든 좋은 일이 우리를 위한 하나님의 선물이자 신적 사랑의 표현이라고 믿는 데는 별다른 신앙심이 필요하지 않다. 야고보는 이렇게 말했다. "온갖 좋은 은사와 온전한 선물이 다 위로부터 빛들의 아버지께로부터 내려오나니"(약 1:17). 하나님의 계산법에 따르면 우리에게 나쁜 것처럼 보이는 일이 우리에게 좋고 유익한 일이 될 수 있을까? 우리는 당연히 좋은 일에 감사한다. 우리는 친밀한 결혼 생활과 만족스러운 직장, 튼튼한 건강에 기쁜 마음으로 감사한다. 하지만 바울은 "범사에 감사하라"라고 말한다(살전 5:18). 우리는 힘든 시절에 행하시는 선을 두고 하나님께 감사해야 할까? 어떤 의미에서 어려움이 사랑의 하나님이 우리에게 주신 선물이라고 믿을 수 있을까?

성경의 하나님은 만물을 다스리시는 주권자, 모든 피조물의 통치자시다. 그리고 하나님은 지금부터 영원까지 스스로 어떤 희생을 치르든 우리의 가장 깊은 안녕에 헌신하는 사랑이시다. 이 헌신은 하나님의 본성의 영광으로부터 흘러나오기 때문에 그분만이 홀로 예배받으실 자격이 있다. 하나님이 주권자이심을 감안할 때, 우리가 뉴스 시간에 듣는 모든 일에 대해 그리고 우리의 삶과 우리가 알고 사랑하는 사람들의 삶에서 일어나는 모든 일에 대해 사랑의 하나님께 적극적 책임이 있다고 믿어야 할까? 단적인 예를 들어 보자. 우리가 미워하면서 대항해 싸우는 성적 도착의 책임, 또 그것을 즐기는 탐닉의 책임이 하나님께 있을까? 내 대답이 무엇이겠는가? 당연히 아니다. 하지만 우리가 강한 유혹에 맞서 싸울 때, 더 나아가 유혹에 굴복할 때에도 우리는 하나님의 선한 목적에 협력할 수 있을까? 당연히 그렇다. 우리는 언제든 하나님이 전하시는 이야기에 참여할 수 있다.

하나님의 사랑이 우리 인생의 모든 것을 보냈다면—'하나님의 사랑이 일으켰다면'으로 읽으라—우리의 믿음을 아주 넓게 확장하여 성매매, 열쇠 분실, 조울증, 골프를 치기로 약속한 날에 내린 비, 음주 운전자가 우리 가족의 차를 덮쳐 영원한 장애를 남긴 사건 모두가 하나님이 명확한 목적과 사랑의 의도를 가지고 지휘하셔서 일어난다고 가정해야 할까? 혹은 하나님이 허락하시는 모든 일—그 대부분은 하나님이 싫어하시지만—에 우리가 붙들 수 있는 선한 목적이 있다고 할 수 있을까?

오늘 아침 이 글을 쓰는 동안, 걱정되는 증상이 있어서 급히 병원으로 달려갔다는 친한 친구의 메시지를 받았다. 친구의 남편은 성경의 지시에 따라 의사가 암담한 소식과 기쁜 소식 중 어느 쪽을 전해 주든 그것이 주권적인 하나님이 결정하신 결과라고 믿어야 할까? 사실 "우리아의 아내가 다윗에게 낳은 아이를 여호와께서 치시매 심히 앓[았던]" 적이 있다(삼하 12:15). 그렇다면 모든 사람이 겪는 모든 질병은 하나님이 보내신 것, 그분이 적극적으로 일어나게 하신 것이라는 결론이 뒤따를까?

주권적으로 일으키셨든 주권적으로 허락하셨든 역경은 여전히 힘들다. 그 역경에 하나님이 주권적으로 준비하신 선한 목적이 따라온다는 보장이 있더라도 말이다. 둘 중 어느 쪽이든 하나님이 전하시는 이야기의 플롯은 경이로운 절정을 향해 움직인다. 이 움직임은 주권의 활동이다. 또한 그 목적은 내세가 되어서야 흡족한 결실에 완벽하게 도달할 것이다. 바울은 우리 앞에 영원히 놓여 있는 것에 대한 소망이 없다면 현재의 전율은 절망으로 이어질 수도 있다고 명확히 말한다. "만일 그리스도 안에서 우리가 바라는 것이 다만 이 세상의 삶뿐이면 모든 사람 가운데 우리가 더욱 불쌍한 자이리라"(고전 15:19). 우리는 안식을 누리지 못한 채 죽을 때까지 괴로움을 겪을 것이다. 우리는 살아가는 동안 사고와 질병으로 인해 심각한 도전에 직면하고 고질적 통증을 겪을 것이다. 사랑하는 이들이 숨을 거두어도 우리는 그저 살아갈 뿐 그들이 현세에 나사로처럼 부활하여 정말로 우리에게 돌아올 것이라는 소망을 품지 않는다.

앞으로 나아가는 길

현실을 똑바로 보고, 가식 없는 인생을 살고, 형통한 인생을 약속하는 거짓 믿음을 거부하라. 그러면 당신은 전율할 것이다. 우리가 천국에 이르기 전에 예수님이 약속하신 풍성함, 캄캄한 역경의 시기에 풍성한 인내와 참을성에 도달하여 풍부하게 사랑하는 단 하나의 길은, 전율하는 동시에 신뢰하는 것이다(골 1:11을 보라). 상황이 나아져 기분이 좋아지게 해 달라고 기도하는 것은 당연하지만, 상황이 나아질 것이라고 믿는 것은 순진한 믿음이다. 우리가 믿어야 할 것은, 하나님은 우리가 겪는 모든 복과 시련 속에서 그분의 눈높이에서 볼 때 형언할 수 없을 만큼 선한 일을 행하고 계신다는 것이다.

이제 하나님이 우리를 신실하게 이끌어 가시는 형언할 수 없을 만큼 선한 목적이 무엇인지 살펴보려고 한다. 성령은 우리에게 아주 깊이 내재된 타락한 이기심의 영향력을 우리 내면 더 깊은 곳에서 항상 일어나는 갈증으로 억누르신다. 그 갈증은 최악의 시기에도 하나님의 선하심을 신뢰하여 그분을 기쁘시게 하고 싶은 갈증이다. 이 억누를 수 없는 갈증 덕분에 우리는 하나님이 주신 이타성의 에너지를 가지고 관계를 맺을 수 있다. 그리고 실패할 때에도—십중팔구 실패하겠지만—우리는 하나님의 사랑이 약해지지 않는다고, 우리 안에 있는 그분의 선한 목적이 계속 성취될 것이라고 신뢰한다. 다른 무엇보다도 이것이 현세에서 하나님의 자녀들을 위한 그분의 선하신 목적이다. 하나님을 **주권자**라고 칭하는 것은 그분의 목적이 반드시 실현된다는 의미다. 하나님의 주권적 능력에는 그 외에도 더 많은 함의가 있다. 하지만 결코 그 이하로 내려가지는 않는다.

코사드는 고전적인 저서 『하나님의 뜻에 따르는 법』(*Abandonment to Divine Providence*, 누멘 역간)에서 현대 그리스도인들을 향해 강한 도전을 제기한다. "정말 신실한 영혼은 모든 일을 하나님의 은총의 현현으로 받아들이기에, 일 자체는 잊고 오직 하나님이 무슨 일을 하고 계신지만 생각한다."[3] 하나님의 주권적 활동(다시 말해, 전체 역사)은 모든 일을 직접 일으키거나 일어나도록 허락하고, 그런 다음 "하나님을 사랑하는 자 곧 그의 뜻대로 부르심을 입은 자들에게는 모든 것이 합력하여 선을 이[룬다]"고 믿도록 유도한다(롬 8:28). 바울은 모든 일이 하나님이 일으키신 것이라고 말하지 않는다는 점을 주목하라. 바울에 의하면, 하나님이 일으키신 것이든 허락하신 것이든 그분은 그 일을 통해 모든 일이 서로 협력하여 그분이 주권적으로 추구하시는 선한 목적을 성취하게 하신다.

성령과 보조를 맞추어 동행하면서, 코사드는 이렇게 당부한다. 자신을 하나님 앞에 내려놓고, 그분이 바로잡거나 막겠다고 약속하지 않으신 현재의 어려움이나 잠재적 어려움 앞에서 전율하고, 기뻐할 만한 가치를 지닌 이야기가 항상 펼쳐지고 있다고 신뢰하라. 전율하고 신뢰하라는 당부를 들을 때 나는 가슴이 미어진다. 이전에 쓴 책들에서 나는 복음이 불가능한 것을 가능하게 해 준다는 확신을 적었다. 죽음에 다다르기 전에 나는 진정 신실한 영혼, 성숙의 완성을 목전에 둔 그리스도의 제자, 예수님을 향한 사랑으로써 그리고 그분처럼 사랑함으로써 다른 사람을 예수님께 이끄는 사람이 될 수 있다고 말이다.

그런데 지금 나의 관심은 어디에 있는가? 내 인생이 수월하게 흘러가는 데 더 많이 몰두하고 있는가? 나는 개인적 자유를 누리기를 염원하는가? 무엇이든 가장 마음에 드는 좋은 것을 목표로 삼아 마음대로 행동하는가? 천국에 다다를 때까지 내 곁을 떠나지 않을 영혼의 고통을 누그러뜨릴 무언가를 지금—적어도 한동안—누리기를 염원하는가? 하나님이 내 인생에 가져다주시는 복을 누릴 때라야 내 안에서 하나님의 기쁨을 가장 명확하게 경험할 수 있다고 여기는가?

아니면 내 심장은 하나님의 주권에 나 자신을 내어드리고 그분이 심어 놓으신 열망에 맞추어 박동하는가? 나는 하나님의 주권적 계획에 전율할 때에도 그분의 한량없는 은혜를 맛보기를 갈구하는가? 하나님이 자신의 영광을 위해 헌신하셨기에 나의 안녕을 구하지 않는 방향으로 움직이신 순간은 내 인생에 한 번도 없다. 나는 정말 그렇다고 믿는가? 오, 주님, 믿습니다. 믿음 없는 저를 붙들어 주소서.

가끔 코사드의 책을 그리고 성경책을 덮으면서, 나 자신을 하나님 앞에 내려놓으라는 그분의 부르심을 나중에 고민할 문제, 현재로서는 관심이 가지 않는 문제로 미루어 두고 싶다. 내가 '정말' 원하는 꿈

같은 인생—복은 많고 어려움은 적은—으로 뒷걸음질치고 싶은 이해할 수 없는 강한 유혹에 끌린다. 나는 감사한 마음으로 누릴 특권이 있다고 느끼는 복을 위해서 가장 뜨겁게 기도한다. 집이 매매되고 건강이 회복되고 내 저서가 팔리고 가족들과 친한 친구들의 일이 전부 잘 풀리도록 말이다. 나는 예수님의 복음을 내가 바라는 대로 삶이 작동할 것이라고 보장하는 약속으로 왜곡시키고, 그런 다음 내가 신실한 영혼으로 그리스도인다운 삶을 살고 있다고 믿는다.

나는 주권적 하나님이 내가 열망하는 복을 주시고 나를 절망에 빠뜨릴 일은 허락하시지 않을 것이라고 믿는다. 그런데 바로 그때 내가 아직까지 알지 못한 하나님을 알고 싶은 조용하고 강한 열망이 나를 떠밀어 다른 방향으로 움직이게 한다. 신비하게도 나는 그것이 내가 가장 따르고 싶어 하는 방향임을 안다. 복음으로 인해 가능해진 모든 것을 지상에서 허락된 생애 동안 연구하고 싶은 강한 충동을 억누르거나 부정할 수 없음을 깨닫는다. 물론 나의 연약한 믿음은 이 가능성이 불가능한 것이라고 믿도록 유도하지만 말이다.

싸움이 벌어진다. 나는 여전히 내가 미워하는 바로 그 일을 자주 행하는 로마서 7장 속에서 산다. 나는 주권적 하나님이 나를 흔들어 놓을 무언가를 내 인생에 가져다주거나 허락하실지 모른다는 두려움을 안고 살아간다. 나의 두려움은 "하나님, 그러시면 안 됩니다"라고 하는 요나의 두려움과 더 가깝고, "하나님, 저는 당신이 하고 계신 일을 이해하지 못합니다. 주님의 길은 저를 전율하게 만들지만 저는 주님의 선하심을 신뢰합니다"라고 하는 하박국의 두려움과는 거리가 멀다.

무엇이 유익한 전율인가?

나는 이 장에 '주권적인 하나님을 누리라'는 제목을 달았다. 내가 하나님의 길을 전혀 혹은 거의 이해할 수 없었을 뿐만 아니라, 그분이 권능으로 하시는 일을 마냥 좋아하지 않은 적이 아주 많았다는 점을 솔직하게 인정한 뒤에야, 나는 주권의 신비 속으로 들어가고 싶은 충동을 느꼈다. 여러 가지 질문이 밀려왔다.

하나님은 모든 일을 직접 일으키실까? 하나님은 일으켜야겠다고 작정하신 일만 일으키시고 그 외의 모든 것은 주권적으로 허락하실까? 하나님은 결코 악의 원흉이 아니시지만, 가끔 그분은 타당한 이유로 우리 삶에 나쁜 일을 가져다주실까? 하나님이 직접 일으키신 것이든 허락하신 것이든 그분이 선하시다는 확신을 흔들어 놓는 어려움을 견뎌야 할 때, 언제나 하나님은 우리가 보지 못하는 더 크고 선한 이야기—힘든 대목에서는 우리에게 아픔을 주지만 동시에 목적지가 있어서 우리가 영원히 누릴 틀림없이 선한 결말을 향해 움직이고 있는 이야기—를 전하고 계신다고 신뢰할 수 있을까? 하나님에 대한 이러한 신뢰가 우리가 그분의 활동을, 또한 그분을 누릴 수 있는 근거일까?

주권적인 하나님을 누리기 위해서는, 하나님이 주권적이시라는 말이 어떤 의미인지 어느 정도 명확한 개념을 가지고 있어야 한다. 다음 장에서 나는 성경이 허용하는 한도 내에서 이 질문에 구체적으로 대답하려고 노력할 것이다.

전문 신학계 밖에서는 하나님이 주권적이시라는 심오한 진리에 그다지 깊은 관심을 두지 않는다. 갈등과 테러, 태풍, 가난이 가득한 세상에서, 또 힘겨운 우리 개인의 삶에서 주권적인 하나님이 무슨 일을 하고 계신지 파악하려는 노력을 기울이지 않는다. 우리는 태연하게 매일의 생존에 몰두하는 경향이 훨씬 강하다. 그리고 어려움이 올 때 너무나 쉽게 "자, 하나님이 다스리고 계시잖아. 일이 잘 풀릴 것이라고 믿을 수 있어"라고 말한다. 우리는 그렇게 믿을 수 있을까? 일이 정말 잘 풀릴까?

어느 시점엔가 우리는 모두 하나님의 임재 앞에서 전율해야 할 이유를 가지게 될 것이다. 그분이 우리를 사랑하시는 방식은 우리의 본성에서 나온 사랑 개념과 들어맞지 않고, 그분이 우리의 안녕을 지키시는 방식은 우리의 선 개념과 어긋나기 때문이다. 우리는 미소로 포장된 신뢰의 가면, 모든 시련이 복으로 변할 것이라는 확신 아래에 전율을 잠재우려고 할 것이다. 혹은 우리는 그냥 일이나 취미 생활, 교회 활동에 분주하게 참여함으로써 요동치는 내면 세계로부터 시선을 돌리려고 할 것이다. 하지만 이럴 때 우리는 소중한 기회를 놓친다. 예측할 수 없고 길들여지지 않는 하나님을 섬기며 전율할 때, 거부하고 달아나는 문이나 왜곡하고 부정하는 문이 열린다. 혹은 주권적인 하나님을 신뢰하고, 더 나아가 누리는 문이 열린다.

전율이란 선한 것이다. 전율은 우리를 갈림길로 인도한다. 우리는 하나님의 선하심을 신뢰하거나 아니면 고난이 동반된 그분의 계획을 거부한다. 우리는 하나님의 계획을 신뢰하거나 아니면 우리가 선호하는 훨씬 즐거운 (하지만 우리를 거룩하신 하나님께로 결코 인도하지 못하는) 계획으로 왜곡한다. 수 세기 전, 여호수아는 성령께서 오늘 우리에게 말씀하시는 내용을 이스라엘에게 말했다. "너희가 섬길 자를 오늘 택하라"(수 24:15). 성령께 귀 기울일 때에야, 우리는 때때로 이해할 수 없는 주권적인 하나님을 택하는 것이 어떤 의미인지 혹은 그분께 맞서기로 택하는 것, 다른 복음을 제시하는 다른 신을 믿는 것이 어떤 의미인지 깨달을 것이다.

다음은 우리가 깊이 숙고해야 할 내용이다.

우리가 당연히 또 강렬하게 바라는 선을 행하시지 않는 하나님 앞에서 전율한 다음에야, 우리가 견디는 어려움 속에서 하나님이 최고의 선을 이루기 위해 일하고 계신다고 확고하게 신뢰할 때가 올 것이다.

"의지하고(trust) 순종하는 길은 예수 안에 즐겁고 복된 길이로다"라는 고백은 우리 가운데 상당수가 자주 불러온 찬송이다.⁴ 이 찬송가를 쓴 이의 고백은 진리다. 감사하는 마음으로 신뢰할 때에야 우리는 기꺼이 순종할 것이다. 그리고 우리가 신뢰하는 하나님을 누릴 때에야 그분께 기쁘게 순종할 것이다.

하지만 이 말도 덧붙여야겠다. 천국에 이를 때까지 끝나지 않을 신음 소리를 내며 하나님의 길 앞에서 전율할 때에야, 우리는 비로소 감사하는 마음으로 하나님을 신뢰하고 누리게 될 것이다. 하지만 전율은 역효과를 낳을 수도 있다. 요나는 예측 불가능한 하나님 앞에서 전율하며 이렇게 말했다. "나는 이렇게 예측할 수 없는 하나님을 신뢰하는 데 아무런 관심이 없다." 내 짐작에, 사울은 의식하지 못한 채 자신이 붙들고 싶은 확신을 훼손시키는 구약성경 구절 앞에서 전율했을 것이다. 사울은 하나님과 그분의 길을 왜곡해서 이해하고 사실상 이렇게 말했다. "하나님은 선하시니까, 단언하건대 그분은 내가 가려는 방향의 인생에 복을 주실 것이다." 거부하고 달아나는 것도, 왜곡하고 부정하는 것도 우리가 가장 염원하는 삶을 열매로 맺지 못할 것이다.

☙

유익한 전율(productive trembling), 하나님이 전하시는 불안정한 이야기를 거부하거나 왜곡하지 않도록 이끄는 전율은, 우리로 하여금 하나님을 누리게 해 줄 주권 개념을 깨달았을 때에야 신뢰라는 열매를 맺을 것이다. 주권 개념이 우리로 하여금 하나님을 누릴 수 있게 해 주는 것은 우리가 강제할 수 있는 사안이 아니다. 성경에 계시된 주권 개념을 받아들이고, 우리가 성경에서 만나고 따라서 삶에서 만날 수도 있는 주권적인 하나님이 우리가 누릴 수 있는 하나님이심을 확신해야 한다.

이제 나와 함께 주권에 관한 견해 세 가지에 대해 생각해 보자. 나는 두 가지에 대해서는 이의를 제기하고 한 가지만 받아들인다.

16장

하나님이 주권적이시라는 말은 어떤 의미인가?

세 가지 견해

(주권적인 하나님을 누릴 자유를 가장 많이 주는 것은 어떤 견해인가?)

이 책을 마무리하는 동안 아내가 넘어졌다. 아내의 오른쪽 손목이 부러졌다. 하나님이 그녀를 밀치신 걸까? 그렇지 않으면, 그분은 아내가 넘어지지 않도록 붙들어 주실 수 없었을까? 적어도 타박상 정도로 피해를 줄이실 수 있지 않았을까? 하나님이 아내를 밀치셨다고는 믿지 않는다. 낙상은 그분의 주권적 선택이 아니었다. 하지만 하나님은 낙상이나 뼈마디 두 개의 골절을 막으실 수도 있었다. 그런데 둘 다 하지 않으셨다. 왜 그러셨을까? 모든 상황과 모든 순간에 하나님은 주권자이시다. 이 말은 어떤 의미인가? 이렇게 고통스러운 순간에 대체 하나님은 어떤 의미에서 선하신 걸까?

14장과 15장에서는 하나님의 길을 이해할 수 없을 때 곤혹스러운 마음속에 솟아나는 질문을 다양한 방식으로 제기했다. 14장과 15장에서 나는 성경의 대답이라고 보이는 방향을 가리키는 단서를 여기저기 흩어 놓았다. 이제 대답을 내놓을 차례다.

현재 신학계 안에서는 하나님의 주권에 관한 중심 견해 두 가지를 놓고 열띤 토론이 진행되고 있다. 각각의 견해는 존경받는 신학자들의 지지를 받고 있다. 나는 이 논쟁에 가담할 뜻이 없다. 정규 신학 훈련을 받지 않은 내게 그럴 만한 자격이 없는 탓이다. 그리고 내가 이해하는 한, 누군가가 열기를 더 키운다고 해도 아무 실익을 얻지 못할 것이다.

그런 이유로, 나는 확고한 입장을 취하여 나보다 월등히 지적인 사람들을 비난하거나 옹호하기가 망설여진다. 따라서 이 두 가지 견해와 관련된 학자들의 이름을 거명하지 않을 것이다. 나는 방대한 양은 아니지만 두 견해를 지지하는 논증을 읽었고, 숙고할 만한 유익한 내용을 많이 발견했다.

개혁주의 진영에서 더 대중적인 견해는 때때로 **정교한 주권**(meticulous sovereignty)이라고 불린다. 다른 견해는 대개 **열린 이신론**(open theism)이라고 불린다. 적어도 내가 생각하기에, 더 적절한 이름은 **미확정 주권**(contingent sovereignty)이라고 할 수 있겠다. 정교한 주권에 의문을 제기하는 아르미니우스 분파에서 훨씬 쉽게 수용하는 견해다.

두 입장에 대한 성찰에서 시작되었지만 어느 쪽에도 완전히 동조할 수 없는 나는 세 번째 견해인 **꺾이지 않는 주권**(unthwarted sovereignty)을 제안한다. 이 장을 서술하는 나의 목적이 하나님의 주권에 대한 확고한 믿음에 도달하는 것이 아니라는 점을 명확히 밝혀 두어야겠다. 오히려 예측할 수 없고 가끔 관여하시지 않는 듯 보이는 하나님과 함께 살아갈 때 우리 그리스도인들이 전율하고 신뢰한다는 것이 어떤 의미인지, 왜 그렇게 해야 하는지 더 잘 이해하려는 것이 나의 목적이다. 이러한 목적을 위해 우선 세 가지 견해 각각을 짧게 그리고 어쩔 수 없이 간략히 살펴보는 것이 좋겠다. 이 논의가 학문 세계와 무관한 그리스도인들이 즐거운 시절이든 힘든 시절이든 기뻐할 수 있는 하나님의 주권에 대한 관점, 만약 진실이라면 우리로 하여금 하나님의 주권을 누릴 수 있게 해 주는 견해를 형성하는 데 도움이 되기를 바란다.

하지만 어처구니없게 범하는 실수를 피하기 위해 주의를 기울여야 한다. 내가 가장 큰 관심을 기울인 문제는 세 가지 견해 중 어떤 것이 독자의 필요에 가장 부합하는지 판가름하려는 것이 아니다. 단지 우리로 하여금 주권적인 하나님을 누릴 수 있게 해 주는 역할을 가장 잘한다는 한 가지 이유만으로 한 견해를 지지하는 것은 엄청난 실수라고 할 수 있다. 우리가 던져야 할 질문은 이것이다. **성경에서 받아들이라고 우리에게 가장 분명하게 권장하는 견해는 어떤 것인가?** 나는 그 견해를 신앙 고백 형식으로 정리하려고 한다. 그런 다음─그 이전이 아니라─내가 주장하는 견해가 하나님의 주권을 기뻐하는 데 어떤 도움을 주는지 살펴보는 일에도 손을 댈 것이다.

짐작하건대, 무엇이든 성경의 지지를 가장 많이 받는 입장이 하나님께 기쁘게 다가가려는 우리의 염원과 강하게 공명할 것이다. 주권에 관한 세 가지 견해를 생각할 때 던져야 할 질문이 있다. 성경과 성경 신학의 지지를 받으며 하나님의 사랑의 선하심이 그분이 행하시는 모든 일에서 (아마도 믿음의 눈을 지닌 사람들에게만) 나타난다고 신뢰하도록 우리를 온유하게 이끄는 방식으로 하나님(우리의 바람을 거의 고려하지 않은 채 무엇이든 자기 바람대로 행하시는) 앞에서 겸손히 전율하게 만드는 것은 어떤 견해인가?

정교한 주권

'정교한'(meticulous): 정확하고, 정밀하고, 온갖 세부 사항까지 철두철미한. 정교한 주권 개념은 한 가지 중심 교리에 근거한다. **모든 일은 하나님이 의도하신 계획에 따라서 생긴다.** 주권적인 하나님은 삶이 던져 주는 뜻밖의 상황에 적당히 만족하지 않으신다. 하나님은 불쑥 뒤바뀌는 상황에 더 잘 들어맞게 하기 위해 이야기의 플롯을 허둥지둥 고치지 않으신다. 모든 것을 다스리는 그분의 절대적 통치, 그분의 강한 능력을 입증하는 통치는 백성들을 놀라움에 찬 경외로 몰아넣는다. "온 땅아, 네 주님 앞에서 떨어라. 야곱의 하나님 앞에서 떨어라. 주님은 반석을 웅덩이가 되게 하시며, 바위에서 샘이 솟게 하신다"(시 114:7-8, 새번역).

시편 기자는 땅과 그 위에 살고 있는 만물을 향해 용기를 내라고 초청한다. 하나님이 무한한 능력으로 자기 백성을 돌보시기 때문이다. 우리는 경외심 가운데 전율하면서 그분의 돌보심을 신뢰해야 한다. 정교한 주권은, 하나님이 명백한 의도에 따라 언제나 거룩한 사랑의 계획을 품고 그분의 시간표에 따라 우리 삶에서 일어나는 모든 일―임금 인상이든 신장 결석이든―을 적극적으로 성취하신다는 확신을 심어 준다.

이 첫 번째 견해의 옹호자들은 이른바 하나님이 주권적이시라는 말의 의미에 대한 자신들의 생각을 입증하기 위해 수많은 성경 구절에 호소한다. 나는 그중 몇 구절을 언급하고, 그 뒤에 과연 그 본문을 근거로 성경이 정교한 주권 개념을 지지한다고 인정할 수밖에 없는지 의문을 제기하는 관점을 매번 제시할 것이다. 긴 설명이 뒤따르는 점을 양해해 주기 바란다. 핵심을 짚어 보기 위해서 필요한 과정이다.

1. 사탄이 "욥을 쳐서…종기가 나게" 했는데도(욥 2:7), 욥은 고난의 원인을 하나님께 돌리는 것처럼 보인다. 하나님을 신뢰하는 것이 옳다는 욥의 한결같은 믿음에 욥의 아내가 의문을 제기하면서 "하나님을 욕하고 죽으라"라고 말했을 때, 욥은 분명 전율하면서 이렇게 대답했다. "우리가 하나님께 복을 받았은즉 화도 받지 아니하겠느냐?"(9-10절) 정교한 주권을 신봉하는 지지자들의 주장에 의하면, 자기가 당하는 고난의 결정적 요인이 하나님이라는 욥의 믿음은 옳았다.

욥은 하나님이 일부러 그분을 따르는 제자의 인생에 악을 가져다주신다고 생각했을까? 야고보의 말에 의하면, 하나님은 결코 누구든 악으로 시험하지 않으신다(약 1:13을 보라). 사탄의 의도는 명백히 악했다. 사탄은 욥이 어려움을 겪으면 하나님을 저주하게 될 것이라는 속셈을 품고 그의 삶에 어려움을 가져다주었다. 알다시피, 하나님은 결코 악의 원흉이 아니시다. 그렇다면 우리는, 하나님이 욥을 괴롭히는 고난을 묵인하심으로써 그의 인생에서 선한 일이 이루어질 것을 주권적으로 미리 아셨기에 사탄이 악한 일을 하도록 허용하셨다고 결론을 내리는 것이 옳을까?

그리스도인은 사탄이 하나님의 허락 없이는 그분의 자녀들에게 그리고 이 세상에서 아무 일도 할 수 없다는 데 동의한다. 하지만 한 가지 질문이 계속 대답을 재촉한다. 하나님은 심부름꾼 역할을 맡은 사탄과 협력하여 욥의 고난을 적극적으로 일으키셨을까? 아니면 하나님은 다른 방법을 통해서는 최상으로 실현될 수 없었을 선한 목적을 주권적으로 선택하신 다음, 사탄이 욥에게 끔찍한 일을 하도록 적극 허용하셨을까? 아마 정답은 없을 것이다. 혹시 한 가지 답을 찾을 수 있더라도, 그 답은 사실상 차이를 낳지 않을 것이다. 아무튼 욥은 계속 고난을 겪었고, 그의 고난에는 하나님이 정하신 목적이 있었다.

또 다른 생각 하나. 하나님에게서 무언가를 받는다면, 이는 반드시 우리가 받은 것을 하나님이 가져다주셨다는 의미일까? 아니면 우리가 받은 것을 하나님이 허용하셨다는 의미일 수도 있을까? 욥이 하나님께 했던 마지막 말은 후자를 시사한다. 하나님은 자신의 길이 인간의 이해력을 넘어서고 가끔 한낱 인간에게는 납득되지 않는다는 점을 욥에게 명확히 밝히신 뒤, 욥이 이렇게 말할 때까지 기다리셨다. "욥이 여호와께 대답하여 이르되 주께서는 못 하실 일이 없사오며 무슨 계획이든지 못 이루실 것이 없는 줄 아오니"(욥 42:1-2). 욥은 하나님이 자신이 겪는 어려움을 적극적으로 일으키셨는지 아니면 적극적으로 허용하셨는지 여부에 관심을 나타내지 않았다. 하지만 욥은 하나님이 주권적으로 일하셨음을 알았다. 시편 기자의 표현처럼, "이스라엘을 지키시는 이는 졸지도 아니하시고 주무시지도 아니하시리로다"(시 121:4).

비그리스도인 이신론자만이 하나님이 욥의 시련에 관여하지 않으셨고 무관심하셨다고 감히 주장할 것이다. 욥의 이해는 달랐다. 이제 그는 하나님을 보았다. "이제는 눈으로 주를 뵈옵나이다"(욥 42:5). 지금 욥은 하나님이 그의 고난을 끝내고 그가 잃은 모든 것을 두 배로 회복시키실 것을 알기 전이기 때문에 그의 초점은 명확했다. 꺾이지 않고 꺾일 수 없는 주권 속에서, 하나님은 자기를 따르는 제자의 삶에서 일어나는 모든 일을 통해 현명하게 선택하신 목적을 성취하실 수 있다.

2. 출애굽기에서 우리는 하나님이 선택하셨는데도 꾸물대는 예비 지도자에게 하신 말씀을 듣는다. 모세는 말을 더듬었기 때문에—모세에게 언어 장애가 있었을까?—이집트 왕 파라오에게 맞서 하나님의 백성을 보내라고 요구하는 지도자로서 자신은 변변치 못한 선택이 될 것이라고 걱정했다. 그때 하나님은 전율하는 모세에게 수사적 질문 몇 개를 던지셨다. "누가 사람의 입을 지었느냐? 누가 말 못 하는 자나 못 듣는 자나 눈 밝은 자나 맹인이 되게 하였느냐? 나 여호와가 아니냐?"(출 4:11) 하나님이 모세에게 하신 말씀에 따르면, 그분은 주권적 능력을 발휘하여 사람들에게 곤경을 주실 수 있고 가끔 그렇게 하신다는 점을 받아들이는 것 외에 다른 선택의 여지가 없다.

하나님의 징계에 대해 생각해 보자. "무릇 징계가 당시에는 즐거워 보이지 않고 슬퍼 보이나 후에 그로 말미암아 연단받은 자들은 의와 평강의 열매를 맺느니라"(히 12:11). 하나님의 온유한 사랑을 얼마나 깊이 믿고 누리든 상관없이, 우리는 하나님이 가끔 우리 삶에 고통을 가져다주어 우리를 괴롭게 하신다는 사실을 부정해서는 안 된다. 하나님은 호세아를 통해 자기 백성에게 이렇게 말씀하셨다. "내가 에브라임에게는 사자 같고…바로 내가 움켜 갈지라.…그들이 고난받을 때에 나를 간절히 구하리라"(호 5:14-15). 분명한 사실이 있다. 하나님이 주시는 어려움에는 항상 구속적 목적이 있다. 하지만 이 어려움이 가끔은 악마의 개입 없이 하나님에게서 직접 오는 경우도 있다.

초기 교회 시절, 갈보리에서 일어난 심오한 기적을 깨닫지 못한 채 주님의 만찬에 참여했던 그리스도인들은 징계를 받았다. 바울은 "그러므로 너희 중에 약한 자와 병든 자가 많고 잠자는 자도 적지 아니하니"라고 말한다(고전 11:30). 오늘날이라고 해서 다를까?

3. 죄는 흔적을 남긴다. 다윗은 밧세바와 간음을 저질렀고, 그녀가 임신하자 다윗은 자신의 비열한 행위를 감추겠다는 결심을 굳혔다.

다른 사람의 눈에 밧세바의 남편 우리아가 뱃속 아기의 아버지인 것처럼 비치게 하려고, 다윗은 요압 장군의 부대에서 근무 중이던 우리아에게 전장에서 돌아오라는 명령을 내렸다. 다윗은 우리아가 밧세바의 임신 사실을 알지 못한 채 아내와 잠자리를 함께할 수 있도록 모든 준비를 갖춘 뒤, 군영 생활에서 벗어나 마땅히 누려야 할 휴식을 즐기고 아름다운 아내와 시간을 보내라고 주문했다. 하지만 동료 군인들이 병영에서 생활하고 있음을 알기에 우리아는 자기 집에서 자지 않겠다고 거절했다. 그 뒤 다윗 왕은 그를 저녁 식사에 초대하여 술을 마시게 했다. 그러면 우리아를 설득하여 집으로 돌아가 아내와 동침을 즐기도록 설득할 수 있을 것이라고 기대했다. 고결한 우리아는 전우들에게 허락되지 않은 즐거움을 재차 거절했다.

다윗은 마지막 수단을 강구하여 "우리아를 맹렬한 싸움에 앞세워 두고 너희는 뒤로 물러가서 그로 맞아 죽게 하라"라고 요압에게 명령했다(삼하 11:15). 우리아는 전쟁터로 돌아갔다. 요압은 다윗의 명령을 따랐고 우리아는 살해되었다. 다윗은 기회를 붙들었다. 그는 슬픔에 빠진 미망인을 즉시 왕궁으로 데려와, 관대한 위로의 표현이나 되는 듯 그녀와 결혼식을 치렀다. 자연의 순리대로 밧세바의 임신 사실이 이내 드러났다. 주위 사람들은 밧세바의 두 번째 남편에게 아이가 태어날 테고, 부도덕한 일은 일어나지 않았다고 짐작할 것이다.

하나님이 개입하셨다. 그분은 예언자 나단에게 다윗의 이중성을 보여 주셨고, 나단은 다윗에게 이렇게 말했다. "당신이 그 사람이라.…네가 칼로…우리아를 치[고]…그의 아내를 빼앗[았도다]"(12:7-9). 죄가 폭로된 다음 다윗은 자신의 죄를 실토했다. 하지만 그 뒤에 다윗은 하나님의 징계를 받았다. "우리아의 아내가 다윗에게 낳은 아이를 여호와께서 치시매 심히 앓는지라"(15절). 하나님은 밧세바를 우리아의 아내라고 부르심으로써 다시 한번 다윗을 꾸짖으셨다.

논점이 무엇인가? 이견이 있을 수 없다. 하나님은 아이의 죽음을 일으킨 직접적 원인이셨다. 다윗이 징계의 원인이었고 하나님이 실행자셨다. 정교한 주권은 하나님이 사람들의 삶에 어려움을 가져다주신다고 주장한다. 그분은 가끔 그렇게 하신다. 나는 그렇지 않다고 믿고 싶을 수 있다. 성경은 내 뜻대로 믿게 두지 않는다. 하지만 하나님이 다윗을 징계하셨다는 성경 기록이 있다고 해서 모든 어려움이 하나님에게서 직접 온다는 사실이 입증되는 것은 아니다.

4. 요한은 그리스도의 제자들이 자기들 앞에 서 있는 사람이 누구의 죄 때문에 맹인이 되었는지 알고 싶어 하던 순간을 기록한다. 제자들은 그가 태어날 때부터 맹인이었음을 알았다. 끔찍한 불행이었다. 제자들은 그런 비극에 대해 한 가지 설명밖에 생각할 수 없었던 것 같다. 즉 하나님이 누군가의 죄 때문에 그를 심판하셨다. 종종 그렇듯이, 예수님은 당황스러운 대답으로 질문에 응수하셨다. "이 사람이나 그 부모의 죄로 인한 것이 아니라 그에게서 하나님이 하시는 일을 나타내고자 하심이라"(요 9:3).

군소리를 덧붙이는 것을 양해해 주기 바란다. 만일 내가 그 사람이었다면, 얼마나 오랜 기간 맹인이었든 하나님의 길이 이해되지도 않을뿐더러 그 길 때문에 울화가 치민다고 여겼을 것이다. 아무리 절제해서 말한다 해도, 하나님이 형편없는 시점에 일하셨다고 생각했을 것이다. 그분은 생후 1개월이었을 때 혹은 더 바람직하게 아직 모태에 있었을 때 나를 치료하실 수도 있었다. 맹인이 이런 생각을 품었다 하더라도 요한은 그것을 기록하지 않았다. 그는 성부의 능력을 드러낼 기회를 예수님께 드리는 특권을 더 소중히 여길 만큼 성숙했을까? 그가 눈을 뜨는 기적에 압도당한 나머지 맹인으로 살아온 세월을 마음에 두지 않았을 가능성이 훨씬 더 높다.

요한이 기록한 예수님의 말씀은 어느 누구의 죄도 그 사람의 눈을 멀게 한 원인이 아니었다고 명확히 밝힌다. 죄를 벌하는 하나님의 거룩한 심판과는 무관한 일이었다. 주님의 진술은 하나님이 또 다른 이유로 남자의 눈이 멀게 하셨을 가능성을 배제하지 않는다는 점도 인정되어야 한다. 예수님의 말씀은 부패에 예속되어 신음하는 세상(롬 8:18-22을 보라)에서 시각 장애를 비롯한 다른 숱한 선천적 장애가 당연히 나타날 것임을 지적한다고 이해하는 편이 훨씬 낫다. 제자들의 질문에 대한 주님의 대답에서 강조점은 심각한 선천적 장애의 **원인**에서 **주권적 쓰임새**로 초점을 바꾼다.

나는 이 성경 기사에서 정교한 주권을 뒷받침하는 명확한 근거를 찾지 못한다. 이 사건 기록이 우리에게 전해 주는 교훈으로 가능성이 훨씬 높은 것은 이것이다. 곧 하나님의 사고방식에 따르면, 그분이 자신이 일으키신 곤경을 치유하실 수 있을 뿐만 아니라 타락한 사람들로 이루어진 부패한 세상에서 일어나는 모든 나쁜 일, 그분이 선한 목적을 위해 일으키거나 허용하신 모든 일을 통해 선을 이끌어 내실 수 있고 또한 그러기를 간절히 바라신다는 사실을 우리가 깨달을 때 주권적인 하나님이 훨씬 더 경이로운 전능자로 계시되신다. 내가 염원하는 성숙은, 성부께서 전하시는 큰 이야기를 성취하여 그분을 기쁘시게 하기 위해 우리가 겪는 고난을 특권으로 여기는 것이다.

5. 우리가 아는 대로, 하나님은 "모든 것을 자기의 원하시는 뜻대로 행하[신다]"(엡 1:11, 새번역). 우리가 주의 깊게 주목해야 할 사실은, 바울은 하나님이 자기 뜻대로 모든 일을 **일으키신다**고 말하지 않았다는 점이다. 하나님은 모든 일이 영원한 목적을 성취하도록 **행하신다**. 로마

서 8:28에 나오는 익숙한 말씀은, 하나님의 주권적인 능력 속에서 "모든 일이 합력하여 선을 이[룬다]"고 주장한다. 단, 훨씬 더 큰 선이 앞으로 나아가고 있음을 깨닫고 모든 것을 인내하는 이들에게만 그렇다. 어떤 구절도 하나님이 모든 일의 원인이시라는 신념을 지지하지 않는다. 하나님은 모든 것 가운데서 자신의 주권적 목적을 위해 일하실 수 있다. 아, 하나님의 섭리 앞에 순복하는 기쁨을 아는 일이란!

6. 이사야서에서 하나님은 담담하게 이렇게 선언하신다. "나의 뜻이 설 것이니 내가 나의 모든 기뻐하는 것을 이루리라"(사 46:10). 요셉은 이 진리가 주는 위로 속에서 안식했다. 요셉이 자기를 노예로 팔아넘긴 악한 형제들에게 했던 말을 기억하라. 그는 이제 온 이집트의 총리가 되어, 굶주린 야곱의 아들들에게 음식을 줄 수 있었고 형제들과 재회했을 때 그들의 손에 겪어야만 했던 고통을 되갚을 수 있는 위치에 있었다. 이 모두가 하나님의 섭리의 흔적이었다. 요셉은 이렇게 말했다. "당신들은 나를 해하려 하였으나 하나님은 그것을 선으로 바꾸[셨다]"(창 50:20).

우리는 하나님이 요셉의 형제들을 부추겨 요셉을 '해하려 하게' 하셨다고 이해해야 할까? 하나님이 가인을 부추겨 아벨을 죽이게 하셨을까? 아니면 그분은 가인이 그때 고의로 저지른 악행에 대해서 경고하셨을까? 또한 그 뒤에 하나님은 악한 선택이 초래하는 장기적 파급 효과를 후대 세대에게 보여 주기 위해 가인의 악을 사용하셨을까? 처음 두 질문에 대한 답은 '아니다'이고, 그다음 두 질문에 대한 답은 '그렇다'이다.

하나님이 우리 인생에 끼어드는 모든 것을 신적 섭리 가운데 일으키시든 혹은 허용하시든 우리는 하나님이 주시는 좋은 것을 즐기고 나쁜 것을 견디도록 부름받는다. 성경적 주권 개념은 둘 다에 도움이 된다. 이사야는 다음에 나오는 친숙한 본문에서 우리에게 동일한 이해를 시사한다.

> 주 여호와의 영이 내게 내리셨으니 이는 여호와께서 내게 기름을 부으사 가난한 자에게 아름다운 소식을 전하게 하려 하심이라. 나를 보내사 마음이 상한 자를 고치며…여호와의 은혜의 해[를]…선포하여 모든 슬픈 자를 위로하되…시온에서 슬퍼하는 자에게 화관을 주어 그 재를 대신하며. (사 61:1-3)

일부는 구속받았지만 아무도 영광에 이르지 못한 타락한 사람들로 가득한 타락한 세상에서, 하나님이 창조하신 선은 대부분 그분의 묵인하에 불에 타 재가 되어 버린다. 파경에 다다른 결혼, 자녀들의 반항, 복음 중심의 삶에서 멀어지는 그리스도인, 오만을 낳는 성공, 타인보다 나은 윤리적 삶이 하나님 앞에서 공로라고 착각하는 과오, 교회 분열, 베풂이 아니라 축적이나 낭비로 이어지는 부(富).

주님은 한때 아름다웠던 창조 세계, 완벽한 아름다움으로 만드셨지만 이제는 쇠락한 창조 세계, 그리고 언제나 위를 향해 또 밖을 향해 살아가는 관계적 형상으로 만들어졌지만 이제는 자신 속으로 파고드는 사람들을 내려다보신다. 그러면서 주님은 비통해하신다. "하나님이 보신즉 땅이 부패하였으니"(창 6:12). 하나님은 모든 것을 끝낼 온갖 이유와 권리를 가지고 계신다. 하지만 사랑에 이끌린 거룩한 주권 속에서 하나님은 성령과 함께 협력하여 우리가 겪는 온갖 모욕과 역경의 잿더미 속에서 아름다움을 이끌어 내기 위해 아들을 보내 죽게 하셨다.

나는 이 진리를 찬양한다. 이 진리 자체이신 하나님께 경탄하고 그분을 즐거워한다. 나는 정교한 주권을 받아들일 수 없다. 우리가 견디는 가장 흔한 어려움은 하나님이 작정하신 행동에서 비롯되는 것이 아니라, 이 세상과 우리 본성의 타락한 환경에서 비롯된다. 그리고 나는, 어마어마한 대가를 몸소 치르셔서, 죽음의 잿더미에서 사랑의 아름다움을 이끌어 내시는 하나님의 주권적 의지와 능력에 깜짝 놀란다. 나는 나의 의문과 상처와 실패 한가운데서 언제나 선한 계획을 펼치시는 하나님의 꺾이지 않는 주권 속에서 안식한다.

미확정 주권

성경에서는 하나님이 우리의 어려움을 포함하여 모든 것을 주권적으로 일으키신다는 견해를 어렴풋이 지지한다고 여길 수 있다. 하지만 내가 성경을 읽은 바에 따르면, 정교한 주권을 믿도록 **강요하는** 성경 구절은 하나도 없다. 또한 성경 신학 곧 하나님이 누구시고 무엇을 하시는지 말해 주는 신학은 미확정 주권에서 나를 멀어지게 한다. 이제 이 두 번째 견해에 대한 나의 이해를 간략하게 나누고자 한다.

미확정 주권의 가르침을 평가할 때, 우리가 하나님에 관해 아는 진리 중 두 가지가 특히 중요하다. 하나, 하나님은 시간을 초월하여 사신다. 둘, 하나님은 자신이 창조한 우주와 지상에 태어난 모든 사람에게 일어나는 모든 일에서 어떤 목적을 가지고 계신다. 열린 이신론 곧 내가 미확정 주권이라고 부르는 견해를 가리키는 일반적 이름은, 하나님이 미래를 미결정 상태로 두고 그냥 흘러가게 하시되, 어떤 일이 일어나기 전까지는 그분도 아실 수 없을 뿐만 아니라 어떤 일이 일어나든 특별한 목적을 가지고 있지 않다는 가르침에서 비롯되었다.

　이 견해의 주창자들은, 우리가 바라는 것을 선택할 자유가 정말로 사람들에게 주어졌기 때문에 하나님은 우리가 선택을 내릴 때까지 무엇을 선택할지 아실 수 없다고 추론한다. 그와는 반대로, 하나님이 우리 각자가 내일 무엇을 할지 아신다고 믿는다면 우리의 선택은 필연적인 것이 되고, 따라서 자유로운 선택이 아니게 된다. 우리가 내리는 선택에 상응하는 하나님의 자유로운 활동은 우리가 무엇을 하느냐에 따라 달라진다. 우리가 내린 선택의 결과를 다루기 위해 최선의 행동을 결정하시기 전까지는 하나님도 그 활동이 무엇인지 아실 수 없다. 이러한 활동 안에서만 하나님은 주권적이시다. 그래서 미확정 주권이라는 이름표가 붙었다.

　열린 이신론자들은 사랑의 하나님이 나쁜 일에서 선한 목적을 가지고 계시다고 생각하는 것이 모욕적이라고 여기는 것 같다. 아이가 죽는다. 10대 소녀가 성폭행을 당한다. 한 남성이 알츠하이머에 걸린다. 어떻게 하나님이 이런 비극적 사건에서 선한 목적을 염두에 두고 계신다고 상상할 수 있을까? 타락한 세상 탓에 혹은 우리의 타락한 상태 탓에 우리 삶에서 끔찍한 일이 벌어진다. 그런 일은 그냥 일어난다. 우리의 본분은 이런 지독한 경험 밑에 있는 하나님의 목적을 탐색하는 것이 아니다. 그런 것은 없다. 그리스도인들은 시련을 견디기만 해야지, 큰 기쁨(약 1:2을 보라)의 기회로 받아들여서는 안 된다. 오히려 맹목적 운명을 두고 불평하지 않음으로써, 우리의 고난에 구속적 목적을 두시지 않는 하나님으로부터 달아나지 않음으로써 그분을 기쁘시게 해야 한다. 우리는 만물을 새롭게 하실 그리스도의 재림을 기다리며 그리스도인답게 살아야 한다.

하지만 성경은 명확히 말한다. 하나님은 "하늘에 있는 것이나 땅에 있는 것이 다 그리스도 안에서 통일되게 하려[는]" 계획을 가지고 계신다(엡 1:10). 따라서 성령께서 모든 일을 통해 그리스도를 더 많이 닮도록 우리를 빚어 가실 때, 시작부터 마지막을 아시는 하나님(사 46:10을 보라)이 삶의 모든 정황에서 이 계획을 이끄신다고 추론하는 것은 결코 비약이 아니다.

영원하신 하나님은 시간 너머에 존재하신다. 그 무엇도 그분의 허를 찌르지 못한다. 하지만 내일 무엇을 할지 선택하는 우리의 진정한 자유는 손상되지 않는 동시에, 내일을 마치 오늘인 듯 보시는 하나님은 우리가 내일 내릴 선택도 알고 계신다. 그리고 우리의 삶을 향한 그분의 주권적 목적─그 중심에는 우리가 서로 관계하는 방식을 통해 예수님을 드러내는 것이 있다─은 매 순간 그분의 목적에 협력할 기회나 반대할 기회를 우리 앞에 내놓는다. 우리가 실패할 때에도, 하나님의 탁월한 지혜와 과분한 은혜 덕분에 그분의 자녀들은 찬란한 운명을 향해 움직일 수 있다.

하나님은 아담의 실패에 놀라지 않으셨다. 나의 실패에 대해서도 마찬가지다. 그분은 둘 다 일어날 것을 아셨다. 그리고 하나님은 신적 사랑을 모두가 볼 수 있도록 드러낼 계획을 가지고 준비하셨다. 하나님은 미래를 아시고, 태초부터 종말까지 총망라하는 그분의 계획은 모든 일을 통해 펼쳐진다. 내 생각에 도전을 제기한 미확정 주권론자에게 감사하지만, 나는 그들의 입장을 지지할 수 없다. 만약 지금 당장 정교한 주권과 미확정 주권 사이에서 선택하라고 요구받는다면, 다른 선택지가 없을 경우 나는 지체 없이 전자와 손을 잡겠다.

꺾이지 않는 주권

이미 글이 길어졌으므로 이 장에 더 보탤 내용은 거의 없다. 나는 속내를 모두 드러냈다. 내가 꺾이지 않는 주권이라고 부르기로 결정한 견해는 간단하게 정리된 명제 네 가지에 근거한다.

1. **하나님은 무엇이든 원하는 일을 자유롭게 행하신다.** 하나님은 사랑의 지혜 속에서 자신이 전하시는 이야기를 그분이 보시기에 적절한 모든 방법으로 성취하기로 주권적으로 선택하셨다. 때로 우리의 오염된 생각으로는 하나님의 순수한 길을 이해하지 못한다. 하지만 하나님이 자신을 영화롭게 하고 자신의 모든 활동을 통해 거룩한 사랑을 보여 주려는 궁극적 목적을 실현하실 때, 우리는 언제나 그 수혜자가 된다.
2. **하나님은 항상 역사하시고 항상 선한 일을 이루신다.** 하나님은 언제나 자신이 전하시는 큰 이야기를 성취하려는 한 가지 목적을 위해 시련과 복 둘 다를 일으키시거나 힘든 일과 좋은 일 둘 다를 허용하신다. 그분은 우리가 모든 일이 그분의 불가사의한 주권적 방법으로 우

리의 가장 심오한 선을 위해 협력한다는 확신을 가지고 힘든 일을 견디고 좋은 일을 누리기 바라신다.

3. 우리 육신이 에너지를 공급하고 악마의 지혜가 통솔하고 세상이 허용하는 사람의 분노마저도 하나님 자신이 그 무엇보다 마땅히 찬양받을 분이심을 보여 주는 영원한 목적을 성취할 것이다. 그분의 존귀하심은 즉시 누릴 수 있는 안녕을 보장하는 그분의 약속에 근거하지 않는다. 우리 삶에 영향을 미쳐도 좋다는 허락이 세상과 육신과 마귀에게 떨어진다. 하지만 하나님은 자신이 다른 데서 얻을 수 없는 영원한 아름다움, 좋은 시절이나 힘든 시절에 역사하는 완전한 사랑의 아름다움의 근원이요 설계자이심을 끊임없이 보여 주신다. 그분의 활동 곧 역사 전체는 나 같은 죄인을 살리신 "그의 은혜의 영광을 찬송하게 하려는" 그분의 목적을 충실하게 성취한다(엡 1:5-6).

4. 주권적인 하나님은 이 세상에서 일어나는 일, 잃어버린 백성과 구속받은 백성이 할 수 있는 일 중 어떤 것도 자신의 목적을 꺾지 못하도록 확실히 조치하신다. 하나님은 자신이 전하시는 이야기를 철저히 통제하신다. 그분은 꺾이지 않는 하나님이시다.

이렇게 학문적 소양이 부족한 내가 주권에 관해 정리한 신학 원리는 영혼에 평안을 주는 순진하리만큼 단순한 한 가지 진리로 압축된다.

우리를 전율하게 만드는 모든 일에서 우리는 하나님이 우리에게 선을 행하신다고 신뢰할 수 있다.

하나님은 어떤 선을 행하고 계실까? 혹은 내가 앞에서 말했던 질문을 던져 보면, 대체 하나님은 어떤 의미에서 선하신 걸까? 적어도 다음과 같은 의미가 있다. 우리 인생을 즐겁게 해 주고 우리 인생을 힘들게 만드는 역경을 최소화하는 것이 하나님이 정하신 일차 목적이라는 순진하고 이기적인 관념을 우리에게서 걷어 내신다. 미성숙한 믿음이 하나님의 꺾이지 않는 주권에 대한 신뢰 앞에서 굴복할 때에만, 우리는 고난을 반가이 맞이하고 고난을 통해 하나님을 알아 가는 더 깊은 선을 소중히 여길 것이다. 오직 그때에만 우리는 소망 가운데 안식하면서 그분의 주권적인 사랑을 누릴 수 있다.

∽

나는 이런 생각들이 성경에서 유래한 것이고 우리를 크게 격려한다고 믿는다. 하지만 이런 생각들은 마음을 피곤하게 만들어 가끔 심한 두통을 유발하는 지경에 이르기도 한다.

이 책에서 가장 짧은 마지막 4부에서 나는 아스피린 두 알을 먹고 훨씬 단순하게 생각하려고 한다. 먼저, 하나님을 거부하고 그분에게서 달아나거나 혹은 그분의 좋은 소식을 우리 육신의 욕망에 더 잘 부합하도록 왜곡하고 부정하는 불경한 어리석음에 대해서. 그리고 하나님의 길을 이해할 수 없을 때 전율하라는 초대, 하나님의 탁월한 지혜 속에서 그분의 생각과 길을 통해 언제나 그분의 사랑이 나타난다고 신뢰하는 은혜 가득한 초대를 한껏 즐기면서 하나님을 공경하는 기회에 대해서. 주님을 찬양하라. 지금 주님은 놀라운 일을 행하고 계신다. 그때에는 더 큰 일을 행하실 것이다.

4부

하나님의 길을
이해할 수 없을 때

세 가지 예화

17장

현대판 요나

"내가 더 잘 알아"

그 남자는 하나님께 실망했다.

하지만 그는 자신의 근심을 결코 하나님 앞에 가져가지 않았다. 그는 열린 사고와 진정한 정직함과 겸손히 경외하는 태도로 그분께 다가가지 않았다. 그는 생각을 굳혔다. 하나님이 잘못하셨다. 내가 옳다.

제3자의 입장에서 선입견 없이 남자의 인생 이야기를 지켜본다면 각별히 민감하지 않은 한 그의 반응을 예측할 수 없었다. 남자는 훌륭한 기독교 가정에서 성장했다. 물론 예리한 관찰자라면 어느 정도 명목상의 기독교 가정이었다는 점을 간파했겠지만 말이다.

남자의 부모는 거의 매주 교회에 출석했다. 소년 시절에 남자는 주일 학교에서 행복한 시간을 보냈고, 10대 시절에는 청소년부에 기쁨으로 참여했다. 아버지가 가족 식사 시간에 가족들이 먹을 음식을 주신 하나님께 감사드릴 때, 남자는 두 누이, 어머니와 함께 신실하게 고개를 숙였다. 식사를 나누는 동안 아버지는 종종 자신이 견지하는 기독교적 가치관을 거침없이 옹호했고 자기 가족이 복을 많이 받은 것은 하나님의 은총 덕분이라고 어김없이 이야기했다.

남자가 터득한 교훈이 있었다. **하나님은 쓸모가 많은 분이시다.** 그는 하나님이 항상 자녀들의 절실한 관심사를 보살펴 주는 듬직하고 성실하신 아버지라고 진심으로 받아들였다. 남자는 자신이 생각하는 하나님이 하늘에 계신 성부―자신의 영광을 위해 흔들리지 않는 헌신으로 제자들에게 커다란 소망을 가져다주시는 분―라기보다는 하늘에 계신 할아버지―맹목적으로 사랑을 쏟으시는 분―에 더 가깝다고는 의식하지 못했다.

실재했지만 의식적으로 표명된 적 없는 이 어린 시절의 교훈은 성년기까지 큰 문제 없이 이어졌다. 남자는 자신의 관심사보다 하나님의 관심사에 더 깊이 헌신된 사랑스럽고 경건한 여성을 만나 가정을 이루었다. 남자와 아내는 세 자녀를 낳았고, 이제 자녀들은 성인이 되어 모두 성실하고 활동적이고 평탄하게 살았다.

두 자녀는 가정을 이루었다. 셋째는 뉴욕에서 살았고 월스트리트에서 경력을 쌓기 위해 애쓰느라 너무 바쁜 나머지 가정을 이루지 못했다. 남자는 아들의 근면과 투지에 뿌듯함을 느꼈다. 그는 근처에 사는 건강하고 행복한 손주 셋(멋진 손자 두 명과 작고 예쁜 손녀 한 명)과 행복한 시간을 보냈다. 게다가 성공적인 경력을 계속 쌓아 여전히 높은 급여를 받고 있었기에 그는 점점 늘어나는 식구들에게 필요한 비용을 넉넉히 지불할 수 있었다.

하나님은 자기 책임을 다하고 계셨다. 훌륭한 인생이었다. 아버지가 가르쳐 준 대로, 남자는 하나님이 훌륭한 자녀들에게 좋은 것을 복으로 주셨다는 사실이 고맙고 감사했다. 그는 아내와 함께 교회 모임에 적극적으로 참여했고 교회 사역에 성실하게 기여했다.

만일 남자가 하나님의 공동체 안에서 오가는 대화를 엿들었다면, 성부의 이런 말씀을 들었을 것이다.

이 남자는 내가 누구인지 혹은 내가 그의 인생에서 무엇을 이루고 있는지 아직 모른다. 자식이 인생의 복 가운데 행복하고 만족스럽게 살아가는 것보다 더 좋은 것을 바라지 않는 어리석은 아버지의 관용을 철부지 아이가 즐기듯, 그는 자기 생각대로 나를 즐기고 있다. 내 마음이 슬프다.

그리고 그는 성자의 대답을 들었을 것이다.

성부여, 저는 당신을 알지 못하는 사람들을 거룩한 사랑의 팔로 안으시려는 당신의 염원을 저의 삶을 통해 알렸고 저의 죽음을 통해서는 더 많이 알렸습니다. 바로 사랑이라는 이름이 걸맞은 단 하나의 사랑이지요. 저도 당신의 슬픔에 공감합니다. 당신이 전하는 이야기에서 이 남자가 담당해야 할 당신의 자비로운 계획을 아직 깨닫지 못하는 것을 보고 있자니 저도 슬픕니다.

남자가 계속 귀 기울였다면, 성령의 말씀은 그의 귓가에 소망의 불을 지폈을 것이다.

성부와 성자여, 이 남자의 영혼을 참된 기쁨으로 채우려는 두 분의 거룩한 계획이 제 마음을 사로잡습니다. 타락한 본성이 이 남자의 삶에서 농간을 부리도록 두 분이 허용하실 때, 저는 그가 두 왕국의 충돌을 깨달아 그 마음과 영혼에 파문이 일어나게 하겠습니다. 그는 (지금까지 자신의 생활 방식이던) 하나님을 존중하지 않는 특권 의식이라는 아담의 유산에 굴복하는 것, 아니면 제가 그의 영혼 안에 심으려고 하는 하나님을 존중하는 태도에 기쁨으로 순복하는 것, 이 두 가지 선택 앞에 몇 번이고 반복해서 서게 될 것입니다. 저는 우리가 전하는 은총의 이야기, 성부여, 바로 당신이 집필하신 이야기에 그가 동참하기를 간절히 바랍니다. 두 분의 기쁨을 위해 저는 이 남자가 사랑의 기쁨 가운데 우리와 함께 춤을 출 수 있기를 바랍니다. 저도 슬픕니다. 오만하고 독립적인 자신의 영혼이 가장 열망하는 바에 대한 그의 악하고 어리석은 이해 때문에 저도 여태껏 억눌려 있었습니다. 성부여, 당신은 이 남자에게 자유 의지를 허락하셨습니다. 제 마음은 그를 당신에게 데려가고 싶은 갈망으로 애가 탑니다. 선택은 그가 내려야 할 결정이겠지요.

삼위 하나님의 대화를 일부러 의식하지 않았던―만약 그가 자기를 위해 쓴 하나님의 연애편지에 흠뻑 젖어 들었다면, 그는 벌써 하나님의 길을 신뢰하기 시작했을 것이다―남자는 방금 일어난 사건에 동요되어 자신의 삶을 성찰하지 않을 수 없었다. 결혼하여 두 아이를 둔 장남이 수술로 제거할 수 없는 뇌종양이 있다는 진단을 받았기 때문이다. 10대인 손녀는 이 소식에 상심하고 하나님께 분노했고, 반항심에 가득 차서 자기가 여성에게 끌리는 성적 성향을 가지고 있다고 폭탄선언을 했다.

하나님이 자기 책임을 다하지 않으셨다. 남자는 하나님의 길을 이해할 수 없었다.

남자는 혼란스러운 절망 속에서 기도했다. 교회 친구 10여 명은 그의 아들에게 기적적 치유가 일어나도록 기도했다. 교회는 기도 모임을 조직하여 수백 명이 넘는 사람들이 의사가 할 수 없는 일을 하나님이 해 주시기를 간청하며 하늘의 문을 두드렸다. 손녀에게 동성애 성향이 있음을 전해 들은 친한 친구 몇 명은 손녀의 여성다운 영혼 안에 남자를 좋아하는 고결한 열망을 불러일으켜 달라고 하나님께 기도했다.

이제 1년이 지났다. 남자의 장남은 두려움에 사로잡힌 채 고통스러운 죽음을 맞았다. 이제 17세가 된 손녀는 그녀와 평생을 함께하고 싶어 하는 20대 여성과 진지한 관계로 발전했다.

두 사건 모두 남자의 마음을 괴로움으로 채웠다. 그의 마음은 무너졌고 하나님께 몹시 분노했다. 그는 교회 등록을 철회했다. 모두 오랜 친구인 교회 장로들에게 보낸 편지에서 남자는 자신의 결정에 대해 이렇게 설명했다. "오랜 세월 제자였던 한 사람의 삶에 이런 고통을 허락하면서 스스로 사랑이라고 주장하시는 하나님을 저는 믿을 수 없습니다. 저는 그분에게 신실함을 지켰습니다. 하지만 그분은 저에게 신실하지 않으셨습니다. 하나님은 선하지 않으시거나 존재하지 않으시거나 둘 중 하나입니다. 저는 더 이상 교회에서 하나님을 예배하는 척할 수 없습니다. 저는 하나님 없이 최선을 다해 제 인생을 살아가겠습니다."

남자의 아내는 장남의 죽음이나 손녀의 동성애 성향보다 남편의 무너진 믿음 탓에 더 정신이 아득했다. 두 사건 모두 깊은 고통을 안겨 주었고, 그녀는 다시금 하나님을 깊이 알게 해 달라고 간청하며 무릎 꿇지 않을 수 없었다. 아내의 믿음은, 하나님의 이해할 수 없는 길이 가장 어두운 밤에도 선한 이야기, 영원히 아름다운 결말을 지닌 이야기를 성취하고 있다는 소망으로 그녀를 붙들어 주었다.

남자는 아내를 사랑했고, 아내의 믿음이 이상하게 신경에 거슬렸다. 아내를 달래기 위해 그는 계속 교회에 출석했다. 물론 교회 출석 횟수는 전보다 줄었고, 매번 자기를 부당하게 대하시는 하나님을 향한 적개심으로 부글부글 끓었지만 말이다. 그런데 하나님을 미워하는 것은 틀림없이 하나님이 존재하신다고 생각하는 것이다. '아니야, 그런 결론은 부당해. 나는 하나님이 존재한다고 믿지 않아.'

갈피를 잡기 힘든 불안한 분노를 품고─'내가 대체 누구에게 화가 난 거야? 비난해야 할 하나님은 존재하지 않아!'─남자는 일기에 이렇게 적었다. "그리스도인들이 말하는 하나님의 복이란 우연한 사건에 불과할 뿐이다. 행운을 얻는 사람이 있고 그렇지 못한 사람이 있다. 나는 불운한 사람 쪽에 속한다. 운명은 내게 미소 짓기를 거부한다. 내 인생에 남은 좋은 것을 지키기 위해, 혹시라도 좋은 것을 몇 가지 더 마련하기 위해 내 힘으로 무슨 일이든 하면서 최선을 다해 나의 인생을 살기로 다짐한다. 하지만 이제 하나님과는 끝이다. 하나님이 존재한다면─내가 대체 왜 이런 의문을 품는단 말인가?─분명 그분은 나의 안녕에 아무런 흥미도 없고 나의 행복에 관심도 없다. 나는 이제 홀로서기에 성공했고 하나님이 사랑이라는 소망 충족적 환상에서 벗어나게 되어 기쁘다. 내가 하나님보다 더 잘 안다. 나 같이 훌륭한 사람이 마땅히 누려야 할 삶을 어떻게 준비해야 하는지 더 잘 안다. 내 인생은 힘겹지만, 삶이 허용하는 한 나에게 좋은 일을 하겠다. 더 큰 목적 같은 것은 더 이상 존재하지 않는다."

남자는 하나님의 길을 이해할 수 없을 때 그분을 포기해 버린 현대판 요나였다. 천국의 사냥개가 계속 짖었다.

18장

현대판 사울

"내가 더 잘할 수 있어"

그 여자는 상상 속에서 그린 하나님을 사랑했다.

하나님이 역경을 견디고 그리스도를 위해 고난을 받으라고 당부하신다는 다른 사람들의 말을 들을 때, 그녀는 관대한 미소를 지었다. 그녀는 고난을 당한다는 말의 의미를 대다수 사람들보다 더 잘 알았다. 그녀는 역경에 익숙했다. 그런데 그녀는 하나님도 알았다. 그 하나님은 어려운 시절을 죄다 복된 생애로 바꾸어 주겠다고 약속하셨다.

모든 그리스도인이 그녀가 믿는 예수님을 알기만 한다면, 예수님이 오셔서 아버지의 모든 자녀에게 주시는 풍성한 삶을 그들도 누릴 것이다. 그리고 복에 복을 더하여, 매일 아침 희망찬 기쁨과 함께 그녀를 깨우시는 온유한 성령을 그들도 알 것이다. 하나님과 함께하는 삶. 그보다 좋은 것은 없었다.

이제 알아야 할 사실이 있다. 그녀는 상상 속에 존재하는 꿈의 유토피아에서 살고 있는 낭만적 이상주의자가 결코 아니었다. 그녀가 네 살이었을 때, 알코올 중독자인 아버지는 아내와 외동딸을 버렸고 어린 소녀는 충격에 빠졌다. 그녀는 대체 자기가 무슨 일을 했기에 아빠가 자기를 그렇게 미워했는지 이해할 수 없어서 몇 달 동안 매일 밤 홀로 울다 잠들던 일을 기억한다. 그녀는 눈물을 쏟으며 기도했다. "하나님, 제발 저를 사랑해 줄 아빠를 보내 주세요."

두 해가 지나갔다. 퉁퉁 부은 눈으로 눈물을 흘리는 일은 줄었지만 마음속의 애타는 아픔은 계속되었다. 그녀의 기도는 계속되었지만 응답받을 것이라는 희망은 점차 흐려졌다. 바로 그때 하나님의 기막힌 타이밍에 멋진 남성이 그녀의 인생에 들어왔다. 그는 이 어린 소녀의 어머니를 사랑했고 그녀까지 사랑해 주는 것 같았다. 머지않아 그 남성은 어머니와 결혼했고, 어머니와 딸은 새아버지가 목회하던 교회 바로 옆에 지은 예쁜 집으로 거처를 옮겼다.

하나님은 선하셨다. 그 어느 때보다 인생이 만족스러웠다. 주일 아침에 소녀는 어른들과 떨어져서 주일 학교에 가고 싶은 마음이 없었다. 그녀는 새아버지의 설교를 듣는 것이 좋았다. 많은 교우도 마찬가지였다. 나이든 성도들은 목사님이 결혼한 뒤 강단에서 훨씬 더 당당해졌다고 생각했다. 교회는 수백 명에서 수천 명으로 성장했다. 만족스러운 인생 그 이상이었다. 짜릿했다.

목사는 모든 설교를 독창적이고 신선한 시각에서 전했고, 자신의 논점을 주장하기 위해 여러 성경 구절을 인용하여 성경 지식을 드러냈다. 사람들의 평이 좋았던 메시지는 언제나 똑같았다. **하나님은 당신을 사랑하시고, 당신이 당신의 인생을 최대한 누리기 원하신다.** 주일마다 목사는 설교를 마무리할 때면 가장 따뜻한 미소를 지으며 감동적인 말을 똑같이 반복했다. 교회에 나온 사람은 누구나 그 말을 다시 듣기를 간절히 고대했다.

"밤은 어두울 수 있습니다. 하지만 매일 아침 태양은 떠오릅니다. 예수님의 빛 안에서 행하고, 그분이 흐뭇하게 베푸시는 복을 누리세요. 하루의 매 순간 예수님의 얼굴이 당신을 비추어 주시기를 기도합니다. 선하신 하나님과 함께 선한 삶을 일구어 가십시오."

교훈을 얻었다. 소녀는 성장하면서 이해하게 되었다. 하나님을 신뢰하라. 그러면 삶이 형통할 것이다!

하지만 이제 열여섯 살이 된 소녀는 의아했다. 어머니의 삶은 폭력적인 첫 남편과 결혼한 후 9년 동안 순조롭지 않았다. 하지만 어머니는 항상 하나님을 신뢰하는 것 같았다. 둘만 있는 조용한 순간에 그녀는 이제 행복을 얻은 어머니에게 그렇게 힘든 9년간의 세월을 어떻게 견뎠는지 물었다.

"얘야, 나는 어린 시절부터 예수님이 나를 사랑하신다는 것을 알았단다. 하나님이 그 남자를 다정한 남편으로 바꾸어 주시거나 아니면 어떻게든 내가 그 굴레에서 벗어나 나를 사랑해 줄 남자의 아내가 되게 해 달라고 매일 기도했어. 가끔 하나님이 네 기도에 응답하실 때까지 기다려야 하는 때도 있단다. 하지만 네 아버지가 주일마다 하는 말을 기억하렴. 밤은 어두울 수 있단다. 하지만 매일 아침 태양은 떠오르지. 하나님이 태양을 보내셔서 내 인생을 비추어 주셨어. 하나님은 우리를 사랑하시기 때문에 그보다 못한 일을 하실 리 없어."

10대가 된 소녀는 네 살 때 드린 기도를 떠올리며 빙긋 웃었다. "하나님, 제발 저를 사랑해 줄 아빠를 보내 주세요." 그리고 하나님은 그 기도에 응답하셨다. 소녀는 다시금 깨달았다. '복음'은 좋은 소식이다. 사랑의 하나님은 힘든 시절을 겪고 있는 자녀들을 보호하실 것이다. 자녀들이 바라는 풍성한 삶의 복을 내려 주실 것이라는 분명한 소망과 함께. 그분이 그보다 못한 일을 하실 리가 없다. 아직 10대였지만, 그녀는 이미 확고부동한 신자였다.

교회가 성장하면서, 청소년부 목사가 성인 사역 담당자로 배정되었다. 새로운 청소년부 목사가 부임했다. 그는 중등부와 고등부 학생들이 한 번도 들어 본 적 없는 내용을 가르쳤다. 새로 부임한 목사의 말에 의하면, 예수님은 그들의 죄를 용서하기 위해 돌아가셨고, 이제 그들은 살아 계신 성령을 마음속에 모신 용서받은 죄인으로서, 인생이 순탄할 때든 힘들 때든 상관없이 하나님과 다른 사람들을 사랑할 특권을 받았다.

힘든 시절도 반갑게 맞아야 한다고? 그것을 다른 사람을 사랑함으로써 선한 목적을 이루시는 하나님의 신실하심을 보여 줄 기회라고 여기며 반갑게 맞아야 한다고? 아니다. 하나님은 힘든 시절을 좋은 시절을 바꿔 주셔야 한다. 소녀는 혼란스러웠다. 그녀의 아버지를 비롯하여 많은 부모도 마찬가지였다.

새로 부임한 청소년부 목사가 청소년들에게 다른 복음을 가르친다는 소문이 차츰 퍼졌다. 담임 목사는 장로들의 지지를 등에 업고 그에게 교회를 떠나 달라고 부탁했다. 은혜가 임해서였을까? 청소년부 목사는 별다른 소동 없이 즉각 사임했다. 회의가 소집되었다. 소녀의 아버지 곧 그 교회의 담임 목사는 청소년부 모임에서 이 문제에 대해 설명했다. 그는 젊은 목사를 아꼈지만 교회의 유익을 위해 거짓 교리를 가르치도록 내버려 둘 수 없었다는 점을 강조했다. 그런 다음 담임 목사는 해임된 청소년부 목사가 언젠가 하나님의 선하심을 깨닫는 날이 오도록 기도하자고 청소년부 학생들을 다독였다.

소녀는 더 이상 혼란스럽지 않았다. 시간이 흘러갔다.

이제 성인이 된 그녀는 아버지가 약간 망설이며 입학을 권한 기독교 대학을 졸업했다. 그녀와 같은 수업을 들었던 신학 연구 동아리의 학생 대표는 명석하고 사려 깊은 청년이었다. 그는 거의 1년 동안 그녀를 따라다녔다. 그는 하나님을 향한 그녀의 사랑에 이끌렸다. 그들은 곧 결혼식을 올렸다.

남편이 신학교 2학년 때 그녀는 임신했다. 그들은 흡족한 복을 주신 하나님께 마음을 모아 감사드렸다. 하지만 몇 달 후 태아는 사산되고 말았다. 두 사람은 서로를 붙잡고 함께 눈물을 흘렸다. 화가 치밀었다. 어떻게 사랑의 하나님이 이런 재난을 허락하실 수 있단 말인가? 그녀는 엄마가 되고 싶었다. 남편은 하나님이 슬픔을 통해 그들의 영혼 안에서 선한 일을 행하신다고 부드럽게 아내를 위로했다. 하나님이 그들을 구원하실 때 의도하신 대로 거룩한 그리스도인이 되도록, 성부께서 전하시는 이야기 곧 천국에 다다를 때까지 어려움을 겪는 이야기를 성취하기 위해 끔찍한 고통을 견디신 예수님을 더 많이 닮도록 그들을 빚어 가신다고 말이다.

여자는 망연자실했다. 그녀가 원했던 선은 건강한 아기였다. 그녀 안에서 무언가가 무너져 내렸다. 남편은 복음을 왜곡했다. 남편은 그들에게 좋은 삶을 주시겠다는 하나님의 약속을 부인했다. 그녀가 어떻게 떠오르는 태양으로 슬픔의 밤을 마감하실 하나님을 신뢰하지 않는 사람과 함께 살 수 있겠는가? 그녀는 이혼 서류를 작성하면서 정말 **그리스도인다운** 사람, 선하신 하나님이 근사한 결혼 생활과 건강한 자녀를 주셔서 영혼을 만족시켜 주실 것이라고 믿는 믿음의 남자가 자기 인생에 나타나게 해 달라고 기도했다.

보이지 않는 세계, 여자가 존재한다고 생각조차 하지 못한 세계에서 성부는 이렇게 말씀하셨다.

이 여자는 자신이 하와의 딸로 살고 있음을 깨닫지 못하고 있다. 그녀는 내가 때로 선한 계획으로 인해 사랑하는 자녀들의 저급한 열망을 만족시켜 주지 않는다는 점을 깨닫지 못한다. 이는 우리가 이룬 사랑의 공동체의 형상을 닮으려는 더 깊은 열망을 그들의 영혼 안에서 일깨우고 충족시키기 위해서인데 말이다.

성자께서 대답하셨다.

성부여, 우리 원수가 가르치는 거짓 복음에 그녀의 눈이 먼 것을 보니 저도 슬픕니다. 그녀는 지금 자신 외에 누구도 사랑하지 못하는 지옥에서 살고 있군요. 태아가 사산되는 비극은 우리도 싫어하는 끔찍한 비극이지요. 하지만 그녀는 이 비극이 성부의 사랑 안에서 살기를 거부하는 영혼의 비극에 비할 바가 못 된다는 점을 이해하지 못하고 있습니다.

그때 성령께서 덧붙이셨다.

그녀의 오만한 마음은 불행한 삶 때문에 생긴 분노로 전율하고 있습니다. 아직 겸손하지 못한 그녀의 마음이 고난을 겪으면서 소망 중에 전율할 때에만, 그녀는 우리가 다 같이 상상할 수 없을 만큼 선한 이야기를 전한다고 믿을 수 있습니다. 저는 그녀의 갈급한 영혼의 목마름을 향해 그리고 그녀의 교만을 뒷받침하는 두려움을 향해 말하겠습니다. 또한 저는 사랑의 목소리로 이야기하겠습니다. 제게 다른 목소리는 없지요.

세월이 흘렀다. 여자는 성공한 의사와 가정을 이루었고, 그는 아내가 상상하는 모습의 하나님을 사랑한다고 고백했다. 그녀는 이제 쌍둥이 아들의 엄마가 되었는데 둘 다 건강했다. 셋째 아이, 그동안 기도해 온 예쁘고 귀여운 소녀가 태어난다면 그녀가 원하던 좋은 삶이 완성될 것이다. 선하신 하나님이 그보다 못한 것을 주실 리 없다.

행복한 가족은 주일마다 그녀가 선택한 교회에서 모였다. 그녀의 두 번째 아버지이자 청소년 시절의 담임 목사를 떠오르게 하는 목사가 목양하는 교회였다. 아버지와 마찬가지로, 이 목사도 거짓 복음을 성실하게 전했다. 이제 그녀는 그 거짓 복음이 진리가 맞다고 어느 때보다 확신했다. **하나님을 신뢰하라. 그러면 인생이 형통할 것이다!** 여자는 확고한 열정을 품고 자신이 그려 온 하나님을 전보다 훨씬 더 많이 사랑했다.

더 많은 세월이 흘렀다. 여자의 첫 손자, 행복한 결혼 생활을 하던 아름다운 딸의 가정에 태어난 건강한 남자아이가 아기 침대에서 숨을 거두었다. 부검 결과가 나왔다. 유아 돌연사 증후군. 이해할 수 없는 비극이었다.

몇 달 후, 하나님이 얼마든지 막아 주실 수도 있었던 손자의 죽음 때문에 혼란과 분노 속에서 계속 동요하고 있을 때, 그녀의 남편이 간호사와 오랜 세월 저지른 불륜 관계가 발각되었다. 여자는 남편에게 불륜 관계를 버리고 아직 회복될 것이 조금이라도 남아 있다면 산산이 부서진 그녀의 인생을 다시 맞출 수 있게 도와달라고 간청했다. 하지만 그는 그녀를 버리고 간호사의 집으로 이사했다.

여자는 슬픔을 가눌 길 없었다. 여러 가지 질문이 그녀의 영혼에 밀어닥쳤다. **하나님은 정말 선하실까? 그렇다면 하나님은 어떤 의미에서 선하신 걸까?** 알 수 없었다. 그녀는 이런 질문을 처음으로 진지하게 던졌다. 천국의 사냥개가 짖고 있었다.

19장

현대판 하박국

"이보다 더 좋은 것은 없다"

그 남자의 영혼은 고통에 시달렸다.

인생 초기부터 그랬다. 남자가 기억하는 어린 시절은 행복했고 대체로 평탄하고 즐거웠다. 하지만 친구들과 어울려 야구 경기를 할 때는―그는 훌륭한 운동선수였다―이상하게 외로움을 느꼈다.

하지만 슬프지는 않았다. 그는 종종 주위에 친구들 없이 말 그대로 혼자만 있고 싶었다. 그래야 사람들 사이에 있을 때는 그의 마음속에 잠들어 있었던 '커다란 생각'에 집중할 수 있었다. 이 '커다란 생각'이 그를 괴롭혔다. 이 생각이 그를 어디로 이끌지 알 수 없었다. 그래서 두려웠다. 뿐만 아니라 이런 생각은 생동감―예쁜 소녀가 자기에게 미소를 지을 때나 끝내기 홈런을 날려 모든 주자가 홈으로 들어올 때와는 다른 형태의 생동감―을 느끼게 해 주었다. '커다란 생각'에 집중할 때 그는 큰 우주 안에서 생동감을 느낄 수 있었다. 그는 종종 혼자 있으면서 생동감을 느꼈다. 하지만 그럴 기회가 충분하지는 않았다.

남자는 온화한 추억과 함께 양친에게서 배운 책임 있는 삶의 가르침을 회상할 수 있었다. 누가 시키지 않아도 맡은 일을 하고 항상 이불을 개고 난 뒤 학교로 달려갔다. 선생님들도 그가 착실하게 공부하고 성적이 훌륭하고 수업 시간에 모범이 된다고 칭찬했다. 인정해 주는 말을 들을 때는 당연히 기뻤지만, 그것이 그의 마음속 깊은 곳에 비어 있는 공간을 채워 주지는 못했다. 나중에 그는 이 공간이 갈급한 빈틈(yearning void), 충족되기를 바랄 수 없는 갈망임을 깨달았다. 어린 시절부터 남자는 고통에 시달리는 영혼과 함께 살았다.

다른 또래 소년들처럼 그는 잠자리에 들기 전에 일찌감치 숙제를 끝내고 텔레비전을 보기 위해 노력했다. 물론 작은 흑백 브라운관에서 자기들이 좋아하는 쇼가 방영되는 저녁이면 숙제가 하나도 없다고 부모에게 말하는 아이들도 있었다. 소년은 결코 그런 일은 하지 않았다. 하지만 다른 소년들과 마찬가지로, 불이 꺼지고 어머니가 침실 문을 닫으면서 "잘 자"라고 속삭이고 나면 그는 어머니의 발소리가 멀어질 때까지 기다렸다가 침대 옆에 있는 전등을 다시 켜고 슈퍼맨 만화책을 읽었다.

세상 위로 높이 날아올라 원거리 투시력을 써서 문제를 감지하고 그런 다음 급강하하여 초인적 힘으로 사람들을 곤경에서 구해 주는 장면을 상상할 때 그는 생동감을 느꼈다. 그는 가끔 반쯤 읽다 만 만화책을 내려놓고 손을 뻗어 아버지가 주신 성경책을 꺼냈다. 이유는 알 수 없지만, 슈퍼맨의 모험을 읽다 보면 성경을 읽고 싶은 열망이 솟구쳤다.

그는 짜릿한 슈퍼맨 환상과 한밤중에 혼자 읽던 성경의 감동을 둘 다 간직했다. 두 경험 모두, 너무 개인적인 것이라 공유하기 어렵다고 느낀 '커다란 생각'을 떠올리게 했다. 그런 생각을 드러낼 경우 결코 없어지지 않는 빈틈을 훨씬 더 고통스럽게 마주할 것이라는 사실이 두려웠다.

어린아이에서 10대 소년으로 성장하면서, 그는 아버지도 혼자 간직한 '커다란 생각' 때문에 어려움을 겪었음을 알 수 있었다. 드문드문 들은 설명에 의하면, 아버지도 마음속에서 벌어지는 일 때문에 어려움과 동시에 활력을 얻었다. 그런데도 아버지는 여전히 크게 웃었고 우스꽝스러운 농담을 정말 즐겼다. 또한 아버지는 테니스를 좋아했고 가끔 텔레비전에서 방영되는 근사한 서부 영화나 유쾌한 코미디 쇼에 빠져들었다. 어떻게 그럴 수 있었을까? 소년은 알 수 없었다. 하지만 아버지는 어깨에―아니, 마음에―얹힌 짐에 만족하며 사는 것처럼 보였다. 그 짐 덕분에 아버지는 십중팔구 성경을 무릎에 얹고 혼자 있는 시간을 소중히 여겼다.

소년은 이런 개인적인 순간에 아버지 곁에 머물면서 가능하다면 '커다란 생각'까지 나눌 수 있기를 바랐다. 하지만 끼어드는 것은 실수 같았다. 그리고 두려웠다. 자기가 가진 것보다 훨씬 더 '커다란 생각', 의문을 넘어 절망에 빠질 수도 있는 생각을 들을지도 몰랐다. 하지만 10대의 소년은 이 절망이 그가 간절히 찾고 싶어 했던 곳으로 자신을 데려갈 것임을 어느 정도 예상했다.

이미 천국의 사냥개가 조용히 짖고 있었다.

삶은 계속되었다. 그리고 훌륭했다. 소년의 어머니는 훌륭한 어머니들이 하는 일을 계속했다. 하지만 아버지와 마찬가지로, 어머니도 내면에 집중하느라 주위에서 일어나는 일에서 이상하게 동떨어진 느낌이었다. 소년은 어머니도 근사한 인생이 충족시켜 주지 못하는 내밀한 갈망과 함께 외로움을 느끼는지 궁금했다. 그리고 아버지에게 얹혀 있던 짐은—그것이 무엇이든—조금씩 더 무거워졌다. 아버지는 인생의 막바지에 이르러서야 아들에게 "내 인생은 힘겨웠다"라고 말했다.

그 순간 남자는 어느 때보다 아버지와 더 가까워졌다고 느꼈다. 아버지 안에 있는 깊은 곳과 아들 안에 있는 깊은 곳이 만났다. '친밀감'이란 단어가 새로운 의미를 얻게 되었다.

젊은 시절에 남자의 가족 전체는 정기적으로 출석하는 교회에서 그들이 소망하던 경험을 맛보았다. 그가 주로 아버지에게서 배웠고 주일 학교와 청소년부의 가르침 그리고 설교가 보강해 준 교훈은 타당했다. 10대 시절에 그는 죄의 실재를 알았다. 그는 잘못을 저질렀고 누구도 눈치채지 못하게 나쁜 일을 상상했다. 그가 쳐 놓은 수치심의 보호벽은 하나님만이 꿰뚫어 보실 수 있었다. 그는 하나님이 죄를 미워하시는 것을 알았지만, 또한 그분이 죄인을 사랑하신다고 믿었다.

오랜 세월 다른 어떤 책보다 성경을 더 자주 읽던 아버지의 모습은 성장기 소년에게 성경이 중요한 책이라는 확신을 심어 주었다. 그는 성경 말씀은 무엇이든 믿을 만한 가치가 있다고 여겼다. 그는 성경의 가르침을 알았다. 즉 하나님은 예수님을 보내어 죽게 하셨고 죄를 미워하는 거룩하신 하나님의 의로운 진노를 견디게 하셨다. 그 거룩하신 사랑의 하나님은 죄인들을 용서하고 그들을 그분이 의도하신 기쁨으로 인도하기만을 바라셨다.

그는 이것을 이해할 수 있었다. 하지만 이해할 수 없는 것도 있었다. 하나님은 선하셨다. 그분은 사람들이 기쁨을 맛보기 바라셨다. 그런데 왜 인생에는 하나님이 막으실 수도 있는 온갖 어려움이 있을까? 왜 충족되지 않는 열망의 빈틈이 있을까? 왜 탐닉하는 죄에 맞서지 못할까? 커다란 생각은 커다란 질문이 되었다.

항상 그렇듯 시간이 흘러갔다. 소년은 이제 성인이 되어, 정말 아름다운 여성과 행복한 가정을 꾸렸고, 착한 세 아이의 아버지가 되었고, 자신이 선택한 직업 분야에서 성공을 거두었다. 하지만 충족되지 않는 갈망으로 인해 여전히 고통스러웠다. 한 가지 두려운 생각, 커다란 생각이 그를 눌렀다. 어쩌면 우리를 온전히 충족시켜 줄 수 있는 것은 이 세상 어디에도 없을지도 모른다. 그는 이런 생각에 대한 자신의 반응에 놀랐다. 이상했다. 이런 생각은 그를 두렵게 만드는 동시에 매료시켰다. 그 이유는 분명하지 않았다.

그 뒤에 누구에게나 그렇듯이 인생은 남자가 감당하기에 버거웠다. 잘 자라던 세 자녀 중에서 적당히 호리호리하던 외동딸의 몸무게가 줄기 시작했고 평소와 다르게 수척해졌다. 그의 행복한 결혼 생활은 새로운 갈등—이혼을 고려해야 할 정도로 힘들지는 않았지만 여전히 불안한 갈등—으로 치달았다. 예상 밖의 지출 탓에 그의 지갑은 얇아졌다.

그때 남자는 손위 그리스도인 친구, 그의 믿음이 약해졌을 때 단단히 붙들어 주던 영적 리더가 40년 이상 동고동락한 아내를 버리고 다른 여자에게 갔다는 소식을 들었다. 십년지기 우정이 순식간에 무너졌다. 그리고 남자가 섬기던 교회 장로회의 구성원들 사이에 불화가 생기면서 화합이 힘들어졌다.

남자는 엉뚱하게 흘러가는 많은 일에 대해 눈을 감을 수 없었다. 오랜 세월 그는 하나님이 복음을 통해 가능하게 해 주시는 일들을 소망 가운데 꿈꾸며 살았다. 혼란 한복판에서 누리는 평화, 어두운 밤에 비추는 빛, 인생의 역경과 관계없이 성령으로 인해 피어나는 기쁨, 유혹을 물리칠 수 있는 능력, 그리고 기독교 공동체 안의 연합.

그를 물고 늘어지는 질문이 있었다. 이렇게 좋은 일들은 왜 이렇게 드물게 실현되는 것일까? 또 왜 완벽하게 실현되지 못할까? 충족되지 못한 갈망으로 인해 남자 안에 있던 빈틈은 어느 때보다 그를 아프게 했다. 그가 할 수 있는 일은 마음을 추스르고, 최선을 다해 어려움을 감당하고, 무엇이 되었든 남아 있는 좋은 것을 누리고, 아픔을 가라앉혀 줄 확실하면서도 고결한 즐거움으로 기분을 전환하는 것 외에는 없었을 것이다.

하지만 남자는 대답을 요구하는 한 가지 커다란 질문으로부터 달아날 수 없었다. 이 모든 잘못 한가운데서 하나님이 어떤 선을 행하시는가?

불확실성과 동요, 혼란으로 인해 남자는 전율했다. 하지만 그는 이해할 수 없는 하나님의 길을 거부하지 않았고, 그분에게서 달아나 흥겨운 오락거리에 몰두하지 않았다―적어도 오랫동안 그러지는 않았다. 그가 맞닥뜨린 현실을 볼 때, 예수님의 복음이 삶의 문제가 전부 해결되고 인생의 복이 그가 갈구하던 만족감으로 마음의 빈틈을 메워 줄 것이라고 약속한다고 왜곡할 수 없었다. 남자는 어느 때보다 더 많이 전율했다. 삶이 그렇게 몰아갔다.

하지만 남자가 잠재울 수 없는 영혼 안의 고뇌를 부정하지 않고 전율하는 동안에도, 그는 내면의 반가운 움직임을 감지했다. 천국의 사냥꾼, 이제야 그 정체가 밝혀진 성령께서 풀리지 않는 신비 가운데 안식하라고 그를 초대하셨다.

물론 천국에는 풀리지 않는 신비란 없었다. 성부께서 미소를 지으셨다.

남자의 교만의 기운을 꺾어 버린 전율 덕분에 이 남자의 영혼의 문이 열렸구나. 성자여, 네가 행한 일 덕분에 이 남자는 우리가 전하는 이야기의 리듬에 몸을 실을 수 있게 되었다. 정말 기쁘다.

성자께서 대답하셨다.

성부여, 당신의 기쁨의 근원이 되는 것보다 더 큰 기쁨은 없습니다. 맞습니다. 이 남자는 전율하고 있고 앞으로도 계속 그럴 겁니다. 우리가 계획한 대로, 그가 열망하는 만족은 이제 그의 영혼 안에서 소망으로 살아 있을 것입니다.

그리고 성령께서 덧붙이셨다.

지금 그는 우리의 신비한 생각과 길을 놓고 전율할 때에도 선한 이야기가 펼쳐진다고 신뢰하는군요. 우리의 생각이나 행동은, 제가 영혼을 비추기 위해 보낸 빛이 없는 상태에서 그가 상상하는 모든 것을 초월합니다.

물론 하나님께서는 그렇지 않았지만, 그 남자가 보기에 이상한 점이 있었다. 그는 하나님의 생각과 길이 불가피하게 가져다준 전율을 더 많이 받아들일수록 하나님의 선하심에 대한 믿음을 더 많이 발견했다. 그분의 선하심은 그가 자신이나 다른 사람 안에서 목격한 온갖 오류에도 불구하고 살아남았다. 그는 어려움 많은 세상에서 또 그의 전율하는 영혼 안에서 선한 이야기가 진행되고 있다고 신뢰하는 가운데 안식했다. 진짜 슈퍼맨이 하늘을 날아다니면서, 자기가 해야 할 일을 하고 계셨다.

남자는 계속 전율했다. 그의 삶에서 나아진 것이 있었다. 그렇지 않은 것도 있었다. 더 나빠진 것도 있었다. 하지만 남자는 신뢰 덕분에 가능해진 소망을 품고 살았다. 그는 자신의 생활 방식과 관계를 통해 보이지 않는 하나님이 모습을 드러내실 것이라고 믿었다. 그리고 그는 이보다 더 좋은 것은 없음을 깨달았다. 남자는 생명으로 향하는 좁은 길을 걷고 있었다.

이 현대판 하박국의 예화는 내가 경험한 몇 가지 요소를 혼합하여 만든 이야기다. 이제 전율하고 신뢰하면서 생명으로 향하는 좁은 길을 걷고 있는 '남자'는 내가 간절히 되고 싶은 인물을 대변한다. (앞의 두 예화는 허구다. 실존 인물과 유사성이 있더라도 이는 내가 의도한 바가 아니다.)

마지막 진술

불안정한 신뢰

이 책의 저술을 마무리하면서, 나는 여전히 신뢰할 때보다는 전율할 때가 더 많음을 깨닫는다. 아마 당신의 이야기도 마찬가지일 것이다.

나는 방금 이 책의 열아홉 장에 적은 내용을 전부 다시 읽어 보았다. 그리고 끝까지 완주하라고 우리를 격려하는 내용이 떠올랐다.

서구 기독교 문화는 두 그룹으로 나뉜 것 같다. 우리 중 4분의 3이 속할 한 그룹은 하나님의 사랑을 강조하느라 그분의 거룩하심을 등한시한다. 우리 중 4분의 1이 속할 다른 그룹은 하나님의 거룩하심을 강조하느라 그분의 사랑을 등한시한다.

이 두 가지 성품은 서로 연결되어 있고 서로에게 영향을 미친다. 이 두 가지를 분리하면 불행한 결과를 낳는다. 명백한 사실을 생각해 보자.

- 하나님은 거룩하시기 때문에 그분의 생각과 길은 거룩하다.

- 하나님은 사랑이시기 때문에 그분의 생각과 길은 사랑을 보여 준다.

하나님의 사랑을 그분의 거룩하심보다 더 강조해 보라. 그러면 당신은, 하나님을 따르는 제자들에게 그들 자신과 그들의 삶에 대해 만족하는 것 말고는 더 이상 바라시지 않는 온정적인 하나님을 만들어 낼 것이다. 따라서 하나님은 우리가 스트레스를 줄이고 만족감을 높이기 위해 도덕 기준이 해이해진 상태에서 무엇을 하든 기꺼이 지지하고 진심으로 승인해 주신다.

이때 하나님의 거룩하심의 빛 안에서 이루어지는 자기 성찰은 불필요한 소동, 쓸모없는 자의식의 여정이 된다. 중대한 죄는 명백해서 쉽게 알아볼 수 있기에 대부분 피할 수 있다. 반면 관계의 죄, 거룩한 사랑에 미치지 못하는 죄는 미묘해서 쉽게 무시되고 대부분 무의식 중에 범해진다. 이런 죄는 관심 밖에 있다.

사랑의 하나님의 생각과 길이 무엇인지 자신 있게 확신할 때 거룩하신 하나님의 생각과 길에 대한 확신은 약화된다. 사람들은 진정한 전율을 외면하고 순진한 신뢰를 즐긴다.

하나님의 거룩하심을 그분의 사랑보다 강조해 보라. 그러면 당신은 그분의 명령에 순종하라고 요구하면서 그 명령에 수반되는 고난을 거의 고려하시지 않는 근엄한 하나님을 만들어 낼 것이다. 그 결과 하나님은 우리가 그분의 엄격한 기준-하다못해 우리가 도달할 수 있는 범위 안에 두기 위해 낮춘 기준-에 부합하게 행동할 때 근엄하게 지지하고 차갑게 승인하신다.

온화한 하나님의 사랑 안에서 누리는 평안한 안식은 계속 죄를 범하는 인간들은 얻을 수 없는 호사가 된다. 혹독한 검열은, 영적 파산 상태를 인정하고 그 결과 하나님의 마땅한 진노를 피할 수 있으리라 소망하며 자비를 간구하도록 하는 자기 성찰을 강화한다.

거룩하신 하나님의 생각과 길에 대한 확신은 사랑의 하나님의 생각과 길 안에서 안식하는 기쁨을 없애 버린다. 불안한 전율이 계속되고, 안식하는 신뢰는 불가능한 일이 된다.

∽

하나님은 사랑이시고 또한 하나님은 거룩하시다. 그분은 거룩한 사랑의 하나님이시다. 하나님의 사랑은 그분의 거룩하심을 훼손하지 않고, 하나님의 거룩하심은 그분의 사랑을 하찮게 만들지 않는다. 이 하나님이 전하시는 이야기는 우리를 전율하게 만든다. 하나님은 참 제자들이 자신의 거룩한 사랑의 깊이에 미치지 못하는 상태에 만족하도록 허용하실 수 없고, 그러지 않으실 것이기 때문이다. 안일하게 복된 삶을 누리는 설익은 만족과 싸우기 위해서 고난은 불가피하다. 하나님은 인생의 어려움을 막지 않으신다. 다만 우리가 그분이 약속하신 영원하고 완전한 기쁨을 간절히 기다리면서 인생의 어려움을 진득하게 견디도록 해 주는 선한 일을 우리 안에서 하실 수 있고 또 하실 것이다.

모든 것이 잘 되고 있다고 신뢰하기에 당신과 나는 소망 가운데 전율할 수 있다. 그분의 선한 이야기가 진행되고 있다. 우리가 신성한 행복에 영원히 참여할 때까지 예수님의 거룩한 관계적 사랑을 드러내는 '작은 그리스도'로 우리를 서서히 빚어 가기 위해, 모든 일이 선한 목적을 위해 서로 협력한다.

하나님의 길을 이해할 수 없더라도 그분이 항상 선을 행하고 계신다고 신뢰하기 위해 우리가 반드시 걸어야 하는 길에서 전율은 피할 수 없는 현실이다.

주

서론
1) G. K. Chesterton, *Orthodoxy: The Romance of Faith* (New York: Image Books, 1959), 17-18. 『정통』(상상북스).
2) Johnson Oatman, "Count Your Blessings" (1897), 퍼블릭 도메인.
3) Louisa M. R. Stead, "'Tis So Sweet to Trust in Jesus" (1882), 퍼블릭 도메인.
4) Wendell P. Loveless, "Every Day with Jesus" (1936), 퍼블릭 도메인.

1부 하나님의 길을 이해할 수 없을 때, 그다음은?
1) David Mathis, "Luther's First Thesis and Last Words," *Desiring God*, October 31, 2008, https://www.desiringgod.org/articles/luthers-first-thesis-and-last-words에서 인용됨.

7장 방임하시는 하나님?
1) Ira F. Stanphill, "God Can Do Anything."
2) Dick Lucas, *The Message of Colossians and Philemon* (London:

Intervarsity Press, 1980), 77. 저자 강조.『골로새서 빌레몬서 강해』(IVP).

3) C. S. Lewis, *Mere Christianity* (New York: MacMillan, 1960).『순전한 기독교』(홍성사).

12장 우리는 하나님을 신뢰한다

1) Babbie Mason, "Trust His Heart", ⓒ 1989 Dayspring Music LLC.

2) C. S. Lewis, *The Screwtape Letters* (New York: HarperCollins, 2001), 39-40.『스크루테이프의 편지』(홍성사).

3) Lewis, *Screwtape Letters*, 39-40, 저자 강조.

4) John Piper, *The Legacy of Sovereign Joy* (Wheaton: Crossway, 2000), 19에서 인용됨.『은혜의 영웅들』(부흥과개혁사).

5) Lewis, *Mere Christianity*, 120.

14장 우리는 하늘에 계신 할아버지를 더 신뢰하고 싶어 하는가?

1) C. S. Lewis, *The Problem of Pain* (New York: MacMillan, 1962), 40.『고통의 문제』(홍성사).

15장 주권적인 하나님을 누리라

1) Jean-Pierre de Caussade, *Abandonment to Divine Providence* (New York: Random House, 1975), 42.『하나님의 뜻에 따르는 법』(누멘).

2) C. S. Lewis, *The Collected Letters of C. S. Lewis: Books, Broadcasts, and the War 1931–1949*, vol. II, ed. Walter Hooper (New York: HarperCollins, 2004), 953.

3) Caussade, *Abandonment to Divine Providence*, 1.

4) John H. Sammis, "Trust and Obey" (1887), 퍼블릭 도메인.

옮긴이 **이철민**은 연세대학교 영어영문학과를 졸업하고, 장로회신학대학원에서 신학을 공부했다(M.Div., Th.M.). IVF 학사사역부 간사를 역임했으며 수원형제교회 대표 목사로 섬기고 있다. 『모든 사람을 위한 누가복음』『모든 사람을 위한 요한복음』『모든 사람을 위한 고린도전서』『모든 사람을 위한 고린도후서』『모든 사람을 위한 갈라디아서·데살로니가전후서』『모든 사람을 위한 히브리서』『모든 사람을 위한 공동서신』(공역)『모든 사람을 위한 요한계시록』(이상 IVP) 등을 우리말로 옮겼다.

하나님을 신뢰한다는 것

초판 발행 2020년 2월 10일
초판 5쇄 2025년 6월 30일

지은이 래리 크랩
옮긴이 이철민
펴낸이 정모세

편집 이성민 이혜영 심혜인 설요한 박예찬
디자인 한현아 서린나 ｜ 마케팅 오인표 ｜ 영업·제작 정성운 이은주 조수영
경영지원 이혜선 이은희 ｜ 물류 박세율 정용탁 김대훈

펴낸곳 한국기독학생회출판부 ｜ 등록번호 제2001-000198호(1978.6.1)
주소 04031 서울시 마포구 동교로 156-10
대표 전화 (02) 337-2257 ｜ 팩스 (02) 337-2258
영업 전화 (02) 338-2282 ｜ 팩스 080-915-1515
홈페이지 http://www.ivp.co.kr ｜ 이메일 ivp@ivp.co.kr
ISBN 978-89-328-1748-4

ⓒ 한국기독학생회출판부 2020

책값은 뒤표지에 있습니다.
무단 전재와 복제를 금합니다.